Henning Schmidt

Das Joch des Dualismus

Eine Hinführung zur Christlichen Wissenschaft

FRIELING

Bibliografische Information der Deutschen Nationalbibliothek
Die Deutsche Nationalbibliothek verzeichnet diese Publikation in der Deutschen Nationalbibliografie;
detaillierte bibliografische Daten sind im Internet über http://dnb.d-nb.de abrufbar.
© Frieling-Verlag Berlin • Eine Marke der Frieling & Huffmann GmbH
Rheinstraße 46, 12161 Berlin
Telefon: 0 30 / 76 69 99-0
www.frieling.de

ISBN 978-3-8280-2764-0
1. Auflage 2010
Umschlaggestaltung: Michael Reichmuth
Sämtliche Rechte vorbehalten
Printed in Germany

Inhalt

Vorwort	7
Einleitung	9

Erster Teil

Unsere Welt	14
Leib – Seele	18
Dualismus	18
Seele – Leib	32
Das Streben nach dem Einen (Monismus)	34
Materieller Monismus	36
Materie	41
Zusammenfassung	51
Mentalistik	52
Existenzformen	61

Zweiter Teil

Grundsätzliches	70
Warnung und Hilfestellung	72
Die sieben Synonyme	74
Das Wort (Gemüt Geist Seele)	77
Gemüt	80
Geist	81
Seele	83
Der erste Schöpfungsbericht (Gemüt Geist Seele)	84
Gemüt	87
Geist	87
Seele	88
Das Wort (Prinzip)	90
Der zweite Schöpfungsbericht (Gemüt Geist Seele Prinzip)	92
Gemüt	95
Geist	98
Seele	100

Prinzip	102
Das Wort (Leben Wahrheit Liebe)	105
Leben	107
Wahrheit	113
Liebe	123
Die Wort-Ordnung (Überblick)	128

Dritter Teil

Ein Gegenargument	137
Monotheismus	141
Der Christus	145
Die Christus-Übersetzung	146
Die Christus-Ordnung (Erste Übersetzung)	147
Zweite Übersetzung	149
Antworten auf Verständnisfragen	153

Vierter Teil

Vorläufiger Standort	175
Die Christustum-Ordnung	177
Die Idee Mensch	180
Die Idee Mensch im Menschlichen	183
Prinzip	183
Gemüt	185
Seele	186
Geist	188
Leben	189
Wahrheit	191
Liebe	193
Die christlich-wissenschaftliche Behandlung	195
Einige Anmerkungen	205
Akzeptanz	206
Menschliches Bezugssystem	207
Beweise	208
Zwickmühle	209
Außenkontakt	209

Auswirkungen	210
Hauptpunkte	211
Zugang	211
Erschwerendes und Förderliches	212
Patient	213
Eigenwille	213
Wahres Tun	214
Falsches Tun	215
Methodenvielfalt	216
Empathie	216
Furcht	217
Rituale	218
Fernheilung	222

Fünfter Teil

Was Wissen schafft	224
Die WISSENSCHAFTS-Ordnung	227
Die vier WISSENSCHAFTS-Ebenen	230
Vom Werden zum Sein	232
Literatur	238

Vorwort

Im Laufe meines Lebens habe ich mich mit einer ganzen Reihe von medizinischen und psychologischen Lehrmeinungen befaßt, immer auf der Suche nach der wirklich wahren Schule, der man sich anvertrauen kann und die der Menschheit aus ihrer Not heraushelfen würde. Als Kind hatte ich die träumerische Vorstellung, es müsse einen modernen Jesus geben, der einfach Krankheiten heilen kann, sozusagen nur mit einer Handbewegung. Diesen Traum vergaß ich dann mehrere Jahrzehnte lang, als mich wissenschaftlich-rationales Denken akademisch-„realistisch" werden ließ. Neben meiner Berufsausbildung zum Fremdsprachenlehrer faszinierten mich neben der Schulmedizin die Psychoanalyse Freuds, die Charakteranalyse Wilhelm Reichs und später die Gesprächstherapie Carl Rogers', in deren therapeutischer Variante für Kinder, der non-direktiven Spieltherapie, ich mich während meiner Referendarzeit ausbilden ließ. In dieser Funktion assistierte ich mehreren Schulpsychologen für längere Zeit.

Irgendwann fiel mir an mir selbst auf, daß mich jeweils diejenige psychologische Lehre am meisten anzog, die der körperlichen Ursächlichkeit von Krankheit am wenigsten Gewicht beimaß. Das schien mir bei W. Reich der Fall zu sein, so daß ich mich – wieder für eine ganze Weile – an die Lehren seines Schülers Alexander Lowen hielt. Als von Reich und Rogers geprägtem Kinderspieltherapeuten hielt man mich schließlich für geeignet, Beratungslehrer für Sucht- und Drogenprävention zu werden.

In dieser Situation änderte das Schicksal alles. Meine Tochter und meine Frau erkrankten nacheinander an Krebs und starben trotz aller Bemühungen erst der Medizin und dann – als die Ärzte selbst hilflos waren und ihr Zuspruch ihr wirkliches Denken nicht mehr verbergen konnte – eines Praktikers der Christlichen Wissenschaft. Zumindest gab es wieder Hoffnung, aber schließlich vergebens.

Auch wenn ich letztlich keine Hilfe erfuhr, so haben mich die Gedanken von Mary Baker Eddy sehr bald in Bann geschlagen. Hier sagte tatsächlich jemand, daß die Ursachen von Krankheit *völlig* unkörperlich, also mental sind. Es war, als ob diese Aussage für mich persönlich bestimmt gewesen wäre. Und M. B. Eddy war überzeugt, daß sie die Heilmethode des Mannes aus Nazareth wiederentdeckt hatte. Seit dieser Zeit, inzwischen seit fast 20 Jahren, lese, denke, überdenke und wende ich in meinem Rahmen an, was allmählich immer mehr Kontur gewinnt.

Leider ist es nicht leicht, dieses Gedankengut weiterzugeben. Daher habe ich als beginnender Pensionär dieses Buch geschrieben und hoffe, daß dieser oder jener es auch lesen möchte.

März 2009
Henning Schmidt

Einleitung

Es gab einen Augenblick in Mary Baker Eddys Leben, in dem sie eine revolutionäre Frage stellte, deren Beantwortung ihr ganzes restliches Leben in Anspruch nehmen sollte und jenes System entstehen ließ, das wir als die *Christliche Wissenschaft* (*Christian Science*) kennen. Im Jahr 1866 war sie infolge eines Unfalls allem Anschein nach dem Tode nahe und laut ärztlicher Auskunft ohne jede Hoffnung auf Rettung. Im Bewußtsein, nach 45 Jahren am Ende ihres Lebens zu sein, ließ sie sich die Bibel reichen und las im Matthäusevangelium (9,2) die Heilung des Gichtbrüchigen. Zu ihrer eigenen Verwunderung und der ihrer Umgebung war sie kurze Zeit später gesund und wohlauf.

Solche oder ähnliche Heilungen hat es immer wieder früher und später gegeben, Heilungen, die medizinisch nicht zu verstehen sind und die als gelegentlich auftretende „Wunder" beiseite gelegt werden. Man muß in der Tat sagen: „beiseite gelegt", denn sowohl der Titel „Wunder" als auch die Feststellung, es liege eine nicht erklärbare Spontanheilung vor, legt eine solche Angelegenheit auch heute für die Fachwelt beiseite. Mary Baker Eddy reagierte grundsätzlich anders. Sie machte sich klar, daß alle Geschehnisse in der Natur, also auch der menschlichen Natur, immer nach irgendwelchen Gesetzen ablaufen, nie zusammenhangslos „einfach so", ohne Kontext, ohne Zugehörigkeit zu einem System, als „Wunder" auftreten können. Wenn aller Kenntnis und allem Anschein nach kein System und keine Gesetze vorhanden sind, dann darf nicht gefolgert werden, es gäbe keine, sondern es ist davon auszugehen, daß die zuständigen Gesetze grundsätzlich entdeckbar sein müssen und in ein System gebracht werden können. Gelingt dieses Unterfangen und jene Gesetze können gezeigt werden, dann muß es möglich sein, „Wunder" zu wiederholen; dann hätte man die erforderliche Wissenschaft. Und so entsteht die Frage, wie sie sich M. B. Eddy so oder ähnlich gestellt haben muß: Was ist die Wissenschaft des heilenden, errettenden, erlösenden – verkürzt gesagt: des messianischen oder christlichen Wirkens?

Die Bezeichnung „Wissenschaft" in Verbindung mit dem aus der Religion stammenden Begriff „christlich" hat bis heute große Irritation ausgelöst: Religion und Wissenschaft sind doch Antipoden; das eine schließt doch das andere aus; und die akademische Disziplin der Theologie hat doch eher eine historische als eine wissenschaftliche Herleitung mit Schwerpunkt auf einer philologischen Tätigkeit, der Bibelauslegung.

Wir kommen nicht umhin, erst einen gezielten, wenn auch nicht umfassenden Blick auf jenes Phänomen zu werfen, dessen Name „Wissenschaft" so leicht und oft verwendet wird, und dann auf die Bedeutung von „christlich".

Im deutschen Sprachraum findet sich der Bestandteil „Wissenschaft" in den unterschiedlichsten Bereichen, als Naturwissenschaft, Geisteswissenschaft, Gesellschaftswissenschaft. Sie haben so wenig miteinander gemein, daß im englischen Sprachraum für die gleiche Sache z. T. völlig andere Begriffe benutzt werden. Je nach Fall geht es um „science", „arts", „humanities", „sociology". Der Hauptunterschied liegt darin, ob der wie auch immer wissenschaftlich zu behandelnde Gegenstand ein Produkt des Menschen ist (Geisteswissenschaft – humanities) oder vom Menschen unabhängig als Naturerscheinung vorliegt (Naturwissenschaft – sciences). Beiden großen Zweigen gemeinsam ist, daß sie ihren Ausgangspunkt auf jeden Fall in der menschlichen Erfahrung bzw. Wahrnehmung haben. Selbst die Wissenschaften, die ohne materielle Konkretisierung arbeiten, die Mathematik und die formale Logik, haben ihre ersten Wurzeln in der dinglichen Wahrnehmung, etwa beim Gegenrechnen von Warenwerten, und in den Beobachtungen der Menschen, etwa in bezug auf die Gültigkeit von eigenen und gegnerischen Argumenten.

Wenn demnach alle Arten von Objekten, die vom Menschen gemachten und die in der Natur vorliegenden, wissenschaftlich betrachtet werden können, so muß man sich fragen, worin diese Wissenschaftlichkeit besteht, denn man kann die gleichen Dinge auch unwissenschaftlich betrachten. Man denke an ein Flugzeug aus der Sicht des Mallorcatouristen oder aus der Sicht des Aerodynamikers; oder an eine Grippe aus der Sicht des Patienten oder aus der Sicht des Mikrobiologen. Es ist das Wie, die Methode, die wissenschaftliches Betrachten von unwissenschaftlichem unterscheidet. Hier die wesentlichen Stichworte: Sammeln von Fakten; Beziehungen zwischen den Fakten herstellen; in Kategorien einordnen; Wirkungsmechanismen erkennen und experimentell erzeugen; Kausalbeziehungen herausfinden; Zusammenhänge vermuten, verstehen und verifizieren. Es ist im Idealfall eine Beschäftigung mit Dingen, Fragen und Problemen, die von den Wünschen und Eigeninteressen des Betrachters frei sind und nur der Erkenntnis und des Gemeinwohls wegen betrieben werden.

Ein großes Hemmnis im Verständnis und in der gerechten Verwendung des Begriffs „Wissenschaft" ist im übrigen unsere zumeist unbewußte Verwurzelung in der kulturellen Konvention, in der wir leben: Wissenschaft darf sich nur nennen, was in anerkannten Laboratorien stattfindet, was das Plazet honoriger Professoren trägt, was den Segen akademischer Kommissionen hat, was von qualifizierten Zertifikatsinhabern herausgefunden wird, was in gediegenen Veröffentlichungsreihen namhafter Verlage erscheint. Jedoch können die genannten Denk- und Arbeitsmethoden, die zuallererst die Wissenschaftlichkeit ausmachen, glücklicherweise auch ganz unspektakulär im spärlich eingerichteten Kämmerlein keimen, blühen und Frucht tragen. Unter diesem Methodenblickwinkel versteht man sogar, wenn sich wissenschaftliche Untersuchungen auf Phänomene beziehen wie Werbung, Gartenzwerge oder Anrufbeantworteransagen.

Bei dem Wort „christlich" denkt der weniger genau instruierte Leser sicherlich als erstes an das Christentum, wie es seit 2000 Jahren besteht, an den christlichen Glauben, dessen Mittelpunkt Jesus von Nazareth oder Jesus Christus, der für uns am Kreuz gestorben ist, dem wir dafür danken müssen und der durch die Bibel, die Kirche und den Gottesdienst in unseren Gedanken lebendig gehalten wird. Dabei liegt hier ein gewaltiges Mißverständnis vor, das sich leicht aufklären läßt, und zwar durch die Bibel selbst. Als Jesus seine Jünger fragte, was sie wohl glaubten, wer er sei, antwortete Petrus: Du bist Christus (Mt. 16,16). Genauer steht es bei Markus in der Übersetzung Luthers: Du bist der Christus (Mk 8,29). *Der* Christus! Exakt müßte es heißen: Jesus der Christus, wobei Christus nicht etwa der Nachname ist, sondern ein Titel, wie etwa „der Präsident". Das griechische Wort, von dem die Bezeichnung „Christus" stammt, ist die Übersetzung von hebräisch „Messias" und bedeutet „der Gesalbte", was symbolisch für den von Gott gesandten Erlöser steht, oder unpersönlich gesagt, für die von Gott stammende Erlösung, das christliche Wirken, das überhaupt nichts mit der Person des Jesus von Nazareth zu tun haben muß. „Christlich" heißt also lediglich erlösend, heilend, befreiend, was sich in wiederhergestellter Gesundheit, Harmonie und Wohlergehen ausdrücken mag.

Kommen wir zurück zu Mary Baker Eddys großer Frage und Antwort. Der Ausgangspunkt ihrer Überlegungen und Untersuchungen war – wie bei allen wissenschaftlichen Fragestellungen – die Beobachtung eines (sinnlich wahrnehmbaren) Phänomens, einer Spontanheilung, deren Mechanismus sie nicht verstand und den sie unbedingt herausfinden wollte. „Ich wußte, [...] daß in der frühen, noch unreflektierten christlichen Heiltätigkeit Heilungen durch heiligen, erhebenden Glauben bewirkt worden waren; aber ich mußte die Wissenschaft dieses Heilens ergründen, [...]" (*W & G*[1], S. 109, aus dem Engl.). Sie sagt, sie habe mit göttlicher Offenbarung, Vernunft und Demonstration gearbeitet. Uns mag zunächst überraschen, daß sie von göttlicher Offenbarung spricht, aber es geht natürlich um Inspirationen und Intuitionen, deren Ursprung sie nicht in ihrem eigenen Denken vermutete, sondern in dem, was sie später – davon wird noch ausführlich die Rede sein – in völlig neuartiger Weise als GOTT[2] bezeichnete. „Vernunft" steht für logisches, kategoriales Denken und „Demonstration" für Beweis durch Praxis, d. h. durch erfolgreiches Anwenden ihrer Theorie. Was Vernunft und Demonstration angeht, so wird man leicht die damit ausgedrückte Wissenschaftlichkeit akzeptieren, bei „göttlicher Offenbarung" fällt das Akzeptieren schwerer. Zunächst einmal sind Inspirationen, d. h. plötzlich und unvermutet aufgehende Erkenntnisse, bei Wissenschaftlern gar nichts Befremdliches; eine berühmt gewordene Inspiration wird von F. A. Kekulé berichtet, der 1858 durch eine Eingebung, gewissermaßen im Traum, die Ringstruktur des Kohlenstoffs erkannte und so die vielen, bis dahin unverstandenen Kohlenstoffverbindungen erklären konnte. Bei M. B. Eddy muß man berücksichtigen, daß ihr grundlegendes Lehrbuch, das die Christliche Wissenschaft darstellt, *Wissenschaft und Gesundheit mit Schlüssel zur Heiligen Schrift*, im Jahre

---

1 *Wissenschaft und Gesundheit,* siehe diese Seite. unten
2 Die Verwendung von KAPITÄLCHEN hat ihre Gründe, von denen später im passenden Zusammenhang (s. u. S. 71 f.) ausführlich die Rede sein wird.

1875, also neun Jahre nach ihrem Heilungserlebnis, erstmals erschien. Darin verwendet sie schon ihren neuen Gottesbegriff (GOTT), und sie schreibt nunmehr rückblickend unter Verwendung ihrer inzwischen gefundenen Ergebnisse über die Auswirkungen jenes Vorfalls von 1866. Jetzt führt sie ihre Inspirationen auf GOTT (nicht „Gott") zurück.

Was uns an dem Begriff „Wissenschaft" in bezug auf M. B. Eddys Lehre irritiert, auch wenn man ihre Methoden als wissenschaftlich akzeptieren mag, ist, daß ihre Antwort auf jene große Frage nach der Ursache von Spontanheilungen nicht da zu finden ist, wo wir sie zu finden gewohnt sind und wo wir sie am liebsten finden würden: im Körper, in der Medizin, in der Materie. Eigentlich dürften wir heutzutage nicht mehr so verblüfft und entsetzt sein wie ihre Zeitgenossen aus dem materiell wissenschaftsgläubigen 19. Jahrhundert; immerhin haben wir eine etablierte, an Universitäten gelehrte Psychologie, durchaus erfolgreiche Psychotherapien und eine als Wissenschaft anerkannte Psychiatrie und Psychosomatik, die alle ein nichtmaterielles Agens annehmen. Zwar weiß man noch immer nicht, wie denn genau die Kommunikation zwischen Psyche und Physis zustande kommt, aber es scheint, daß es sie offenkundig geben muß, denn die Wechselwirkungen lassen sich ja beobachten. Wenn man die Existenz solcher Psychowissenschaften nicht als anstößig empfindet, dann sollte man bereit sein, grundsätzlich für möglich zu halten, daß wissenschaftliches Untersuchen in diesem Gebiet nichtmaterielle Ergebnisse zeitigt. Hätten Spontanheilungen chemisch-physiologische Ursachen, dann kann man sicher sein, daß sie auch schon gefunden worden wären.

Beenden wir die einleitenden Worte mit einer Vermutung: Warum hat Mary Baker Eddy den seinerzeit schockierenden Ausdruck „science" verwendet und nicht etwa „art" oder „craft"? Zum einen natürlich spielt der Begriff „Wissenschaft" in ihrem System eine genau definierte und differenzierte Rolle, zum anderen aber betont „science" (mehr als das deutsche „Wissenschaft") den außermenschlichen, oder besser gesagt, die vom menschlichen Denken und Bewußtsein unabhängige Quelle des heilenden Wirkens, womit sich die Christliche Wissenschaft in aller Klarheit und mit aller Deutlichkeit von jeglicher Form von menschengemachter Psychologie und Psychotherapie abhebt.

Erster Teil

Unsere Welt

Schaut man im dtv-Lexikon (1966) unter dem Stichwort „Christliche Wissenschaft" nach, um einen ersten Eindruck zu bekommen, um was es in dieser Lehre geht, so liest man: „… von Mary Baker Eddy 1866 begründete Weltanschauung in religiös-kirchlicher Form. Sie betrachtet Gott als das allein Wirkliche und Krankheit als Unwirkliches, als eine Frucht der Unwissenheit und Sünde, die durch Gebet zu beseitigen ist. Mutterkirche mit eigenem Kult befindet sich in Boston; …"

„Religion", „Kirche", „Sünde", „Gebet" und „Kult" präsentieren sich dem neugierigen Sympathisanten, der etwas von einer Wissenschaft erfahren wollte. Es ist nur zu gut verständlich, wenn sich der so informierte Leser kopfschüttelnd anderen Dingen zuwendet.

Obwohl Kurzinformationen dieser oder ähnlicher Art nicht unzutreffend sein müssen, so sind sie doch leicht eher problematisch und häufig nicht hilfreich, denn sie bieten Ergebnisse an, die auf einer genau definierten Terminologie beruhen und denen umfangreiche Überlegungen, Schlußfolgerungen und Veranschaulichungen vorausgehen. Berücksichtigt man all diese speziellen Voraussetzungen nicht, so steht man vor einem offensichtlichen und nicht nachvollziehbaren Unding; etwa so wie eine in der Physik nicht bewanderte Köchin vor dem Satz, es gäbe keine Wärme, sondern nur Bewegung. Es ist mir Anliegen und Aufgabe, hier einige Handreichungen anzubieten, die dem dennoch interessierten Zeitgenossen wenigstens und hoffentlich das Vorurteil nehmen sollen, in der Christlichen Wissenschaft betrieben Wirrköpfe lediglich ihre eigenen Ungereimtheiten, die aber einem logisch denkenden Gebildeten nicht zugemutet werden können. Da es in dieser Lehre um ganz grundlegende Fragen geht und da ganz neuartige Antworten gegeben werden, lohnt sich die Mühe, auch ganz grundlegend vorzugehen und Schritt für Schritt dem Gegenstand näherzukommen. Dabei gilt es, Hürden fundamentaler Art zu überwinden, Hürden, derer wir uns häufig genug nicht bewußt sind.

Zunächst muß klarwerden (obwohl die Erwähnung fast trivial ist), daß die Welt, so wie wir sie sehen, nur ein Ausschnitt des Universums ist und daß es unzählige weitere Sichten gibt, die Welt zu sehen. Wir brauchen gar nicht an den riesigen Bereich der vielen elektromagnetischen Wellen zu denken, die wir mit unseren Sinnesorganen nicht wahrnehmen können und die, könnten wir sie wahrnehmen, unseren Augen eine völlig neue und andere Welt eröffnen würden; es genügt, sich zum Beispiel einen Hund zu vergegenwärtigen, dessen Universum vornehmlich aus Gerüchen besteht, von denen wir keinerlei Kenntnis haben; oder man denke an einen Maulwurf, einen Tiefseefisch oder ein Bakterium, die alle eine Welt beschreiben würden, die mit unserer nichts zu tun hat, obwohl wir alle in derselben Welt leben. Ganz extrem verhält es sich, wenn wir uns vorstellen, wie ein Neutrino die Welt erleben muß. Es ist eines der kleinsten und leichtesten Elementarteilchen (über 10.000mal leichter als ein Elektron), und es fliegt durch die Materie – einen Diamanten, die Alpen, die ganze Erde – hindurch, etwa so wie eine Mücke durch die Savanne fliegt.

Nun, die angedeuteten Unterschiede in der Sicht der Welt verstehen sich praktisch von selbst, aber auch wenn wir konzedieren, daß unsere Sicht nur eine von vielen möglichen ist, so sind wir noch längst nicht am Ende der Probleme angelangt. Auch unsere Sicht muß für sich näher beleuchtet werden, denn sie steckt voller Überraschungen mit weitreichenden Auswirkungen. Bei der folgenden beschreibenden Aufzählung gewisser Selbstverständlichkeiten aus unserem alltäglichen Leben soll immer nur vorgeführt werden, daß sich die Dinge nicht so verhalten, wie sie uns erscheinen, und daß aufgrund des in Wahrheit unzutreffenden Erscheinungsbildes Fragen gestellt wurden und werden, deren Antwort letztlich nur darin bestehen kann, daß sie die Fragen als falsch gestellte, also sinnlose Fragen aufdeckt.

Ein überaus einfaches Beispiel ist der Stock, der – wenn er in einen Behälter mit Wasser gestellt wird – einen Knick bekommt. Der naive Betrachter könnte sich fragen, durch welche Kraft das Wasser in der Lage ist, einen solchen Kraftakt auszuführen und ihn beim Herausziehen des Stockes wieder rückgängig zu machen. Wohlgemerkt: Wir müssen zunächst vom optischen Erscheinungsbild ausgehen und nicht von unseren physikalischen Kenntnissen, die ja immer erst später hinzugelernt werden.

Ein weiteres für uns recht unproblematisches Beispiel ist die Sonne, die jeden Tag von Osten nach Westen zieht. Wer oder was zieht sie? Die antik-mythologische Antwort war: Es ist der Wagen des Sonnengottes Helios, den geflügelte Pferde bei Tage von Ost nach West ziehen. Hieraus könnten sich weitere Fragen ableiten; z. B.: Aus welchem Material müssen die Flügel der Pferde bestehen, daß sie in der großen Hitze nicht verglühen, wo doch Ikaros, der Sohn des Daidalos, schon bei geringerer Annäherung an die Sonne seine Flügel verlor und ertrank? Oder: Wie kommt die Sonne über Nacht zurück nach Osten?

Die nächsten zwei Fragen muten uns heute merkwürdig an, weil unser heutiges Wissen eine gewisse Selbstverständlichkeit erlangt hat, aber unsere Vorfahren hatten damit noch ein gewaltiges Problem: Wohin falle ich, wenn ich das Ende der Erdscheibe überschreite? Als sich nach vielen Widerständen die Vorstellung von der Erde als einer sich drehenden Kugel allmählich durchsetzte, stellte man sich die Frage, wie verhindert werden kann, daß ich nachts – das Bett hängt ja jetzt sozusagen mit den Beinen an der Decke – aus dem Bett falle. Gegen solche Unfälle wurden technische Vorrichtungen entwickelt und benutzt.

Die folgende Frage hat Astronomen jahrelang beschäftigt: Entgegen unserer modernen Erkenntnis, daß sich unser Universum ausdehnt, die Sterne also nicht feststehen, glaubte die Menschheit von alters her daran, daß das Sternenzelt in sich unverändert feststeht und sich nur als Ganzes einmal pro Tag/Nacht um die Erde dreht. Von daher der Begriff „Fixsterne", am Himmelsgewölbe angebrachte, also fixierte, Sterne und die symbolische Vorstellung von der feststehenden Himmelsordnung. Aber man wußte auch um eine kleine Zahl von Sternen, die aus dieser Ordnung ausscherten und in ganz merkwürdigen Bahnen im Kosmos „herumirrten" (gr. planetes = „umherschweifen"). Bei der Frage nach dem Aussehen dieser Bahnen wurde die überaus komplizierte Epizykeltheorie entwickelt, die natürlich zusammenbrach, als die Sonne und nicht die Erde als zentraler Drehpunkt angesehen wurde.

Eine andere Frage, die sich aus einer falschen, auf unsere Wahrnehmung zurückgehende Vorstellung gründete und für deren Beantwortung Kriege geführt wurden, war folgende: Wenn nach antiker bis frühneuzeitlicher Vorstellung alle Materie aus vier Elementen besteht, Elementen, die überall reichlich vorkommen – Erde, Wasser, Luft und Feuer –, dann muß es möglich sein, Gold herzustellen. Das Wie war die Frage, und Generationen von Alchemisten haben die Antwort herauszufinden versucht.

Die letzte große Frage, um die es in diesem Zusammenhang geht, hat die Menschheit von jeher aufs äußerste bewegt mit den unterschiedlichsten Lösungsvorschlägen: Wenn ich den Mitmenschen ansehe, mit ihm rede oder in einer intellektuellen oder emotionalen Beziehung mit ihm stehe, wenn Worte ihn zu Tränen oder Luftsprüngen anrühren können, wenn ich durch seine Gegenwart Trost, Freude oder Leid empfinde, wenn ich durch Botschaften, einen Brief oder einen Telefonanruf einen trockenen Mund, feuchte Hände, Kopf- oder Bauchschmerzen bekommen kann, dann muß ganz einfach mehr vorhanden sein als lediglich ein materieller Körper mit irgendwelchen physiologischen Vorgängen. Beobachte ich mich selbst, dann sehe ich etwa einen Fuß, der zu mir gehört, oder ein Gesicht, das mir hübsch oder fremd vorkommt. Aber wer spricht da, wer sagt „ich"? Zu allem, was ich sehe oder fühle, gibt es also ein Ich, eine Seele, die aber selbst nicht ein Teil meines Körpers sein kann wie der Fuß oder das Gesicht. Das Problem, um das es hier geht, ist das klassische Leib-Seele-Problem, und die Frage, die gestellt wurde, lautete: Wie wirkt die immaterielle Seele auf den materiellen Körper und bringt ihn dazu, Handlungen auszuführen, meinen Willen umzusetzen, in die Welt einzugreifen? Da nach Jahrhunderten eingehender Forschung und Beschäftigung diese eher simpel erscheinende Frage bis heute nicht beantwortet ist, obwohl so viele subtile und schwierige Fragen in der Medizin durchaus beantwortet worden sind, liegt die Vermutung nahe, daß hier wieder eine falsch gestellte Frage vorliegt und daß die Antwort in gleicher Weise auf sich warten läßt wie die nach dem Material der Flügel der sonnengöttlichen Zugpferde. Daß wir völlig problemlos von Leib und Seele sprechen und uns genauso problemlos verstehen, zeigt unser Alltag, in dem wir ja auch ohne jedes Problem die Sonne von Osten nach

Westen ziehen sehen, obwohl sie stillsteht. Heute spricht man ungern vom Leib-Seele-Problem; man wählt andere Termini und spricht von der Psychosomatik oder von der psycho-physischen Wechselwirkung, die nach wie vor rätselhaft ist.

Da diese Problematik für das Anliegen dieses Buches von grundlegender Bedeutung ist, muß darüber in aller Ausführlichkeit gesprochen werden.

Leib – Seele

Nahezu jeder Philosoph kennt das Bemühen, das Leib-Seele-Problem zu lösen, denn dieses Problem versinnbildlicht den Gipfelpunkt unseres abendländischen Denkens, weil es in klarster Ausprägung, gewissermaßen stellvertretend für unser mentales Menschsein, die Grundstruktur der Orientierung durch unser Bewußtsein darstellt. Descartes vermutete, die Zirbeldrüse nehme eine Mittlerfunktion zwischen Leib und Seele ein; Leibniz glaubte an eine von vornherein festgelegte, separate, also prästabilierte Harmonie, die die Parallelität zwischen beiden herbeiführe. Die Okkasionalisten glaubten, Gott stelle die Beziehung zwischen beiden „bei Gelegenheit" her; Freud sah im Seelenleben nichts anderes als einen hochkomplizierten zerebralen Vorgang, den die Gehirnphysiologie eines Tages wird erklären können.

Allem zugrunde liegt die Überzeugung von der Existenz zweier völlig unterschiedlich beschaffener Seinsweisen, zweier Wirklichkeiten, die zwar keine Eigenschaften miteinander teilen, die aber dennoch irgendwie miteinander zu tun haben: Materie und Geist. Der Name für dieses angenommene Faktum ist: Dualismus.

Dualismus

Da – wie gesagt – das dualistische Denken unser Alltagsleben bestimmt, gewissermaßen unser Menschsein ausmacht, müssen wir besonders genau hinsehen und auf der Hut sein, das ja so Selbstverständliche nicht unbesehen als Selbstverständlichkeit in unserem mentalen Depot zu belassen.

Woher kommt das dualistische Denken, das uns doch kein intellektueller Scharlatan eingeredet hat, das wir aber praktisch ununterbrochen erleben und betreiben? Die Antwort ist klar und einfach: Es wird uns durch unsere Sinnesempfindungen, durch das, was wir sehen, hören, fühlen, schmecken und riechen, nahegelegt, ja aufgedrängt. Im nächsten Schritt erobert es das Denken und Argumentieren, und schließlich scheint uns die Welt so beschaffen zu sein. Schauen wir uns zunächst drei markante Beispiele an, um den Mechanismus kennenzulernen.

Das erste dualistische Paar ist Licht und Dunkelheit bzw. hell und dunkel. Im alltäglichen Bewußtsein liegt ein Gegensatz vor, vergleichbar mit Kreide hier und Kohle da, weiß und schwarz, Tag und Nacht. Sehen wir aber genauer hin: Wir sprechen von Licht oder Helligkeit, wenn Lichtstrahlen auf unser Auge treffen. Dann sehen wir, dann nehmen wir optisch wahr; dabei ist es kein Unterschied, ob das Licht direkt aus einer Quelle, etwa einer Kerzenflamme, unser Auge trifft oder über den Umweg der Reflexion, etwa beim Betrachten des Mondes oder eines Gemäldes. Ist kein Licht vorhanden, das auf unser Auge trifft, so sehen wir nicht, und wir sagen, es sei dunkel oder es herrsche Dunkelheit. An dieser Stelle beginnt der dualistische Fehlschluß, denn Licht können wir als eine existierende Substanz bezeichnen, wobei es in diesem Zusammenhang überhaupt keine Rolle spielt, wie die Physik diese Substanz definiert, als Welle oder Partikel oder Photon. Licht ist also hier ein Etwas. Diese Feststellung ist wichtig, um Dunkelheit zu verstehen. Wenn wir sagen, es herrsche Dunkelheit, dann tun wir sprachlich so, als sei Dunkelheit – wie Licht – ein Etwas, das substantiell vorliegt. Wäre das der Fall, dann würde man Dunkelheit physikalisch untersuchen können mit Laborergebnissen bezüglich seiner Natur, und sie ließe sich mittels Generatoren erzeugen. Aber es liegt bekanntermaßen anders. Dunkelheit ist lediglich unser Wort für die Abwesenheit von Licht, für die Abwesenheit eines Etwas; also ist Dunkelheit ein Nicht-Etwas, sie ist nichts. Daraus erklären sich gewisse Folgen, die wir alle aus der Anschauung kennen, über die wir aber vielleicht nicht gezielt nachgedacht haben: Man mag der Meinung sein, Dunkelheit behindere, da sie ein Gegensatz zu Licht ist, unser Sehvermögen. Wäre sie ein Etwas mit Substanz und Existenz, dann wäre das richtig, etwa in der Weise, wie Nebel unsere Sicht behindert, und zwar bei Tag und bei Nacht oder auf der Bühne, wenn Nebelgeneratoren in Betrieb sind. Da Dunkelheit aber ein Nichts ist, kann sie auch nichts behindern und kann uns beim Sehen nicht stören, und wir verdunkeln daher den Kinosaal, und Astronomen arbeiten nachts. Die Nichtsheit der Dunkelheit erklärt natürlich auch, was Kindern gern mit großer Gewichtigkeit erzählt wird, daß ein Kerzlein die Dunkelheit vertreibe, daß aber die größte Dunkelheit kein Flämmlein ersticken könne. Bei dieser Diktion hat sich unsere Sprache bereits in vollen Zügen des dualistischen Irrtums bemächtigt, und wir müßten eigentlich erstaunt sein, daß beim Öffnen der Vorhänge unser Zimmer hell, die Straße aber nicht dunkel wird. Dunkelheit kann nichts ersticken, noch wird sie vertrieben; sie flüchtet auch nirgendwo hin, sonst müßten wir sie vielleicht als ängstliches Klümpchen in einer Ecke aufspüren können.

Wir sehen, daß der geläufige Gegensatz, Licht und Dunkelheit, nur scheinbar ist, auf einem durch unsere Sinne hervorgerufenen Trugschluß beruht. Tatsächlich ist auf der einen Seite alles (Licht, Substanz), auf der anderen nichts (Dunkelheit). Genauer gesagt: hier die Anwesenheit des Lichts, dort die Abwesenheit des Lichts. Noch genauer: Es gibt keine zwei Seiten; es gibt nur Licht, das im einen Fall vorhanden ist, im anderen nicht. Daß wir jenem Nichtvorhandensein von Licht einen eigenen Namen zuordnen, je nach Gegebenheiten „Dunkelheit", „Finsternis", „Schwärze", „Nacht" oder „Schatten", ist nur *unsere* sprachliche Konvention, die, wenn man nicht aufpaßt, ein Etwas, also Substanz und eigenständige Existenz suggeriert, wie das ja als Prinzip – durchaus mit Erfolg – im Schattenspiel funktioniert. Daher kommen dann Vorstellungen wie „die Mächte der Finsternis", „Angst vor Dunkelheit" (denn man fürchtet ja nicht die Dunkelheit, sondern Vorgänge, die mir gefährlich werden können, weil ich sie nicht sehe, also andere „Substanzen"), „die Dunkelheit weicht", „die Dunkelheit scheut das Licht" etc. Im Grunde ist eine Aussage wie „Wenn kein Licht angeschaltet ist, herrscht Dunkelheit" genauso absurd wie „Wenn alle weg sind, ist immer noch der Niemand da".

Die soeben gemachten Darlegungen mögen vielen Lesern unnötig ausführlich vorkommen, aber es war ja das erste Beispiel, und weil hier ein genereller Mechanismus mit weitreichenden Folgen vorgestellt werden soll, ist es unabdingbar notwendig und wichtig, daß jedes Detail absolut durchsichtig und klar ist.

Das zweite Beispiel für die dualistische Irreführung durch unsere Sinne ist zwar weniger bekannt, nur von historischem Interesse, aber es veranschaulicht den Mechanismus besonders schön wegen unserer offenbar aufgeklärten Distanz, durch die wir uns nur mit einiger Mühe in die seinerzeit evidente Logik hineindenken können. Unsere antiken Vorfahren beobachteten – so wie wir heute – das alltägliche Vorkommnis, daß gewisse Dinge langsamer oder schneller zu Boden, also nach unten, fallen; andere, Rauch, Feuer, Dampf, vom Boden weg, also nach oben steigen. Also mußte es nach aller Logik zwei entgegengesetzte Kräfte geben, die *Schwer*kraft, die nach unten zieht, und die *Leicht*kraft, die nach oben drückt. Schwere und leichte Objekte waren damit völlig unterschiedliche Dinge mit völlig unterschiedlicher Seinsweise. Und daß eine Feder langsamer fällt als ein Stein, erklärte sich logisch durch die unterschiedlichen Anteile der wirkenden Schwer- und Leichtkraft. Warum glauben wir nicht (mehr) an diesen perfekten Dualismus der Kräfte, obwohl wir genau die gleichen gegensätzlichen Beobachtungen machen? Wir können sicher sein, daß unter der Annahme der Leichtkraft auch nicht andeutungsweise ein Fluggerät hätte entwickelt werden können, sowenig wie eine funktionierende Dunkelkammer unter der Annahme von substantieller Dunkelheit. Wie in allen Bereichen – das wird sich später immer wieder zeigen – lassen sich Erfolge technischer oder anderer praktischer Art erst dann erreichen, wenn man den dualistischen Irrtum durchschaut und so überwindet. In diesem Fall braucht man die Erkenntnis, daß allein eine Schwerkraft existiert, die zwar alle Partikel nach unten zieht, aber die schwereren unter die relativ leichteren Partikel schiebt und sie so durch ihre zunehmende Zahl nach oben drückt. Luftballons, Schiffe und Zeppeline arbeiten so und auch warme Luft, die durch größere Ausdehnung relativ leichter wird und Rauchpartikel mit sich reißt.

Wodurch kommen wir aber zu solchen Erkenntnissen, die ja zunächst nicht von unserer Sinneswahrnehmung abgeleitet werden? Das ist im einzelnen sehr unterschiedlich, erfordert häufig viel gedankliche und experimentelle Arbeit, fußt auf der Erfahrung, daß mit dem alten Erklärungsmodell bestimmte Widersprüche oder Mißerfolge nicht erklärt werden können, daß neue Phänomene unerklärlich bleiben, daß unerwartete Konsequenzen auftreten, und so weiter. Auf jeden Fall aber ist es immer intelligentes Denken und nicht lediglich gleichgültiges, verängstigtes oder bewunderndes Hinschauen, das zu höherem Verständnis führt.

Das dritte Beispiel dualistischer Irrtümlichkeit, das mit einiger Ausführlichkeit behandelt wird, ist weder lediglich von historischer Relevanz, noch ist uns seine Durchschaubarkeit so selbstverständlich einleuchtend wie nach kurzer Zeit das erste Beispiel von Licht und Dunkelheit.

Häufig ist man Zeuge einer kleinen Auseinandersetzung, bei der es darum geht, ob es in einem Raum zu warm oder zu kalt ist. Wenn es so weit geht, daß gestritten wird, wer recht hat, dann ist der Dualismus, den es natürlich nicht gibt, machtvoll am Werk. Die ganze Wärme-Kälte-Diskussion beruht auf dem gleichen Fehlschluß, der zur wandernden Sonne, zur Leichtkraft und zur sich ausbreitenden Dunkelheit geführt hat: der Glaube an die Tatsächlichkeit dessen, was unsere Sinne uns melden. Denn Kälte als eigene Substanz im Gegensatz zu Wärme gibt es genausowenig wie Wärme als Substanz im Gegensatz zu Kälte. Das einzige, das es (physikalisch) gibt, ist Temperatur[3], und die kann von fast 0° Kelvin bis möglicherweise unendlich reichen. Was uns zu dem Fehlschluß eines Gegensatzpaares Kälte vs. Wärme verleitet, ist *unsere* Reaktion auf gewisse Temperaturen. Bei 270° Kelvin entwickeln wir eine Gänsehaut, bei 300° Kelvin sondern wir Schweiß ab, und wir haben eine Empfindung, die wir im ersten Fall als „frieren", im zweiten als „schwitzen" bezeichnen. Verstärkt wird der Fehlschluß dadurch, daß das so häufig vorkommende und das Bild der Natur prägende H_2O bei 273° Kelvin von fest zu flüssig übergeht und bei 373° Kelvin von flüssig zu gasförmig. Da auf der Erde Temperaturen um diesen Bereich am weitesten verbreitet sind, hat man ja ursprünglich diese beiden kritischen Temperaturgrade, gefrierendes und verdampfendes Wasser, als Eckpunkte genommen und ihnen die Werte

---

3 Es geht hier nicht um die Frage, was Temperatur letztlich im atomaren Bereich ist, sondern ganz makroskopisch, was wir als Substanz beschreiben können.

0 bzw. 100 zugeordnet, wodurch die Temperaturmessung in Celsius entstand. Erst die Verlängerung dieses Maßstabes in beide Richtungen erbrachte die Messung in Kelvin, so daß der absolute Nullpunkt von 0° Kelvin bei -273° Celsius liegt. Diese Celsiusgrade unter Null, also die Minusgrade (die Messung in Kelvin kennt dagegen keine Minusgrade), leisten unserem nichtreflektierten Dualismus Vorschub, indem sie die Existenz von Wärmegraden suggerieren, denen die Kältegrade gegenüberstehen. Schon entsteht aus dem Temperaturkontinuum in gewissen Bereichen das anscheinende Etwas, eine Substanz, genannt „Kälte", in anderen Bereichen eine Substanz, genannt „Wärme" oder „Hitze". Tatsächlich aber legen wir nur eine auf den Menschen (und auf Wasser) bezogene zweiwertige Meßvorrichtung über einen absolut einwertigen Temperaturstrahl. Selbstverständlich weiß dies auch der „Kältetechniker", sonst hätte nie ein Kühlschrank gebaut werden können, der ja nicht Kälte produziert, sondern Wärme entzieht, also die Temperatur senkt. Insofern gibt es auch keine „Kältebrücken", sondern nur temperaturdurchlässige Stellen und Materialien.[4] Der Vorteil der dualistischen Sichtweise liegt natürlich in ihrer kommunikativen Bequemlichkeit, ihr Nachteil, ja ihre Gefahr, kommt zum Vorschein, wenn man sich anschickt, auf dieser Grundlage die Welt erklären zu wollen. Und dieser Nachteil wirkt sich in allen Dualismen aus.

Das Prinzip unserer drei Beispiele zusammenfassend halten wir also fest, daß wir durch unsere Sinneswahrnehmung glauben, in einer Welt der Gegensätze zu leben, daß aber diese Gegensätzlichkeit in der Natur nicht als Faktum vorliegt, sondern von uns in die Natur hineinprojiziert

---

4 Als ein Architekt mir gegenüber von Kältebrücken sprach, hielt ich mich anstandshalber mit meinem besseren Wissen zurück, bis er selbst beiläufig sagte, das gäbe es eigentlich nicht, aber mit einer vielsagenden Geste – das verstehen Sie ja doch nicht – die Angelegenheit nicht vertiefen wollte. Offenbar war er immer nur auf Unverständnis gestoßen. Dieser dualistische Unverstand kann im übrigen so weit gehen, daß mir jemand einmal sagte, nachdem wir über die Faustregel gesprochen hatten, je kälter die Thermosflasche, desto heißer das Getränk, daß er deshalb seine Kaffeethermosflasche in den Kühlschrank stelle.

wird. Die daraus entstehende Annahme von entgegengesetzten Größen und widerstreitenden Kräften in der Natur wird „Dualismus" genannt. Der Dualismus ist also die Anwendung des menschlichen Bezugssystems auf die Welt. So muß man wohl die These des Protagoras verstehen, der Mensch sei das Maß aller Dinge. Einblick in alle Dinge gewährt aber nicht unser Dualismus, sondern die Befreiung vom Dualismus. Statt der Gegensätze ist ein Kontinuum am Wirken. Das muß wohl Heraklit gemeint haben, als er sagte, „alles fließt".

Jetzt dürfte es möglich sein, mit größerer Schnelligkeit durch das vermeintliche Land des Dualismus zu reisen. Ein kleiner Schematismus soll helfen, den immer gleichen Mechanismus nachzuvollziehen. Dabei werden drei Kategorien benötigt, die bei unterschiedlicher Akzentuierung im weiteren Verlauf noch mehrmals auftauchen werden. Zunächst erscheinen die beiden dualistischen Seiten, die sich aus unserer Sinneswahrnehmung ergeben, wobei die substantiell tatsächliche, reichhaltige, bejahte oder „üppige" Seite als erstes und die substantiell scheinbare, reduzierte, verneinte oder „magere" Seite als zweites genannt wird. An dritter Stelle folgt dann die eigentliche Substanz.

Unsere drei Beispiele waren:

üppig	*mager*	*Substanz*
hell	dunkel	Licht
schwer	leicht	Schwerkraft/Gewicht
warm	kalt	Temperatur

Nun fünf weitere Beispiele:

schnell	langsam	Geschwindigkeit
groß	klein	Ausmaß
laut	leise	Schall
alt	jung	Zeit/Jahre
stark	schwach	Kraft

Die Reihe kann fortgesetzt werden:

voll	leer	Masse
prall	labberig	Druck
nass	trocken	Wasser
oben	unten	Erdferne
fern	nah	Distanz
lang	kurz	Dauer
reich	arm	Besitz
dick	dünn	Volumen
hart	weich	Festigkeit/Dichte

Gelegentlich wirkt ein Substanzwert (oder sogar mehrere) zwischen den beiden Extremen für die Sinneswahrnehmung so markant, daß wir ihm eine eigene Existenzform zuschreiben:

fest	flüssig	gasförmig			Moleküldichte
hastig	ruhig	reglos			Aktivität
hell	dämmrig	dunkel			Licht
heiß	warm	lau	kühl	kalt	Temperatur

Der Mechanismus funktioniert so: Es wird eine bestimmte Position aus dem jeweiligen Kontinuum herausgegriffen und als Ausgangswert (der dem menschlichen Erleben nahe liegt) für die Angabe der Abweichung verwendet; das jeweilige Mehr und das jeweilige Weniger führen dann zu den vermeintlich gegensätzlichen Begriffen. Das mag der Luftdruck an der Erdoberfläche sein, unsere subjektive Idee von normaler Größe, von erträglicher Lautstärke, von überschaubarer Zeitspanne, von angemessenem Kraftaufwand, von vernünftiger Dauer, von wünschenswerter Temperatur, und so weiter.⁵

Bisher war die Rede von recht handfesten dualistischen Trugschlüssen aus den Gebieten der Physik und Chemie, aber die Reise geht weiter in weniger materielle Bezirke, wo sich die Grenzen verwischen. Ist Musik materiell (weil man sie mit dem Tonband aufnehmen kann) oder immateriell (weil der Komponist Gedanken und Gefühle umsetzt); ist angepaßtes Sozialverhalten materiell (weil es gefilmt werden kann) oder immateriell (weil unsichtbare Motive wirken); ist ein Kindergarten materiell (weil das Gebäude neben meinem Grundstück steht) oder immateriell (weil er sich um die seelischen Bedürfnisse der Kinder kümmert)?

Die nun folgenden Phänomene, die unsere dualistische Sichtweise repräsentieren, sind nach allgemeiner Auffassung völlig immateriell, oder weitgehend oder zum Teil oder nur wenig materiell.

Obwohl es neuerdings Bestrebungen gibt, Intelligenz künstlich herzustellen, hält man sie doch im allgemeinen für ein mentales Phänomen; die angeblich künstlich intelligenten Apparate erweisen sich entweder als ungemein schnell bei gewissen Aktionen, oder sie beruhen auf einem solch komplexen Programm, daß wir normalerweise die zugrunde liegende Mechanistik nur sporadisch spüren. In der Psychologie sind Verfahren entwickelt worden, Intelligenz beim Menschen zu messen. Wir unterscheiden zwar zwischen intelligenten und dummen Zeitgenossen und sehen darin einen Gegensatz, aber bei der Messung wird immer nur Intelligenz gemessen, nie Dummheit. Auch der dümmste Kandidat hat immer noch einen IQ, einen Intelligenzquotienten, und keinen DQ, Dummheitsquotienten. So wie man keine Dunkelheit, sondern immer nur Licht mißt, so läßt sich Dummheit nicht messen, weil sie – vgl. Dunkelheit, Leichtigkeit, Kälte,

---

5 Daß die jeweiligen Substanzen weiter reduziert werden können, ist häufig möglich, liegt aber nicht in unserer Fragestellung. So wären Gewicht, Schwerkraft oder Erdanziehung, aber auch Tag/Nacht, Sommer/Winter, Ebbe/Flut letztlich Erscheinungsweisen oder Auswirkungen der Gravitation; Druck, Temperatur und Aggregatzustände lediglich mikroskopische Bewegung.

Schwäche etc. – keine Substanz hat. Was wir als Dummheit bezeichnen, ist lediglich *unsere* willkürliche Festlegung auf einen bestimmten Intelligenzgrad. Vielleicht erklärt dies ja den bekannten Sachverhalt, den die Griechen einst beklagten, daß nämlich gegen Dummheit selbst die Götter vergebens kämpfen. Natürlich, weil Dummheit eben nichts ist und daher kein Gegner sein kann, so wie Dunkelheit und Kälte keine Gegner sind, gegen die man kämpft; man stellt das Licht oder die Heizung an, d. h., man läßt die vorhandene Substanz ein oder erhöht oder vermehrt sie.

Ein weiteres schönes Beispiel ist Glück und Leid als dualistisches Paar. Daß es hier in der Hauptsache um Mentalität und nicht um materielle Dinge geht, ist – glaube ich – ziemlich evident, da es Leute gibt, die auch „in der größten Not", d. h. nach dem Maßstab der meisten anderen, sagen, sie seien glücklich, während so manchem Superreichen ein simpler Strafzettel größtes Leid verursacht. Damit wird deutlich, daß Glück oder Leid praktisch an beliebiger Stelle auf der Leiter des Wohlbehagens (so soll im Augenblick für unsere Zwecke die Substanz heißen) liegen kann, je nachdem, um wen und was es geht.

Als letzte Beispiele in dieser Abteilung mögen die Paare gut – schlecht; schön – häßlich; freundlich – barsch dienen, die bei genauem Hinsehen immer nur Grade oder Abstufungen auf einem Kontinuum sind, das individuell sehr unterschiedlich plaziert und gestaltet sein kann. Benötigt wird aber in jedem Fall ein Bezugssystem, das nicht bloß menschlich ist, sondern zusätzlich individuell persönlich.

Beim Studium der Natur des vermeintlichen Dualismus, der sich tatsächlich nur als Anwesenheit bzw. Abwesenheit eines Etwas herausgestellt hat, liefert uns unsere Sprache interessante Indizien und Verständnishilfen (nachdem sie unser Verständnis zuerst durch die Existenz von Gegensatzpaarwörtern wie hell – dunkel, warm – kalt etc. getrübt hat). Bisher hatten wir bei der schematischen Aufstellung der dualistischen Beispiele (S. 24 f.) in jeder der drei Kategorien unterschiedliche Begriffe benutzt; z. B.

| hell | dunkel | Substanz: Licht |
| warm | kalt | Substanz: Temperatur |

Nun gibt es viele Beispiele, in denen als dritter, als Substanzbegriff nicht unbedingt ein neues Wort gebraucht wird, sondern in denen der erste dualistische Begriff, jener, der immer die Substanzfülle, nicht die abwesende oder geringe Substanz anzeigt, wiederverwendet wird. Jetzt aber steht er als *Name* für die Substanz und nicht als Bezeichnung eines Gegenteils. Also:

warm	kalt	Wärme statt Temperatur
groß	klein	Größe statt Ausdehnung
fern	nah	Ent*fern*ung statt Distanz

So sind für den Physiker -80° Celsius immer noch Wärme, Wärmegrade; in der Geometrie ist ein tausendstel Millimeter immer noch eine Ent*fern*ung; das Telefon ganz nah vor mir ist immer noch 30 Zentimeter von mir ent*fern*t; ein Baby ist drei Monate *alt*, deswegen aber kein alter Mensch und doch deutlich weniger alt als etwa ein Mädchen, das 16 Jahre jung ist. „Alter" hat jetzt die Bedeutung von zeitlicher Substanz und nicht von Greisentum. Entsprechend reden wir von Breite, Länge und Größe auch bei Dingen, die wir als eng, kurz oder klein empfinden: Ein kurzer Bleistift ist zwei Zentimeter *lang*, eine Straße ist nicht zwei Meter eng, sondern zwei Meter *breit*, und ein Mensch nicht 1,50 Meter klein, sondern *groß*. Benutzt man dennoch die „mageren" Begriffe, so hat das rhetorische Gründe: Man möchte meistens eine subjektiv wertende Zusatzaussage machen. „Sie ist herrliche 19 Jahre jung."

An der sprachlichen Konvention, mit den Begriffen der Fülle auch deren gedachte oder gefühlte Magerkeit zu bezeichnen („die Tür ist nur 1,70 Meter *hoch*"), zeigt sich aber diskret, daß der Dualismus nicht wirklich besteht. Wirklich vorhanden ist nur die jeweils *eine* Substanz.

Die Sprachindizien werden noch deutlicher in der folgenden ergänzenden Auffälligkeit: Der jeweils zweite Begriff in unserer Aufstellung – jener, der für die Abwesenheit von Substanz steht – kann sehr häufig ersetzt werden durch die Verneinung des ersten, der für die Anwesenheit von Substanz steht. So bleibt sprachlich nichts anderes übrig als *eine* Begrifflichkeit aus nur substanzbezogenen Wörtern.

üppig	*mager*	*Substanz*
rein	unrein	Reinheit
kraftvoll	kraftlos	Kraft
aktiv	inaktiv	Aktivität
liebevoll	lieblos	Liebe
gesund	ungesund	Gesundheit
schön	unschön	Schönheit
gerecht	ungerecht	Gerechtigkeit
frei	unfrei	Freiheit
klug	unklug	Klugheit
ruhig	unruhig	Ruhe
harmonisch	disharmonisch	Harmonie
vollkommen	unvollkommen	Vollkommenheit
herzlich	herzlos	Herzlichkeit

Wenn man diese Liste weiterführt, was ziemlich leicht möglich ist, so fällt eine Eigentümlichkeit auf, die bestimmt kein Zufall ist. Eine Verneinung des ersten Adjektivs ist vorzugsweise bei Gegensatzpaaren aus dem immateriellen Bereich zu bewerkstelligen, weniger – wenn überhaupt – aus dem materiellen Bereich. Theoretisch denkbare Beispiele dieser nicht existierenden Konstruktion wären *unwarm, *unschwer (sofern „schwer" nicht für „schwierig" steht), *unhell, *unlang, *unbreit, *unalt etc. Da eine linguistische oder formallogische Erklärung für diese Auffälligkeit nicht gegeben werden kann, kommt nur eine phänomenologische in Frage: Der uns innewohnende Dualismus muß in unserem Bewußtsein bei materiellen Angelegenheiten sehr viel solider und ursprünglicher verwurzelt sein, denn er geht sprachlich in aller Selbstverständlichkeit von zwei getrennten Gegebenheiten aus. Bei immateriellen Angelegenheiten hingegen leuchtet ohne Gewaltanwendung ein Schimmer der *einen* Substanz sprachlich mühelos hervor.

Bleiben wir noch bei den immateriellen dualistischen Paaren, für deren wahre Beschaffenheit ein weiteres Indiz interessanten Aufschluß bietet. Die eben gezeigte Verneinungstechnik bei den Gegensatzpaaren (1. und 2. Kategorie) ist natürlich keineswegs zwingend. Es gibt selbstverständlich zahllose Beispiele, wo *verschiedene* Wörter den Gegensatz bilden:

gesund	krank	Gesundheit
klug	dumm	Klugheit
wahr	falsch	Wahrheit

Fairerweise stellt sich jetzt die Frage nach der tatsächlichen Substanz, sofern wir eine dualistische Lösung nicht akzeptieren. Warum soll bei *gesund – krank – Gesundheit* nicht Krankheit die Substanz sein; Dummheit bei *klug – dumm – Klugheit* und Falschheit bei *wahr – falsch – Wahrheit*? Über Dummheit wurde schon gesprochen; bei Falschheit liegt die gleiche Überlegung nahe, weil immer nur ein *Wahrheits*gehalt überprüft wird. Aber Krankheit? Warum etwa bei *gut – böse – das Gute* nicht das Böse als Substanz? Hierzu eine Beobachtung und eine Überlegung.

Interessanterweise lassen sich bei der *unterschiedlichen* Begriffsterminologie die jeweils zweiten Begriffe, die die Substanzverminderung anzeigen, praktisch nie verneinen. Man sagt zwar *krank*, aber nicht *unkrank*, obwohl *gesund* und *ungesund* alltäglich sind; man sagt *dumm*, aber nicht *undumm*, obwohl *klug* und *unklug* möglich sind. Es gibt *falsch*, aber nicht *unfalsch*, wohl aber *richtig* und *unrichtig* oder *wahr* und *unwahr*. Entsprechend haben wir zwar *ungut*, aber nicht *unböse* oder *unschlecht*; wir haben *mutlos*, aber nicht *unfeige*; *unschön*, aber nicht *unhäßlich*; *unfreundlich*, aber nicht *unfeindlich* usw. Die Begründung liegt inzwischen auf der Hand: Substanz, die ich bejahen oder verneinen kann, liegt immer nur im ersten Begriff unserer Dreierfolge vor, der für Fülle und Tatsächlichkeit steht. Also im Guten und nicht im Bösen; in der Klugheit und nicht in der Dummheit; im Mut und nicht in der Feigheit; in der Wahrheit und nicht im Irrtum; in der Gesundheit und nicht in der Krankheit; in der

Harmonie und nicht im Streit; im Frieden und nicht im Krieg; in der Gerechtigkeit und nicht in der Ungerechtigkeit. Das heißt in der Umkehrung, daß in unserem jeweils zweiten Begriff, *dumm, falsch, böse* usw., so wie bei *dunkel, leicht, kalt* keine Substanz vorhanden ist, auch wenn wir sie durch unsere Sinneswahrnehmung irrigerweise als vorhanden vermuten. So wird einsichtig, warum sie fast durchweg nicht verneint werden, weil eben ein Nichts auch durch Verneinung kein Etwas wird.

An dieser Stelle sollte uns aber auch bewußt sein, daß Gesetze oder Regeln in einer Sprache nicht in gleicher Stringenz und Präzision an der Arbeit sind wie etwa in der Physik. Ausnahmen kommen daher vor. *Neidisch – neidlos – Neid* verweisen auf ein Erscheinungsbild, wo der Sprecher die Dinge auf den Kopf zu stellen scheint: *Neidisch* gehört nach unserer Sicht der Dinge nicht in die erste, sondern in die zweite Kategorie, und als Substanz muß gerade die Abwesenheit von Neid, die Neidlosigkeit, angesehen werden. Das Beispiel *Schmerz* hilft im grundlegenden Verständnis weiter. Wie die Überlegung des nächsten Abschnitts zeigen wird, kann die konstruktive Substanz von der Sache her nur Schmerzlosigkeit sein und nicht Schmerz. Erst wenn durch ein Hemmnis die Substanz *Schmerzlosigkeit* gestört oder behindert wird, empfinden wir ihre Abwesenheit als Schmerz. Da dieses Empfinden deutlicher hervorsticht als die Substanz, die wir als Schmerzlosigkeit bezeichnen und die wir normalerweise nicht bewußt wahrnehmen, machen wir sprachlich (!) aus dieser Abwesenheit die Substanz. Das klingt kompliziert, aber der anscheinende Widerspruch entsteht nur aus unserer unreflektierten Akzeptanz der Dualität, die ohnehin zwei entgegengesetzte Substanzen als real annimmt. In unserer Kategorienliste müßte also stehen:

schmerzlos	schmerzhaft	Schmerzlosigkeit
neidlos	neidisch	Neidlosigkeit

Die oben angekündigte Überlegung zu der Frage, warum bei *gut – böse – das Gute* etc. nicht das Böse als Substanz fungieren solle, erscheint mir heute als so offenkundig, daß ich mich eigentlich wundere, warum sie nicht immer schon selbstverständliches Gemeingut gewesen ist. Wenn in unserem Leben, in der Welt, im Universum alles, oder auch nur der größte Teil aller Dinge und Geschehnisse, böse, krank, schlecht, dumm, destruktiv, verlogen, kriminell, unsozial, mißgünstig, egoistisch oder rücksichtslos wäre – oder auch schmerzhaft oder neidisch (s. o.) –, wenn also Destruktivität in all ihren Facetten die erste und eigentliche und tatsächliche Substanz wäre, ja, dann muß man doch fragen, was die Welt zusammenhalten soll und wieso die Welt mit ihren unendlichen Lebensformen überhaupt existiert. Was Existenz erst möglich macht, kann letztlich nur ein konstruktives Element sein, das Existenz eben ermöglicht und nicht zerstört. Bevor wir uns über die Schlechtigkeit der Welt beklagen, sollten wir daran denken, daß die Welt so schlecht nicht sein kann, sonst hätten wir keine Gelegenheit, solche Klagen zu äußern.[6]

Seele – Leib

Das Leib-Seele-Problem hatten wir oben als offenbar falsch gestellte Frage (S. 17 ff.) und als grundlegenden Repräsentanten des Dualismus von Geist und Materie in den Raum gestellt. Inzwischen hat der Dualismus viel von seinem Gewicht eingebüßt, und wir vermuten aus vielen und guten Gründen, daß es ihn nicht wirklich gibt, weil wir ihn durch unser Bezugssystem in die Welt hineinbringen. Wenn wir weder in der materiellen Welt der Naturwissenschaft noch in der immateriellen Welt der Gedanken und Gefühle substantiellen Dualismus erkennen, sollte dann die Welt selbst zweigeteilt sein? Sollten die Materie hier und der Geist dort als separate Substanzen bisweilen kooperieren, bisweilen gegeneinander arbeiten, bisweilen nichts voneinander wissen? Die Frage ist rhetorisch, und die Antwort ist natürlich: Nein. Aber selbst wenn wir ganz groteske Annahmen formulieren und einen Dualismus unterstellend fragen, wo denn in einem (materiellen) Kreis die (immaterielle) Zahl π versteckt sei, wieso beim Abbrennen des Standesamtes die Ehe fortbesteht, wo denn

---

6 Auch eine kriminelle Organisation kann nur auf dem Hintergrund einer funktionierenden, konstruktiven Gemeinschaft bestehen. Wäre ein Staat *komplett* mafiös, könnte er nicht überleben. Genauso ein Körper, der eben nicht *völlig* krank sein kann.

genau die Sehnsucht lokalisiert sei, die mich nach Neapel zieht, so gibt unser Bewußtsein nicht so leicht auf und besteht auf dem Unterschied zwischen Geist und Materie, zwischen Seele und Körper. Das ändert sich auch nicht, wenn wir den berühmten Chirurgen Ferdinand Sauerbruch sagen hören, er habe bei all seinen Operationen nie irgendwo ein Seele gesehen. Wir können uns immer wieder sagen, daß es ja Kälte und Dunkelheit nicht wirklich gibt, aber dennoch werden wir frieren und uns bei Dunkelheit verirren. Solange wir einfach unser Leben leben, brauchen wir keine bessere Einsicht. Erst wenn wir es wirklich wissen wollen, wenn wir unser Menschsein verstehen wollen, dann müssen wir die Mühe auf uns nehmen, nicht mehr unsere Sinnesorgane zu befragen, sondern mit Logik, Muße und Gründlichkeit zu denken. Daß sich die Erde dreht und nicht die Sonne um die Erde, erkannte man nicht durch große Teleskope, sondern durch Nachdenken, durch das Bestreben, Ungereimtheiten aufzuklären.

Im Grunde ist man sich in den Naturwissenschaften und in der Medizin einig, daß Einheit und nicht Zweiheit vorliegt, daß zum Beispiel das Empfinden von Trauer und die Produktion von Tränen derselbe Sachverhalt sind mit mehreren Ausdrucksweisen. Wenn ein Psychopharmakon die Stimmung aufhellt und ein Placebo oder eine gute Nachricht das Fieber senkt, dann meinen wir, zwei absolut unterschiedliche Agenzien zu beobachten. Das sagt uns unsere Anschauung, aber sie erklärt nichts. Jetzt haben wir den Dualismus untersucht; wir haben auf Schritt und Tritt seine illusorische Beschaffenheit kennengelernt; wir haben gesehen, daß technisch praktische Fortschritte nur durch die Überwindung des Dualismus erzielt werden konnten. Es ist nicht abwegig zu vermuten, daß sich durch die Überwindung des Geist-Materie-Dualismus unvermuteter Fortschritt für uns eröffnet. Aber vermutlich wird das noch lange dauern. Erst jüngst stand im *Spiegel Special* Nr. 6/2007, S. 9: „Das Verständnis des Placebo-Effekts könnte helfen, eines der größten Geheimnisse der menschlichen Natur überhaupt zu begreifen: die Verknüpfung von Seele und Leib." Und dann wird von Hirnforschern berichtet, die das Gehirn nach „placeboempfänglichen Regionen" absuchen.

Begeben wir uns gedanklich auf nichtdualistisches, also monistisches Territorium.

Das Streben nach dem Einen (Monismus)

Der Dualismus steckt uns zwar „in den Knochen", aber dennoch oder vielleicht gerade deswegen haben Denker aus allen Epochen immer wieder versucht, die Welt aus einem *Einen*, aus nur *einer* Kraft, *einer* Substanz, *einem* Prinzip zu erklären. Die Versuche gingen weiter und erstreckten sich auf *eine* Seele, *einen* Geist, *einen* Gott, *eine* Materie, *eine* Energie, *einen* Willen u. a.[7] Der Name „Monismus" ist allerdings ziemlich modern und wurde von Christian Wolff Anfang des 18. Jahrhunderts eingeführt. Die Internetauskunft wissen.de faßt das Wesen und die Problematik des Monismus so treffend zusammen, daß es lohnt, die kurze Passage komplett zu zitieren:

> Der Monismus ist ein philosophisches Urmotiv und findet sich schon in den ältesten Philosophien Indiens, Chinas und Griechenlands; er ist Ausdruck des Strebens nach einer einheitlichen Auffassung des Ganzen der Welt. Insofern ist jede Philosophie monistisch. Bei der Aufgabe jedoch, aus der zugrunde gelegten Einheit die Vielfalt der Erscheinungen abzuleiten, ergeben sich Schwierigkeiten, die entweder dazu nötigen, Gegensätze in das zunächst nur abstrakt gedachte „Eine" hineinzutragen *(konkreter, dialektischer, dynamischer Monismus)* oder dem „Einen" das „Andere" gegenüberzustellen oder aber die Einheit als bloße Denkvoraussetzung gelten zu lassen *(kritischer Monismus)*.

Die genannten Schwierigkeiten kennen wir; es ist unsere Sinneswahrnehmung. Das Urmotiv kennen wir auch; es zeigt sich in unserem Bemühen, wo immer möglich, *einen* Gedankengang zu verfolgen, bei *einem* Thema zu bleiben, *einen* Erziehungsstil zu praktizieren, *ein* Ziel immer im Auge zu haben, charakterlich *ein*deutig zu sein und sich *einem* Ideal hinzugeben. Vermutlich hat die übermenschliche Anstrengung, zwischen dem Streben nach dem Einen und den Schwierigkeiten der Durchfüh-

---

[7] Es geht hier auch nicht andeutungsweise um einen historischen Ein- oder Überblick des Monismus oder gar eine Bewertung der einzelnen „Monismen". Jedes Lexikon und das Internet bieten leicht zugänglich vielfältige Informationsmöglichkeiten. Hier soll nur auf gewisse Details Bezug genommen werden, die dem Zweck dieser Hinführung dienlich sind.

rung zu vermitteln, irgendwann dazu geführt, die Einigung wenigstens im Göttlichen als geglückt zu sehen. Der Polytheismus wich in mehreren Kulturkreisen dem Monotheismus. Aber nie konsequent und auf Dauer. Nachdem im biblischen Bericht die Schöpfung des Universums rein monistisch beendet worden war, „siehe da, es war sehr gut" (1 Mos 1,31), erscheint gleich darauf das satanische Element in Form der Schlange, gefolgt von Sünde, Neid und Totschlag. Der monistische Elohim weicht dem Jahwe, der durchdrungen ist von menschlich-dualistischen Regungen; er ist neben seiner Liebe, Fürsorge und Hilfsbereitschaft auch eifersüchtig, voller Zorn und braucht Besänftigung durch allerlei Opfergaben. Als explizit allmächtige Instanz fühlt er sich dennoch bedroht von konkurrierenden Götzen aller Art. Obwohl die Bibel ihren monotheistischen Anspruch durchgehend aufrechterhält, tritt trotzdem – als ob er nicht aus der Welt zu schaffen wäre – der Gegenspieler Gottes regelmäßig auf, als Teufel, Satan, Beelzebub, der Starke, als Antichrist und Fürst dieser Welt. Das monotheistische Bemühen ist gegenüber dem Polytheismus sicherlich ein Fortschritt, aber auch die christlichen Kirchen halten nicht durch. Jesus, der das Evangelium Gottes, die erlösende Kraft des Einen, predigte und praktisch in die Tat umsetzte, wurde in der späteren theologischen Diskussion zu einer Art Zweitgott, weil er sich als Sohn Gottes bezeichnet hatte, was wiederum das Eine zu einer Art zeugendem Vater und die Mutter zu einer bedingt körperlich empfangenden und gebärenden Gottesmutter machte. Man kann das monotheistische Experiment nicht als gelungen bezeichnen.

Demgegenüber sind die Bestrebungen der modernen Physik wirklich monistisch: Nach einer anfänglichen Vielzahl von Kräften und Erscheinungen erkannte man die Möglichkeit, sie zusammenzufassen und auf immer weniger Kräfte zu reduzieren: Erdanziehung, Schwerkraft, Gewicht, Fallgeschwindigkeit und die Gesetze der schiefen Ebenen vereinigen sich in der Gravitation; Mechanik, Akustik und Wärmelehre in der atomaren oder molekularen Bewegung; Elektrizität, Magnetismus, Optik, aber auch letztlich Chemie und Biologie in der Quantenelektrodynamik (QED). Durch die Forschungen im Bereich der Atomkerne und der subnuklearen Elementarteilchen bahnen sich Erkenntnisse an, die die Hoffnung auf die Rückführung aller Phänomene auf *eine* Urkraft aufrechterhalten.

Wenn wir auch im Alltag aus guten und bequemen Gründen den Dualismus leben, so scheint doch das obengenannte Urmotiv, die Suche nach dem einen Agens, in unserem Bewußtsein dadurch gestärkt worden zu sein, daß bei genauem Hinsehen das dualistische Erleben zwar vorhanden ist, aber in Wahrheit auf einer Illusion beruht: Es gibt die eine Substanz (je nach Fall sehr unterschiedlich), und bei Abwesenheit oder Verminderung dieser Substanz machen unsere Sinne daraus eine Gegensubstanz mit gegensätzlichen Eigenschaften und Zielsetzungen. Der ganze Problemkomplex verdichtete sich in der großen Frage nach der Beziehung von Leib und Seele. Heute wählt man eher die allgemeinere Formulierung und spricht von Materie und Geist. Und bei den Versuchen, einen Monismus zu errichten, gibt man entweder der Materie alle Substanz, wobei Geist als substanzlos gesehen wird, oder man gibt Geist alle Substanz, wobei Materie als (irgendwie) substanzlos gesehen wird. Beide Varianten, in der Geschichte der Menschheit immer wieder aufgestellt, enthalten Konsequenzen, die den nachdenkenden Sucher in Verlegenheit bringen.

Materieller Monismus

Man braucht kein Physiker zu sein, um sich der philosophischen Überzeugung anzuschließen, daß alles Geschehen in der Welt materielle Vorgänge sind oder auf solche zurückgeführt werden kann, denn diese Sicht – wenn sie zutrifft – würde die Dinge zwar nicht vereinfachen, aber sie würde die Richtung der forschenden Tätigkeit vereinheitlichen. Man könnte ganze Gebiete unserer Kultur und Wissenschaft zunächst vernachlässigen, Psychologie, Literatur und Sozialstudien, und sich der materiellen Basis zuwenden. Hat man dann den molekularen Schlüssel gefunden, lösen sich die Probleme quasi von selbst. Das ist verlockend, und einige Aufklärer in Frankreich aus der Reihe der Enzyklopädisten, z. B. La Mettrie, konnten so die Natur mitsamt dem Menschen theoretisch zu einer Maschine erklären. Etwa ein Jahrhundert später in der Nachfolge von Darwin stellte sich der Materialismus weniger mechanistisch dar und betonte mehr die Physiologie. Dem liegen Erfahrungen zugrunde, wie sie in Laboratorien gesammelt werden. Schon die Alchemisten entwickelten von daher Vorstellungen von einem Homunkulus, der im Reagenzglas zusammengemischt wird, später entstanden Menschenungetüme, die ein Frankenstein in Leichenhallen zusammenbaute. So etwas konnte man jedoch nur für möglich halten, solange man noch keinen Begriff von den Komplexitäten der Zellen, Moleküle und Atome hatte. Freud konnte als erster weniger spekulativ die Vermutung äußern, daß die komplette Psychologie mit all ihren Implikationen und Therapien eines Tages durch die Gehirnphysiologie würde ersetzt werden können. Aber was den Materialisten wirklich arge Probleme macht, ist nicht nur die praktische Herstellung von Leben, Intelligenz und Gefühl, sondern die Unkenntnis, wie die Substanz technisch beschaffen sein muß, von der man sagen könnte, daß sie lebt, denkt und fühlt. Man kann zwar feststellen, daß bestimmte Hirnzellen aktiv sind, wenn jemand – sagen wir – denkt; aber man muß ihn immer noch fragen, was er denkt. Die Zelltätigkeit gibt darüber keinen Aufschluß. Ähnlich bei „enormen" Leistungen. Wenn ein Kran gewaltige Lasten hebt, ein Taschenrechner die x-te Wurzel aus einer krummen Zahl zieht, eine Suchmaschine innerhalb von Sekunden ganze Bibliotheken durchforstet, unterstellen wir noch kein Leben. Erst wenn gewaltige Leistungen kombiniert werden können und wir den Mechanismus nicht mehr durchschauen, sind wir versucht, an Intelligenz zu denken. Eine Maschine etwa, die greift, hebt, trägt, läuft, Unebenheiten überwindet, mittels eines Objektivs die Umgebung erkundet, Merkmale erkennt und stehenbleibt, weil ein Schild sagt „Betreten verboten", erscheint auf den ersten Blick intelligent, wird aber von einem tatsächlich intelligenten Fußgänger widerlegt, der bemerkt, daß das Schild von Kindern aus Übermut angebracht wurde, und der daher den Befehl ignoriert. Einem Computer einzuprogrammieren, daß er auf bestimmte „Wörterreize" mit „ich bin traurig" oder „freut mich" reagiert, liegt noch unter dem Lebensniveau eines Briefbogens, auf den mein Freund schrieb: „Wie geht's?"

In der Theorie hat der materielle Monismus eine bestechende Attraktivität und wird deshalb heute von den meisten Naturwissenschaftlern, zumindest während ihrer Arbeit, vertreten, denn er erlaubt das legitime Umgehen all jener Fragen und Probleme, die sich aus dem Dualismus ergeben und mit denen die Wissenschaftler ohnehin nie so recht etwas anfangen konnten. Für den Dualisten gibt es eine Seele, die in einem Körper wohnt, den sie aber auch verlassen kann (Seelenwanderung und Tod); Geister sind zwar nicht eigentlich materiell, aber irgendwie doch, denn sie können Schubladen öffnen, Geräusche von sich geben und Treppen hinaufgehen (wenn sie, eingedenk ihrer immateriellen Natur, nicht gleich durch die Wand gehen); als Spiritist kann man mit Verstorbenen in Kontakt treten und ihre Worte wiederholen; der religiöse Gottesglaube stellt Gott auf die eine, den Menschen auf die andere Seite, wobei Gott mit menschlichen Zügen ausgestattet wird. Nicht natürlich mit materiellen Gliedmaßen (Kinder glauben vielleicht doch an seinen langen Bart), aber mit menschlich psychischen Eigenschaften, vor denen man sich fürchten muß, wenn man sündigt, denen man aber vertrauen kann, wenn man gehorcht. Das immens vergrößerte anthropomorphe Wesen hilft, straft und verzeiht, kann auch durch Rituale, Fasten und Keuschheit besänftigt werden, ist aber grundsätzlich in seinen Handlungen nicht erforschbar. Moralisch ist Gutes tun angezeigt, andernfalls kommt die göttliche Strafe auf den Sünder hernieder.

Man kann sich leicht vorstellen, daß eine Befreiung von solchen Bewußtseinsinhalten befreiend wirkt, aber was handelt sich der materielle Monist damit ein?

Da also der materielle Monist davon ausgeht, daß schlechterdings alles im Universum nur auf physikalischen, chemischen Vorgängen beruht und somit alle anscheinend nichtmateriellen Vorgänge prinzipiell auf physikalische oder chemische oder physiologische, also auf materielle Vorgänge zurückgeführt werden können, müssen sogenannte psychische, intellektuelle, seelische, geistige Phänomene bei fortschreitender Erkenntnis neu und anders beschrieben werden. Es handelt sich dann um komplexe Materiekonstellationen, die grundsätzlich jedes Geschehnis erfassen. Geist wird jetzt zu einer Ausdrucksform der Materie und kann ohne Materie nicht existieren. Wird auf diese Weise moralisch gutes und moralisch schlechtes Verhalten beschrieben, so können nur anders aussehende gehirnphysiologische Materiekonstellationen oder -prozesse herausgefunden werden, die – und das ist der wichtige Punkt – eben lediglich anders aussehen, aber nicht jeweils physiologisch besser oder schlechter sind. Wollte man einen Verbrecher bestrafen, so würde man sich widersinnig verhalten, denn man müßte einen neutralen physiologischen Vorgang bestrafen, für den der Verbrecher selbstverständlich nicht verantwortlich ist, weil das, was man seinen „Willen" nennen könnte, auch nur ein physiologisches Geschehen ist. Wie soll ein physiologischer Vorgang überhaupt bestraft werden können, wo doch solche strafenden Eingriffe lediglich neue neutrale Materiekonstellationen schaffen? Darüber hinaus sind die Strafmaßnahmen ihrerseits nichts anderes als der Ausdruck einer anderen Physiologie. Und ich als Verfasser und Sie als Leser dieses Buches sind auch nur Ausdruck dessen, was sich in unseren Gehirnen physikalisch verursacht abspielt. Die Crux an dieser Weltsicht ist, daß sie neben dem Willen auch alle moralischen, ethischen, sozialen Werte und Unwerte abschafft und auf in jeder Hinsicht gleichwertige Materiebewegungen reduziert. Das ist so in der Theorie, aber obwohl in der Praxis mit Sicherheit niemand konsequent diesen Modus lebt, hat er doch Auswirkungen auf das Verhalten.

Da nämlich eine rein materielle Beschreibung der Ethik nach Auffassung der materiellen Monisten *noch* nicht möglich, eine Ethik aber notwendig ist, eine religiös-metaphysische Begründung der Moral jedoch verworfen wird, muß Moral sozusagen halb- oder vormateriell, d. h. immanent, intern menschlich, nach rein praktischen Erwägungen, begründet werden. Solche Vernunftethiken hat es in unterschiedlicher Ausprägung gegeben (Rousseau, Kant, Marx); gemeinsam ist ihnen das Moment der zwischenmenschlichen Konvention, die irgendwie etabliert wird und an die zu halten man sich verpflichtet. Solche Abmachungen oder Festlegungen sind dann „höchstes Gut" oder auch „Werte der Gemeinschaft". In manchen Fällen entstehen groteske Gebilde wie „arisches Herrenmenschentum" oder „sozialistische Pünktlichkeit".

Ein anderer Erklärungsversuch der Moral ist die Anwendung darwinistischer Prinzipien: Ein Verhalten, das wir als moralisch gut bezeichnen, hat sich demnach für die Gruppe und den einzelnen als zweckmäßig im

Hinblick auf das Überleben herausgebildet, und was zunächst lediglich das Produkt von Mutation, Vererbung und Selektion war, wurde durch Religion oder durch Regierungsgewalt institutionalisiert. Wenn Moral so aufgefaßt wird und wenn die Menschheit sie tatsächlich so begreift, dann muß die einzelne Person in der Praxis zu dem Schluß kommen können (und dürfen), daß in einer gegebenen Situation ein Abweichen von der moralischen Norm „legitim" ist, sofern dadurch ein individueller oder kollektiver Überlebensvorteil entsteht. Dieser in der Politik und Wirtschaft regelmäßig angewandte Mechanismus – vereinfachend „Sozialdarwinismus" genannt – darf genau besehen nur dann kritisiert werden, wenn die Autorität der Moral *nicht* vom Darwinismus hergeleitet wird. Im übrigen steht noch längst nicht fest, ob der Homo sapiens sich tatsächlich als überlebensfähig erweisen wird: Was sein Überleben so vordergründig zu sichern scheint, geht immer stärker zu Lasten anderer Spezies, die genau aus diesem Grund aussterben, ja zu Lasten des ganzen Globus, was insgesamt wieder den Bestand und das Überleben der Spezies Mensch gefährdet.

Jegliche letztlich materiell begründete Moral, ob durch Konvention oder durch darwinistische Zuchtwahl zustande gekommen, mündet am Ende in eine Moral, in der es bloß darauf ankommt, sich nicht erwischen zu lassen, weil eine originäre moralische Hemmung fehlt. Obwohl diese Konsequenz zwingend ist, findet man sie gottlob nur selten in voller Ausprägung. Das mag daher kommen, daß auch der überzeugte Naturwissenschaftler, der bei der Arbeit und in gelehrten Diskussionen diesen Standpunkt vehement verteidigt, im sinnlichen Alltagsleben gar nicht anders kann, als seiner sinnlichen, dualistischen Wahrnehmung zu erliegen.

Wenn man den materiellen Monismus mit all seinen Wirkungen, seinen gewaltigen Eingriffen und Veränderungen in unserem Leben und unserer Welt mit Hilfe der neueren physikalischen Erkenntnisse sozusagen unter die Lupe nimmt und seine Basis, also die Materie, über ihren molekularen Zustand hinaus untersucht und in den Bereich der Atomkerne sowie der subnuklearen Teilchen vordringt, dann läßt sich überhaupt keine moralische Differenzierung mehr rechtfertigen. Was auch immer der Mensch oder ein Naturereignis bewirkt, ob die Menschen sich umbringen, ob

Vulkane ganze Landstriche verwüsten, ob Glück, Leid, Freundschaft oder Mißgunst die Welt regiert, die Zahl der Protonen und Neutronen bleibt komplett erhalten, gänzlich unberührt von allem. Mit der Materie in ihrer ureigensten Existenzform ist gar nichts geschehen.

Materie

Immer wieder war die Rede von Materie, so als ob darüber in aller Selbstverständlichkeit nichts weiter gesagt zu werden braucht. Aber da die Materie sowohl im Dualismus als auch im materiellen Monismus schlechterdings grundlegend ist, müssen wir näher auf sie eingehen, um später nicht unversehens grenzenlos überrascht zu sein, wenn sie ganz neue Seiten offenbart. Daher soll an dieser Stelle ein kleiner historischer Abriß aus der hier dargelegten Perspektive und für unser Anliegen zuträglich komprimiert folgen.

Für den naiven Beobachter stellt sich die Frage nach der Natur der Materie nicht von vornherein, weil sein Leben neben seinen Gefühlen und Gedanken aus nichts anderem besteht. Er ist – wie wir wissen – unreflektierter und unreflektierender Dualist. Allenfalls könnte er Fragen nach besonderen Materieformen, Holz, Wasser, Sand, sinnvoll beantworten. Daher sind die ersten Vorstellungen von der Welt mit ihren Inhalten mythologischer Art. Irgend jemand hat die Welt auf diese oder jene Art und Weise gemacht, und damit sind alle Fragen vorerst beantwortet. Die Frage nach der Beschaffenheit der Materie an sich setzt jedoch ein gewisses Niveau kultivierter Nachdenklichkeit voraus. Überschaut man die Anfänge der vernunftorientierten Überlegungen hinsichtlich der Natur der Materie, so fällt auf, wie der Wunsch nach dem Einen sogleich mit der wahrgenommenen Realität des Vielen, mit der Welt der Gegensätze, mit dem Dualismus, kollidiert. Erklärt man darüber hinaus einen von den Sinnen wahrgenommenen Stoff als primordial, so setzt man sich wegen der grundsätzlich gleichberechtigten Existenz aller Stoffe dem Vorwurf der Spekulation aus, denn warum soll nicht ein anderer Stoff statt dessen als Grundlage dienen?

So entstanden im 6. Jahrhundert v. Chr. in Griechenland gleich drei Auffassungen von der Urmaterie: Thales hielt das Wasser, Anaximenes die Luft und Heraklit das Feuer für den Ursprung von allem. Der Schüler von Thales, Anaximander, hielt dagen ein Prinzip, das der Erfahrung nicht zugänglich ist, *apeiron* = das Unerfahrbare, für den Urgrund des Seins, aus dem alle Stoffe hervorgehen, das Feste (die Erde), das Flüssige (das Wasser), das Kalte (die Luft) und das Warme (das Feuer). Die Auffassungen dieser vier Philosophen bestanden nebeneinander, so daß im 5. Jahrhundert v. Chr. von Empedokles eine Synthese aufgestellt wurde: Aus den vier gleichberechtigten Elementen Feuer, Wasser, Luft, Erde, die anfangs harmonisch verbunden waren, sich aber später trennten, bildete und bildet sich immer aufs neue durch Anziehung und Abstoßung, durch Liebe und Haß, die Welt. So gibt es kein Werden und Vergehen, sondern nur ein Verbinden und Trennen. Erst Aristoteles hat im 4. Jahrhundert v. Chr. die Vorstellungen des Empedokles in ein System wissenschaftlicher Kategorien eingebaut, indem er den vier Elementen, die sich ganz offenbar aus den Aggregatzuständen herleiten, zwei elementare Qualitätsgegensätze (warm/kalt; feucht/trocken) zuordnete: Das Element Erde ist kalt und trocken, das Wasser kalt und feucht, die Luft warm und feucht, das Feuer warm und trocken. Nach unserer Sicht hat Aristoteles, der wie kaum ein anderer antiker Philosoph von der Empirie, d. h. von der sinnlichen Wahrnehmung ausging, versucht, den Dualismus zur Wissenschaft zu erheben. Sein Einfluß war enorm und für die folgenden Jahrhunderte bestimmend. Da die vier Elemente überall vorkommen, wurde diese Lehre von den Alchemisten der späteren Jahrhunderte übernommen, um die theoretische Möglichkeit der Herstellung oder Umwandlung aller denkbaren Substanzen aus nur vier Elementen in die Tat umzusetzen. So suchte man Gold aus unedlen Metallen zu gewinnen oder ein allheilendes Elixier herzustellen.

Wenn wir bei den griechischen Philosophen eine enge Verflechtung von monistischer und dualistischer Begrifflichkeit beobachten, so müssen wir uns vor Augen halten, daß ihnen all die Erkenntnisse der modernen Physik, mit deren Hilfe wir heute auch die subtilsten Dualismen als Irrtum aufdecken können, nicht zur Verfügung standen und sie über den mühsamen Umweg von Beobachtung, Spekulation, Mißerfolg, Verständnis, Intuition Probleme zu klären suchten, für deren Lösung wir heute eindeutige Experimente heranziehen können.

Neben der besprochenen Denkrichtung, der Vier-Elemente-Lehre, gab es aber auch eine andere, die im 5. Jahrhundert v. Chr. in Griechenland entstand. Die Frage nach der Natur der Materie mußte durch eine einfache Methode beantwortet werden können: Man muß einen Materiebrocken immer wieder teilen, bis – ja, bis es nicht mehr geht. Diese Idee muß Leukipp gehabt haben, von dem so gut wie nichts bekannt ist, aber von dem wir durch seinen Schüler Demokrit Kenntnis haben. Demokrit führte den Begriff „Atom" ein, was eben „unzerschneidbar" bedeutet. Diese Atome bewegen sich unaufhörlich im leeren Raum. Durch Vermischung, Trennung und Verschiebung entstehen und vergehen die Dinge der Welt. Auch die Seele besteht aus feinsten Atomen, die in die gröberen Stoffatome eindringen und sich überall im Körper verteilen. Dies ist wohl die erste materiell-monistische Lehre, wo Körper und Seele gleichberechtigt als materielle Wesenheiten nebeneinander bestehen. Nachdem Epikur um 300 v. Chr. diese Lehre benutzt hatte, um die daraus folgende Lebensführung der Diesseitigkeit und des Glücks durch Schmerzvermeidung vorzuführen, und nachdem seine Lehre später besonders durch das Christentum heftig bekämpft worden war, ging der materielle Monismus in seiner Ausprägung des Atomismus zunächst unter, weil er von der aristotelischen Vier-Elemente-Lehre komplett verdrängt wurde. Erst zu Beginn des 17. Jahrhunderts durch Gassendi und – in einigen Punkten abgewandelt – durch Descartes wurde der materielle Atomismus wieder aktuell, indem er die philosophische Grundlage für unser modernes naturwissenschaftliches und technisches Denken legte.

Seit Descartes und besonders durch Boyle in der zweiten Hälfte des 17. Jahrhunderts kam die Lehre von den vier Elementen in Bedrängnis. Boyle nannte Stoffe, die mit den Mitteln der Chemie nicht weiter zerlegbar sind, „Elemente", und er erkannte, daß es nicht nur vier, sondern sehr viel mehr Elemente gibt. Aber es geschah am Ende des 18. Jahrhunderts, daß die Lehre von den vier Elementen endgültig widerlegt wurde und sie nach über 2000 Jahren förderlicher und hinderlicher Existenz beiseite gelegt wurde: Der französische Chemiker Lavoisier, der durch exaktes Arbeiten eine ganze Reihe von alten Theorien als falsch aufdeckte, führte im Juni 1783 vor der Akademie der Wissenschaften in Paris ein Experiment vor, dessen Ergebnis geradezu unerhört war: Er bewies, daß Wasser, das reinste und klarste aller vier Elemente, das – völlig durchsichtig – auch bei genauestem Hinsehen keinerlei Zusätze, Fremdstoffe oder Verunreinigungen aufwies, kein Element war, sondern eine Verbindung aus zwei Gasen (!). Das war eine wissenschaftliche Revolution. Sie eröffnete von nun an die Erforschung der Natur der Materie ohne die ideologische Belastung durch Tradition, Kirche oder aristotelische Autorität.

Zu Beginn des 19. Jahrhunderts erlebte die Erörterung des Aufbaus der Materie einen gewaltigen Schub durch Dalton. Er griff die Idee der Atome auf und verband sie mit den Elementen Boyles, indem er die Elemente als aus Atomen bestehend erklärte. Diese Atome hatten die Gestalt kleiner Kügelchen und galten als unteilbar. Sie hatten, da sie die kleinstmöglichen Teile waren, keine Struktur, waren aber bei den verschiedenen Elementen unterschiedlich, da Dalton unterschiedliche Atomgewichte feststellen konnte. So entstand auf naturwissenschaftlicher Basis das erste Atommodell.

Seit vielen Jahrzehnten gilt die Hypothese, daß die Materie aus kleinsten Teilchen, aus Atomen, zusammengesetzt ist, als absolut unstrittig; die Vermutung aber, daß diese Teilchen unteilbar sind, ist inzwischen als unzutreffend erkannt worden: Atome sind in der modernen Physik nicht mehr die unteilbaren Teilchen, sondern teilbare, die aber traditionell weiterhin Atome heißen. „Atom" hat seine etymologische Bedeutung verloren und ist zu einem reinen Terminus technicus geworden.

In unserem physikalisch-philosophischen Exkurs geht es natürlich nicht um eine Darlegung der Atomphysik, die ich als Nichtfachmann gar nicht leisten könnte, sondern um eine Betrachtung der Materie nur insofern, als sie die Grundlage für die weltanschauliche Position des Dualismus und des materiellen Monismus abgibt. Über Materie und Geist hat man geredet und gestritten, längst bevor das erste, geschweige denn das zweite, in irgendeiner Weise nach modernen Standards untersucht worden war. Spricht man von Materie in weltanschaulichem Kontext, so denkt man nicht an komplizierte Messungen etwa in der Zyklotronentechnik, sondern man denkt ganz makroskopisch an Billardkugeln, Muskelgewebe, Zellen und Mikroben. Man setzt einfach voraus, was man immer als charakteristisch für die Materie angesehen hat, daß sie Masse und Ausdehnung hat. Daher soll die Materie, wenn sie ihre Funktion als Grundlage einer Weltanschauung behalten soll, in ebendieser Frage überprüft werden. Das können wir bei dem modernen Stand der Erkenntnisse heute sehr viel effektiver tun, als das in früheren Zeiten möglich war.

Oben war die Rede von einem Atommodell. Die Verwendung von „Modell" ist wichtig, weil jene vorerst kleinsten Teilchen, die Atome, durch keine mikroskopische Technik sichtbar gemacht werden können; dazu müßten Mikroskope mit noch kleineren Vehikeln arbeiten. Atome sind ja nicht mit exotischen Spezies zu vergleichen, die man neu entdeckt, möglicherweise fotografiert, und deren Existenz man somit „beweist". Nein, man macht sich aufgrund bestimmter Beobachtungen ein Konzept der Wirklichkeit, ein Modell, das gewisse „unerklärliche" Erscheinungen in ein verstehbares gedankliches System stellt. Treten weitere Unerklärbarkeiten auf, wird das Modell modifiziert, verfeinert oder fallengelassen und ersetzt, je nach Lage der Dinge. Auf diese Weise kommen neue Modelle auf, die die Unzulänglichkeiten der alten neu integrieren. In der Astronomie haben wir ein klassisches Beispiel: Erst drehte sich das Universum um die Erde; dann drehte sich die Erde um sich selbst und um die Sonne; dann drehte sich die Sonne samt ihren Planeten im Rahmen einer Galaxie; dann bewegte sich diese Galaxie neben unzähligen anderen Galaxien zentrifugal von einem fernen angenommenen Mittelpunkt weg nach „außen". So auch das Modell von den Atomen. Die sehr kleine Ausdehnung der Atome, dicht an dicht gepackt, wurde im Jahre 1911 durch Rutherford noch „kleiner", indem er durch eine bestimmte Versuchsanordnung nachweisen konnte, daß es im Atom neben den bereits entdeckten Elektronen einen Atomkern gibt, der praktisch die gesamte Masse des Atoms enthält, aber nur einen verschwindend kleinen Bruchteil seiner Ausdehnung, etwa ein Hunderttausendstel, ausmacht. Der im Verhältnis gewaltige Raum zwischen Kern und Elektronenhülle war leer.

An dieser Stelle ist vielleicht eine Regieanweisung angebracht. Unsere Ausführungen zur Materie sollen zwar die Grundlage des materiellen Monismus beleuchten, aber sie verfolgen natürlich einen bestimmten Zweck. Als M. B. Eddy Ende des 19. Jahrhunderts lehrte, es gebe keine Materie, sie sei der „subjektive Zustand des – wie sie sagte – sterblichen Gemüts"[8], verstand man sie nicht, und man versteht sie auch heute im allgemeinen nicht, einfach weil eine solche Aussage *praktisch* nicht zu begreifen ist. Man stelle sich vor, jemand sagt, es gebe keine Kälte. Man wird ihn für verrückt erklären, so wie man in der Antike jemanden für verrückt erklärt hätte, der die Existenz der Leichtkraft geleugnet oder Wasser als aus verschiedenen „Lüften" zusammengesetzt behauptet hätte. Um die vorletzte Jahrhundertwende gab es für M. B. Eddy keine Möglichkeit, ihre Aussage anders als metaphysisch oder ketzerisch-religiös zu untermauern; wir hingegen haben heute durch die moderne Physik die hilfreiche Möglichkeit, uns ihrer Aussage verständnisvoller zu nähern, denn auch wenn M. B. Eddy nie physikalisch argumentiert, so wäre es doch höchst merkwürdig, wenn die Physik rein gar nichts zu einer solchen Aussage zu sagen hätte. Wie sich zeigen wird, nimmt auch unter Physikern die Vorstellung einer Substanz Materie immer weiter ab in Richtung Nichtexistenz, aber man sagt es nur selten ganz ausdrücklich. Als ich einmal mit einem Physiker, der am CERN in Genf gearbeitet hatte, über den Aufbau der Materie sprach, sagte er recht unvermittelt – um mich leicht zu schockieren –, Materie gebe es eigentlich gar nicht. Als ich daraufhin keineswegs schockiert interessierte Fragen zu stellen begann, wurde ihm irgendwie unbehaglich zumute, und er bemühte sich deutlich, den ersten Eindruck zu relativieren.

Um in meiner Position als Nichtnaturwissenschaftler nicht unbekümmert irgendwelche mir genehmen Phrasen aufzulesen und sie mit zweifelhaftem Gewicht vorzutragen, habe ich mir die fachfremde Mühe gemacht, mich im Rahmen meiner Möglichkeiten zu erkundigen. Aus der zum Teil

---

8 Vgl. Mary Baker Eddy *Wissenschaft und Gesundheit mit Schlüssel zur Heiligen Schrift* (Boston, USA, seit 1907 letzte Version; deutsch: 1975), S. 189. Bei späteren Zitaten aus diesem Werk erscheint in Klammern die Abkürzung *W & G* plus Seitenzahl: (*W & G* 189).

recht umfangreichen Literatur, die ich mir beschafft habe, entnehme ich im folgenden in freier Nachformulierung nur solche Darlegungen, die also von Fachleuten stammen, die ich hinreichend verstehen konnte und die mir helfen, das von mir angestrebte Ziel plausibel zu machen. Die benutzte Literatur befindet sich in der Fußnote.[9]

Zurück zum Rutherfordschen Atommodell, das nach den berechneten Dimensionen damals dermaßen verblüffte, daß Größenvergleiche angestellt wurden, um einen Begriff von der Größe eines Atoms und seines Kerns zu vermitteln. So würden eine Milliarde Wasserstoffatome aneinandergereiht eine Kette von etwa 10 cm ergeben; reihte man hingegen die Atom*kerne* aneinander, so wäre die Kette lediglich einen hundertstel Millimeter lang (Fritzsch, El 12). Die Menge der Atome zeigt der Physiker Grichka Bogdanov bildlich mit Hilfe eines Salzkorns: Hätte jedes Atom des Salzkorns die Größe eines Stecknadelkopfes, dann würde die Gesamtmenge des Korns ganz Europa mit einer Schicht von 20 cm bedecken (Guitton 83). Der Abstand des Elektrons zum Atomkern wird in vielen Bildern veranschaulicht. Wäre ein Atomkern so groß wie eine Erbse, dann wäre das Atom so groß wie der Kölner Dom (Höfling 126). Alle Autoren kommen zu dem Schluß, daß ein Atom praktisch leerer Raum ist. Das Volumen des Kerns beträgt nur etwa ein Billiardstel des

---

[9] Barrow, John *Der Ursprung des Universums. Wie Raum, Zeit und Materie entstanden* (München, Bertelsmann 1998).
Cooper, Christopher *Materie. Vom Vier-Elemente-Modell der Antike bis zur modernen Atomphysik* (Hildesheim, Gerstenberg 1993).
Feynman, Richard P. *QED. Die seltsame Theorie des Lichts und der Materie* (München, Piper 1992).
Fritzsch, Harald *Elementarteilchen. Bausteine der Materie* (München, Beck 2004); hier abgekürzt als (Fritzsch El).
Ders. *Vom Urknall zum Verfall. Die Welt zwischen Anfang und Ende* (München, dtv 1994); abgekürzt (Fritzsch Ur).
Guitton, Jean; Bogdanov, Grichka und Igor *Gott und die Wissenschaft* (München, Artemis, 1992).
Höfling, Oskar; Waloschek, Pedro *Die Welt der kleinsten Teilchen. Vorstoß zur Struktur der Materie* (Reinbek, Rowohlt 1984).

Volumens des Atoms (Fritzsch, El 21). Was die den Kern umkreisenden Elektronen angeht, so dachte man zunächst, sie müßten, da sie eine Masse und Ladung haben, auch eine endliche Größe besitzen, doch sie scheinen den Radius Null zu haben, wodurch sie zu einem mathematischen Punkt, also absolut elementar, werden (Fritzsch, El 19 f.). Es handelt sich demnach bei den Elektronen nur um elektrische Kräfte, und wenn sie dennoch beschrieben werden, als seien sie kleine Partikel, so ist das eine vereinfachende Modellvorstellung (Höfling 74). Im Hinblick auf eine „feste" Ausdehnung zählt also allein der Atomkern, die Leere im Atom entsteht durch anziehende und abstoßende Kräfte. Was wir als erlebbare dichte Materie betrachten, stellt sich in makroskopischer Bildlichkeit so dar, daß etwa alle 30 Meter ein Materiekügelchen von der Größe eines positiv geladenen Stecknadelkopfes vorliegt mit vereinzelt dazwischen herumschwirrenden negativ geladenen, fast masselosen, aber punktförmigen Elektronen. Alles übrige ist nach dieser Vorstellung leerer Raum (Höfling 126).

Heute weiß man, daß der Elektromagnetismus, d. h. das Verhalten der Elektronen zusammen mit den Lichtpartikeln, den Photonen, Grundlage für unsere heutige Chemie, die Elektrotechnik, die Elektronik und die Nachrichtenübertragung ist (Höfling 453).

Vergleiche mit makroskopischen Stützen rufen immer wieder Erstaunen hervor – nähme man den „leeren Raum" aus den Atomen, dann wäre die Erde eine Kugel mit einem Durchmesser von etwa 100 Metern (Fritzsch, Ur 70) und der Mensch ein Stäubchen von kaum einigen Tausendstel Millimetern (Igor Bogdanov in Guitton 84) –, aber das auf diese Weise anscheinend gewonnene Verständnis halten manche Autoren für nicht wertvoll, weil es sich bei den Atomdurchmessern um Größen handelt, die mit alltäglichen Maßstäben nicht gemessen werden können; wichtig sei, daß die genannten Zahlen nicht willkürlich sind und daß man den Atomen diese kleinen Durchmesser wirklich zuschreiben muß (Höfling 63).

Im Licht dieser Physik der Atome kann man eigentlich nicht mehr von den chemischen Elementen der Materie reden, denn auf diesem Stand der Materiestruktur gibt es nur noch Atome mit unterschiedlich schweren

Atomkernen und den dazugehörigen Elektronen. Sollten sich die Kerne selbst wieder als strukturell zusammengesetzt ergeben – und wir wissen, daß das der Fall ist –, so müßten Atomkerne neu zusammengesetzt werden können, wodurch man Elemente müßte *erzeugen* können. Damit wären die Elemente der Chemie auf neue Art das geworden, was sich die Alchemisten immer erträumt hatten.

Obwohl wir alle Anschaulichkeit im Grunde bereits verlassen haben, erlauben uns spätere Atommodelle, die Reise ins Innere der Materie fortzusetzen. Die Bestandteile eines Atomkerns sind die positiv geladenen Protonen und die neutralen Neutronen; wobei jedes Proton und Neutron knapp 2000mal schwerer ist als ein Elektron. Ein Proton ist zwar 100.000mal kleiner in seiner Ausdehnung als ein Wasserstoffatom, aber im Vergleich zu dem, was sich innerhalb des Protons befindet, ist seine Ausdehnung ungeheuerlich groß.

Wir kommen jetzt in den Bereich der wirklich – d. h. nach heutigem Stand der Forschung – elementaren Teilchen, zu den Quarks. Die physikalischen Ausführungen zu diesem Gebiet sind (für mich) enorm komplex und schwierig; daher möchte ich mich nicht in Details einlassen. Es gibt aber Aussagen, die für uns höchst interessant sind. Wie beim Elektron steht nicht fest, ob die Quarks ihrerseits nicht doch strukturiert, also nicht elementar, sind. Heute gelten sie als punktförmig ohne innere Struktur, aber mit Masse versehen. Sie bilden immer Dreiergruppen und „reisen" im Proton umher, und die mittlere Entfernung zwischen ihnen (10^{-13} cm) macht die Gesamtausdehnung des Protons aus (Fritzsch, Ur 177).

Was uns an diesen Erkenntnissen besonders interessiert, ist jetzt nicht mehr die ohnehin nicht mehr vorstellbare Kleinheit, sondern die Rolle der Energie, die hier verstärkt ins Spiel gebracht wird. Seit Einstein ist bekannt, daß Masse und Energie ineinander umgewandelt werden können. Daher benutzen die Physiker bei den Massemessungen sehr kleiner Teilchen nicht die unhandlichen Grammeinheiten, sondern die nach der Einsteinformel umgerechneten Energieeinheiten, Elektronenvolt (eV). Danach beträgt z. B. die Masse eines Elektrons 511 k(ilo)eV (Fritzsch, El 19; Ur 145). Des weiteren läßt sich durch die Masse-Energie-Äquivalenz grundsätzlich verstehen, daß neue Teilchen bei hohen Energien sozusagen aus dem Nichts erzeugt werden; Energie hingegen nicht; sie bleibt immer erhalten (Fritzsch, Ur 144). So ist von Materie immer weniger die Rede, und man spricht eher von Resultaten „ständiger Wechselwirkungen zwischen immateriellen ‚Feldern'" (Grichka Bogdanov in Guitton 86) oder von Masse als „eingefrorener Energie" (Fritzsch, Ur 142). Die Frage nach der Herkunft der Protonenmasse zum Beispiel beantwortet Harald Fritzsch mit der Bewegungsenergie der Quarks und Gluonen (das sind weitere Teilchen im Proton) im Inneren eines Protons. Er fährt fort: „Die Protonenmasse und darüber hinaus die Massen der Atomkerne repräsentieren damit die Feldenergie der Quarks und Gluonen in den Kernteilchen" (Fritzsch, El 115). Die Feldtheorie beschreibt also Energiewirkungen, die erst bei großer Zahl als Materie interpretiert werden. Man nennt übrigens die Beschreibung der Mikrostruktur der Materie mittels Quarks und Elektronen das *Standardmodell* der Teilchenphysik. Darin sind Quarks und Elektronen die eigentlich elementaren Objekte, die Atome im Sinne Demokrits (Fritzsch, El 13 f.), und damit kann man den Aufbau und alle Erscheinungen der gesamten materiellen Welt verstehen (Höfling 391 f.).

Zwei Anmerkungen sollen in diesem Kontext noch gemacht werden, die der Aussage, Materie gebe es eigentlich nicht, alle Unbehaglichkeit nehmen sollten: Mit großer Überraschung las ich neulich in der Zeitung, daß Physiker auf der Suche nach den Higgs-Bosonen seien, Teilchen, die den anderen Elementarteilchen durch einen besonderen Mechanismus Masse verleihen, weil nämlich das Standardmodell nur völlig stimmig sei, wenn man davon ausginge, daß die Elementarteilchen ohne Masse seien. Daraufhin googelte ich im Internet und stieß auf der Seite scinexx. Das Wissensmagazin vom 29.9.2008 auf folgenden Eintrag:
> Doch so schön es anmutet, daß die Teilchenphysik im Gegensatz zu anderen Wissenschaften mit nur einer, allumfassenden Theorie auskommt, so hat das Modell doch einen großen Nachteil: In seiner ursprünglichen Form funktioniert das Modell nur mit masselosen Elementarteilchen – obwohl die in ihm beschriebenen Teilchen eine Masse besitzen müssen.

Die zweite Anmerkung bezieht sich auf die heute anerkannte Theorie der Entstehung des Universums durch den „Urknall". Immer hieß es (nach meiner Erinnerung) in früheren Publikationen, das Universum sei aus einem äußerst kleinen, höchst verdichteten und unvorstellbar heißen Materiekern heraus entstanden. Heute lese ich unverblümt, daß das Universum aus einem Zustand hervorgegangen ist, „der irgendwann die Ausdehnung Null hatte" (Barrow 19).

Ein Zitat von Jean Guitton, der die Aussagen seiner beiden Physiker-Gesprächspartner in der ihm eigenen philosophisch-poetischen Diktion zusammenfaßt, möge dieses Kapitel beschließen:

> Im Grunde ist nichts von dem, was wir wahrnehmen können, wirklich „real", in dem Sinn, den wir diesem Wort gewöhnlich geben. In gewisser Weise erliegen wir einer Täuschung, die um uns herum einen Schwarm von Erscheinungen, Irrtümern entfaltet, die wir mit der Realität identifizieren (Guitton 98).

Zusammenfassung

Verweilen wir einen Augenblick und machen uns klar, wo wir stehen. Wir sahen, daß wir durch unsere Wahrnehmung die Welt dualistisch erleben, daß der Dualismus aber eine Täuschung ist, von der wir uns nur durch Denken, nicht durch unsere Wahrnehmung, befreien können. Die Grundkonstellation des Dualismus, gewissermaßen seine Urform, ist das klassische Leib-Seele-Problem der Philosophen, auch anders akzentuiert in Formulierungen wie Materie – Geist, Sein – Bewußtsein, Soma – Psyche, Handeln – Denken oder Praxis – Theorie. Wir sahen, daß entgegen der dualistischen Wahrnehmung immer jeweils nur *eine* Substanz vorliegt, die das menschliche Empfinden oder Bezugssystem aber in ihre Extreme zerlegt, welche es wiederum mit eigener Existenz ausstattet. Der Versuch, den Dualismus zu überwinden, führte zur Annahme von der einen Substanz als Materie. Diese bei Naturwissenschaftlern beliebte Sicht setzt die Materie als letzte Grundform voraus. Doch – wie sich heute zeigt – erweist sich die Materie, die wir so unumstößlich sicher erkennen, wahrnehmen, messen und benutzen, als trügerisch, wenn man ihr wirklich auf den Grund gehen will.

Von den oben gegebenen Alternativpaaren bleibt als Grundlage für einen Monismus jetzt nur noch der zweite Komplex: Seele, Geist, Bewußtsein, Psyche, Denken, Theorie. Wenn ein früheres Kapitel „materieller Monismus" hieß, so würde sich jetzt „geistiger Monismus" anbieten. Aber diese Perspektive setzt uns gewissen Beschwerlichkeiten aus, von denen zunächst die Rede sein muß.

Mentalistik[10]

Gehen wir noch einmal kurz zurück zum besprochenen Dualismus und machen uns klar, was geschieht: Die gegensätzlichen Entitäten wie hell – dunkel, warm – kalt, schwer – leicht, fern – nah, breit – eng usw., aber auch klug – dumm, fleißig – faul, streng – mild usw. waren ja keine Phänomene, die in der Natur als gegeben vorliegen. Wir sagten, das menschliche Bezugssystem schaffe sie. Aber wo? Und wie? Zunächst in unserer Wahrnehmung, dann in unserem Empfinden und schließlich in unserem Bewußtsein. Die Gegensätze werden Bewußtseinsinhalte. Und nun können merkwürdige Dinge geschehen: Das Bewußtsein, das im Umgang mit seinen Inhalten keinen Regeln und Beschränkungen und vor allem keinen Naturgesetzen unterliegt, kann jene Inhalte wieder zurückverwandeln und ihnen eine anscheinend reale Existenz verleihen. So treten in Parabeln die Dummheit und die Weisheit auf, das Alter wettert gegen die Jugend, die Freude tröstet die Trauer. Nichts gegen solche literarisch-märchenhaften Schöpfungen, solche Existenzen können aber regelrecht hypostasiert werden und als Göttin der Weisheit, Gott der Liebe oder Gott des Todes bzw. als Sensenmann auftreten. Die menschli-

---

10 Die in diesem Kapitel dargelegten Sachverhalte geben modifiziert und modernisiert einen Ausschnitt von dem wieder, was Mary Baker Eddy in ihren Werken über das „sterbliche Gemüt" sagt. Vgl. auch die kompakte Darstellung in Kappeler, Max *Einführung in die Wissenschaft der Christlichen Wissenschaft* (London 1977), S. 89–103, „Das sterbliche Bewusstsein".

chen Handlungen und Reaktionen, die wir als seelische Ausdrucksweisen interpretieren, weil über die körperlichen Aktionen hinaus eine unkörperliche Bedeutung kommuniziert wird, kann unser Bewußtsein zu einer *Seele* zurückführen, die nunmehr in ihrem Counterpart, dem Körper, wohnt. Durch diese körperliche Begrenzung wird sie individualisiert und zu einer mehrzahlfähigen Entität, so daß viele individuelle Seelen ihre Körper verlassen und sich zu einem bestimmten Ort begeben können. Geistige Äußerungen werden einem *Geist* zugeschrieben, der dann auch den Plural bilden kann und zu Geistern wird. Diese Geister wiederum haben dennoch körperliche, materielle Eigenschaften, sind – obwohl als völlig immateriell bezeichnet – umgrenzt, weil sie sich *in* einer Person aufhalten, dann aber beginnen, ein Eigenleben zu führen, indem sie auch außerhalb der Person sein können. Dabei behalten sie in der menschlichen Phantasie ihre irgendwie umgrenzte, „feinstoffliche" Gestalt und werden zu Gespenstern. So entstehen dann die spiritistischen Erscheinungen. Die bemerkenswerte Unlogik in dieser Sache wird durch den bekannten Ausspruch jener Dame vorgeführt, die sagte, sie glaube zwar nicht an Geister, aber sie habe Angst vor ihnen. Das Gegenstück ist der sogenannte Zombie, ein körperliches, irgendwie menschliches Wesen, jedoch ohne Geist und Seele. Verhält sich jemand auf eine Weise, die wir als unflätig, böse und hinterhältig empfinden, so produziert unser Hypostasierungsmechanismus den Teufel, und der naive Gegenpart ist natürlich Gott, der in kindlicher Anschauung liebevoll auf das schlummernde Kind herabblickt.

Der hier etwas salopp dargestellte Sachverhalt ist natürlich uralt, und wir dürfen uns nicht wundern, wenn er durchaus ernsthaft diskutiert wird und in seinen unterschiedlichen Abwandlungen überall seine Anhänger hat. Zum Beispiel läßt sich nachvollziehen, wie das von jeher vom menschlichen Bewußtsein als unwandelbares Sinnbild der Harmonie und Regierung, der Sternenhimmel, nun tatsächlich in das menschliche Leben einzugreifen scheint. Die Sterne, die vom irdischen Beobachtungsstandpunkt aus durch unterschiedlich helle und dadurch prominente Einzelsterne ganz zufällig gewisse Umrisse bilden, werden in „Sternbilder" umgedeutet, denen durch mentale Assoziation ein Sinn oder eine

Bedeutung gegeben wird. Die wiederum versucht man in ein System zu bringen, und es entsteht die Astrologie.

Der Leser mag sich wundern, warum dieses Kapitel „Mentalistik" heißt. „Mentalismus" hätte ich etwas lieber benutzt, wenn der Terminus nicht schon durch die Sprachwissenschaft besetzt wäre. „Mentalistik" wird hier verwendet, um einen Mechanismus darzustellen, der – wie wir gesehen haben – menschheitsgeschichtliche Dimensionen hat: Fakten oder Vorgänge aus unserer erfahrbaren Welt werden nach ihrer Wahrnehmung durch die Sinne im Bewußtsein gespeichert und auf verschiedene Weise weiterverarbeitet. Sie können direkt oder modifiziert wieder nach außen in die Realität versetzt werden; sie können aber auch in tiefere Schichten verlegt werden, wo man sie bisweilen nur mit größter Mühe wieder auffindet, von wo sie aber durchaus unser Leben durch Träume, Impulse und „Eingebungen" mitbestimmen. Durch die Lagerung und Bearbeitung jener Fakten und Vorgänge im Bewußtsein geht der Bezug zur materiellen und dualistisch interpretierten Welt teilweise oder ganz verloren. Es entsteht der Eindruck, alles spiele sich mental ab, die Prozesse seien gänzlich immateriell. Träger (oder Gefäß) aller Inhalte ist zwar das Bewußtsein, aber der Mentalist bleibt bei der Immaterialität stehen und versucht keine tiefergehende Erklärung etwa über die Gehirnphysiologie. Insofern ist „Mentalistik" ein sehr umfassender Begriff, der alle Vorgehensweisen, die diesem Mechanismus folgen, in sich schließt. Bezeichnungen wie etwa Animismus, Esoterik, Exorzismus, Magie, Psychologie, Religion, Spiritismus, Spiritualismus sind jeweils spezieller in ihrer Verwendung und konzentrieren sich entweder auf ganz spezifische Inhaltsaspekte oder auf bestimmte Methoden oder auf besondere Ziele. Landläufig betont man bei diesen Kulturphänomenen eher ihre Unterschiede als ihre Gemeinsamkeiten. Wichtig und allen gemeinsam ist ihre fast immer materiellsinnliche Grundlage, die aber als überwiegend oder ausschließlich mental verstanden wird.

Es versteht sich von selbst, daß die einzelnen Gebiete der Mentalistik an dieser Stelle weder dargelegt werden können noch dargelegt werden sollen, denn ihr Einfluß findet sich praktisch überall, und die Literatur darüber ist unüberschaubar. Wir befassen uns statt dessen mit ganz wenigen Eigenschaften, die allen Gebieten eigen sind und daher als typisch für die Mentalistik angesehen werden müssen.

Als Ausgangsbeispiel dient uns der sogenannte Placebo-Effekt, den bereits Mary Baker Eddy kannte und in ihrem Lehrbuch beschrieb (*W & G* 156). Dieser Effekt besagt, daß bei Krankheitsbehandlung Pharmaka verabreicht werden, von denen der Patient nicht weiß, daß sie nur wie übliche Pillen aussehen, aber keinerlei therapeutischen Wirkstoff enthalten. Solche Zuckertabletten entfalten dann je nach Versuchstyp Wirkungen, die den Wirkungen der echten Medikamente vergleichbar sind. Bei Doppelblindversuchen zeigte sich überdies, daß die Wirkung dann anstieg, wenn auch der Arzt, die Krankenschwester usw. nichts von dem angestellten Versuch wußten. Das Prinzip ist damit klar: Je weniger der Patient wußte und wissen konnte, daß keine pharmazeutische Substanz vorhanden war, desto intensiver die Wirkung. Damit ist auch klar, was das wirkliche und eigentliche Agens ist: der Glaube, die Überzeugung, also die mentale Einstellung, daß ein tatsächliches Heilmittel am Werk ist. Und in der Umkehrung bleibt die Schlußfolgerung, daß demnach auch die Ursache der Krankheit letztlich, wie auch immer, mental sein muß.

Aus solchen Beobachtungen müssen Schlüsse gezogen werden.

Wenn auf rein mentaler Basis Krankheit geheilt werden kann, was ist dann die Krankheit? Manche sprechen von Einbildung, aber das ist unfair, weil die Symptome ja vorliegen. Offensichtlich ist Krankheit (oder Gesundheit?) irgendwie ein mentales Phänomen, und die körperlichen Anzeichen sind sekundär. Übrigens hat Mary Baker Eddy aus genau diesen Überlegungen heraus gefolgert, daß letztlich und eigentlich auch das Placebo-Vehikel, die Fruchtpille, das Zuckerwasser, überflüssig sein müßte. Die nächste Frage, die sich aufdrängt, bezieht sich auf die Scheinsubstanz. Muß das Placebo einem Medikament aus der Apotheke ähnlich sehen? Man weiß inzwischen, daß dies nicht nötig ist. Der Glaube an ein heilendes Agens kann sich auch auf Personen, den Arzt, den Hypnotiseur, den Medizinmann, beziehen, aber auch auf willkürliche Handlungen ohne erkennbare therapeutische Beziehung, Handauflegen, Reliquien kaufen, bei Vollmond den Garten umgraben. Vor einigen Jahren las ich einen Bericht über den aus Afrika stammenden französischen Tennisspieler Yannick Noah, der eine medizinische Behandlung seiner Rückenprobleme ablehnte, weil er wisse, daß nur Schläge auf den Rücken mit der Affenschwanzpeitsche, von seinem Medizinmann ausgeführt, ihm helfen könnten; das habe er schon mehrfach mit Erfolg erfahren.

Der Punkt und gleichzeitig das Problem besteht also überhaupt nicht in der besonderen Art oder Beschaffenheit des Placebos, sondern nur in der Intensität des Glaubens an die Wirkung. Die Affenschwanzpeitsche würde sicherlich nicht bei unseren europäischen Zeitgenossen wirken, Weihwasser aus Lourdes setzt zumindest Glaubensgemeinschaft im Katholizismus voraus und eine Pille aus Zucker den Glauben an die Heilkraft von Tabletten. Es ist genau dieser Sachverhalt, der die mentale Heilmethode zu einem großen Problem machen kann: Wie läßt sich ein solch fester und unerschütterlicher Glaube herbeiführen, der offenbar und unbedingt erforderlich ist? Es gibt Menschen, die von diesen oder ähnlichen mentalen Wirkungen gehört haben und die beschließen, das selbst auszuprobieren. Zum Beispiel wurde in der Verwandtschaft jemand durch ein Madonnenbild geheilt, und nun setzt man sich selbst vor das Bild. Oder man versucht es mit fernöstlicher Meditation, weil ein Bekannter gute Erfahrungen damit gemacht hat. Der Grund des fast immer sich einstellenden Mißerfolgs ist der gleiche, wie ihn die kleine Anekdote von jener Dame beschreibt, die allabendlich betete, der Herr möge den Berg vor ihrem Fenster versetzen, und die am nächsten Morgen beim Anblick des unverrückten Berges seufzte: Hab ich mir's doch gedacht.

Wichtig bei der Placebo-Vergabe ist also indirekt durchaus die Wahl des Mittels, indem es im Bereich der vom Patienten akzeptierten Heilungsmöglichkeiten liegen muß; andernfalls wird die mentale Bereitschaft zur Hingabe entweder nur vorgetäuscht, gespielt, halbherzig ausprobiert oder insgeheim angezweifelt, auf jeden Fall nicht authentisch praktiziert.

Ich glaube, dies ist die Hauptursache all der Enttäuschungen, die bei den Selbstversuchen regelmäßig entstehen. Obwohl ich diese Mißerfolge selbst erlebt habe, glaube ich dennoch an die Richtigkeit dieses mentalen Prinzips, vor allem, weil es nicht immer schiefgeht und weil bei beharrlicher Ausdauer kleine Erfolgserlebnisse optimistisch stimmen. Bestärkt wurde ich schon vor Jahren in dieser Richtung, als ich die Balint-Studien las, die den Anteil von psychogenen Erkrankungen erforschten und in sukzessiven Veröffentlichungen den Prozentsatz laufend erhöhten. Anfangs waren es knapp 50 %, später schließlich über 80 %. Es verhält sich eventuell so wie bei der Frage nach dem eigentlichen Wesen der Materie. Niemand sagt so recht, daß sie eigentlich nicht ist, und niemand möchte sagen, u. a. vermutlich auch durch die Einflußnahme der Pharmaindustrie, die um ihre Einnahmen und ihre Existenz fürchten müßte, daß Krankheiten zu 100 % psychogen sind. Heutzutage wird der Placebo-Effekt bei der Entstehung und Therapie von Krankheit von einigen Medizinern dennoch immer ernster genommen, bis hin zu einigen Aussagen wie: „Die unbestreitbaren Erfolge von Psychotherapeuten wirkten ausschließlich über das Placebo-System." Und: „Die Praxis des Doktors, die Krankenstation, der heilige Schrein oder die Hütte des Naturheilers können wir mit einem Theater vergleichen, voll mit Kulissen, Requisiten, Kostümen und einem Drehbuch."[11]

Eine weitere Auffälligkeit muß unbedingt angesprochen werden, damit nicht der voreilige Schluß entsteht, jeder, der krank ist, habe seine Krankheit selbst durch mentale Fehler oder gar moralische Verfehlungen herbeigeführt. Wie die Ergebnisse der Doppelblindversuche bei den Placebo-Experimenten zeigen, spielt es eine Rolle, ob der Arzt, der Apotheker, aber auch dem Patienten völlig unbekannte Laboranten und Chemiker von den Placebo-Versuchen wissen. Je weniger bekannt das Experiment, desto stabiler das mentale Vertrauen des Patienten.[12] Das läßt sich nur verstehen, wenn M. B. Eddys Unterscheidung in unterschiedliche Qualitäten dieser allgemeinen Überzeugungen – sie sagt Annahmen – zutrifft: Neben den individuellen Annahmen gibt es kollektive und universale, unterschiedlich starke, bewußte und unbewußte. Wir kennen diesen Ansatz auch von C. G. Jung, der den Begriff des kollektiven Unbewußten in die Psychologie einführte. Demnach gibt es Anschauungen, die sozusagen

---
11 *Spiegel Special*, Nr. 6/2007, S. 14 und 16.
12 Neuerdings soll eine Verordnung vorschreiben, daß die Placebo-Absicht im Beipackzettel ausgewiesen sein muss. So kann man zumindest sicher sein, daß keine schädlichen Nebenwirkungen auftreten, weil gar keine Wirkungen erfolgen können.

Gemeingut sind, die kulturell für jedermann selbstverständlich sind, die weltweit gelten, die aber dennoch nicht zwingend sein müssen. So gibt es Kulturen, die keine Erkältung kennen, in anderen Gemeinschaften ist Jugend nicht erstrebenswert, oder angesehene Frauen müssen dick sein. Diese und ähnliche Überzeugungen sind für jedes Mitglied unhinterfragte Natürlichkeiten. Zeigen sich Abweichungen oder vertritt jemand diskrepante Überzeugungen, so können Unglück, Depression oder Krankheit auftreten. Und je „universaler", d. h. je unkritisch selbstverständlicher eine Annahme ist, desto stärker wirkt sie, auch und vor allem, wenn sie unbewußt, also im Verborgenen wirkt, und desto weniger wird bei disharmonischen Folgen der mentale Zusammenhang gesehen. Das trifft in besonderem Maße auf Krankheiten zu, von denen man noch nie gehört hat, die man also nicht kennt, die aber aus der kollektiven oder universalen Annahme stammen. Man ist Opfer von Irrtümern, von Willküransichten, von Traditionen, von Konventionen und Familiengepflogenheiten, ohne es zu merken. Ein gewichtiger Einwand sind Infektionskrankheiten. Was hat die Mentalität damit zu tun? Bei Krankheiten, die durch Viren und Bakterien verursacht werden, sollte man weniger nach der Beschaffenheit der Mikrobe fragen als vielmehr nach dem Grund, warum der Organismus den Erreger *nicht* abwehrt, denn – so berichtete mir einmal ein Krankenhausarzt – die alltägliche Umgebung enthält immer Keime, wir alle haben einmal Tuberkulose gehabt, ohne krank geworden zu sein, aber ein gesunder Organismus wird dadurch nicht krank. Wir fügen hinzu, daß „gesund" jetzt heißt: „mental intakt". Bei Grippewellen zum Beispiel ist die kollektive Annahme, man setze sich einer Ansteckung aus, einfach stärker als die individuelle Annahme, man werde sich nicht erkälten oder man sei durch einen Schal geschützt. In unserem Kulturkreis gibt es seit längerem Ansätze, die in dieser hier vertretenen Richtung forschen und therapieren; die Psychosomatik hat inzwischen auch einen akademisch und versicherungstechnisch anerkannten Platz in unserer Gesellschaft gefunden.

Der Vollständigkeit halber muß erwähnt werden, daß der Placebo-Effekt natürlich auch seine Kehrseite hat: „Wirkungslose" Mittel können nicht nur gesund machen, sondern auch krank; es wäre doch zu schön, wenn unser mentaler Mechanismus nur im Sinne einer Einbahnstraße funktionierte und nichts als positive Wirkungen zeitigte. Aber wer sollte schon etwas einnehmen (wollen), das nach Auskunft des Arztes gezielt krank macht? Vielleicht hochbezahlte Versuchspersonen. Was wäre der soziale Sinn eines solchen Unterfangens? Nein, ein solches Mittel liegt nicht in pharmazeutischer Verpackung vor.

Wir machen uns an dieser Stelle noch einmal ausdrücklich klar, daß das Placebo-Mittel selbst medizinisch überhaupt nichts bewirkt, sondern daß seine Funktion lediglich darin besteht, das Bewußtsein an einen heilenden Einfluß glauben zu lassen. Und daher spielt es auch gar keine Rolle, *wie* dieser Glaube zustande kommt. Wird das Bewußtsein in entgegengesetzter Richtung, also mit dem Glauben an krank machende Einflüsse gefüllt, so tritt wieder der entsprechende Placebo-Effekt auf. Man weiß inzwischen, daß ausgiebige Beschäftigung mit Krankheit, das unentwegte Lesen entsprechender Zeitschriften zusammen mit der dadurch erzeugten Furcht vor Krankheit, sowie die unermüdlichen und übertriebenen Aufrufe zu Vorsorge- und Hygienemaßnahmen die allgemeine und individuelle mentale Atmosphäre durchtränken und somit wie ein Negativ-Placebo (oder Nocebo) die Krankheit geradezu herbeiziehen können. Dadurch, daß der direkte kausale Zusammenhang praktisch nie nachzuweisen ist, unterbleiben Gegenmaßnahmen, und die entsprechenden Industriezweige verdienen sich vergoldete Nasen. Dabei ist diese Konsequenz aus den gut belegten und abgesicherten Placebo-Versuchen so sinnfällig und naheliegend, daß die öffentliche Uneinsichtigkeit kaum noch zu verstehen ist. Alle Welt redet unaufhörlich von Krankheit. Kaffeekränzchen, Wartezimmer und das Fernsehen sind Schaubühnen geworden, auf denen gewetteifert wird, wer die schlimmste oder exotischste Krankheit hat; und wer gesund leben will, wird nicht über eine heile Denkweise informiert, sondern über Sport, Vitamine und Wellness. Dieser Nocebo-Effekt hat heutzutage Ausmaße angenommen, die sich ohne weiteres vergleichen lassen oder sogar noch stärker wirken als seinerzeit die klassischen Methoden der Hexerei, der schwarzen Magie, der Zauberei, der Verfluchung und Verdammung, der bösen Wünsche, des Neides und der mentalen Malpraxis.

Der Placebo-Mechanismus erklärt auch die unüberschaubare Flut von Praktiken und Methoden der Behandlung von psychischen und körperlichen Leiden, denn jede Methode kann auf Erfolge verweisen. Und da beliebige Methoden, wenn ein Glaube an ihre Wirksamkeit promotet worden ist, Ergebnisse zeitigen, entstehen laufend neue. In Deutschland gibt es Hunderte, in Amerika Tausende.[13] Dabei glaubt jede Therapieform, daß der Erfolg allein ihrer Methode zuzuschreiben ist. Und vergessen wir nicht: Auch die historischen Formen des Aderlasses, der Teufelsaustreibung und der Ahnenanrufung hatten alle ihre Erfolge. Überblickt man dieses Feld, so gibt es eigentlich nur eine logische Schlußfolgerung, die meines Wissens konsequent nur Mary Baker Eddy gezogen hat: Die komplette Körperlichkeit ist gegenüber der Mentalität sekundär. Das Bewußtsein schafft sozusagen das Sein. Beim Wort genommen wäre positives Denken die Lösung unserer Probleme, wenn es eben möglich wäre, nicht sich bei Gelegenheit vorzunehmen, positiv zu denken, sondern genuin zu wissen, daß das Universum positiv *ist*.

In dem Dickicht von Theorien und Therapien darf man nicht verwundert sein über die Unschärfe der Begriffe. Was geistig oder seelisch, psychisch oder mental, neurologisch oder zerebral, psychiatrisch oder psychopathologisch ist, wird so oder so unterschieden; jeder macht im Grunde, was er will.

Die gleiche Vielfalt gilt natürlich auch im Hinblick auf die Ursachen von Krankheit. Die zumeist allopathische Schulmedizin ist noch am konservativsten materiell. Körperliche Veränderungen, die ein Krankheitssymptom erzeugen, gelten vielfach schon als Ursache. Überschüssige Magensäure ist dann die Ursache von Magengeschwüren, ein Abszeß führt zu einer Sepsis. Natürlich fragt man auch – heute mehr als früher – nach den Ursachen der Säure und des Abszesses, aber im Regelfall eher halbherzig, und als Therapie wird gern und schnell geschnitten. Geht man wegen eines Symptoms zum Psychoanalytiker, so war es meist die

---

13 Unter www.therapeutenfinder.com findet man ein Verzeichnis der in Deutschland angebotenen Psychotherapieformen. Allein unter dem Buchstaben A sind es an die 20. Daneben auch solche wie Lichtwesen, Engelkontakte und Feuerlauftherapie.

ödipale Mutterbindung; der Astrologe macht eine Himmelskörperkonstellation ausfindig; der Diätetiker erkennt eine falsche Ernährung; der Urschreitherapeut weiß, daß die Geburt ein Trauma war; der Bioenergetiker befreit falsch fixierte Energien; und der Priester sieht schwere Schuld, die den Kranken bedrängt. Hinzu kommen gewisse Lehrmeinungen, die durchaus als Dogmen angesehen werden können. So führen frühkindliche Traumata zu schweren Schädigungen beim Erwachsenen und sind wegen ihrer Zähigkeit kaum aufzulösen; andere Krankheiten gelten einfach als unheilbar, obwohl immer wieder sogenannte unerklärliche Spontanheilungen vorgekommen sind; Alkohol bei der Zeugung kann leicht debilen Nachwuchs zur Folge haben; diese Krankheit wird vererbt, so daß jederzeit mit ihrem Ausbruch zu rechnen ist; jene Krankheit wird durch Miasmen hervorgerufen (inzwischen nicht mehr aktuell); die nächste beruht auf einem Ungleichgewicht der Körpersäfte (noch weniger aktuell); und die übernächste wurde von Gott geschickt (wieder aktuell). Es ist die unbezweifelte, selbstverständliche und fest vertretene, bewußte oder unbewußte, die individuelle, kollektive oder universale Annahme, die über unser Lebensglück oder -unglück entscheidet.[14]

Existenzformen

Das erklärte Ziel dieses Buches ist, den Leser dazu zu bringen, der Christlichen Wissenschaft mit mehr Verständnis zu begegnen, als es durch Lexikoneinträge oder durch knappe Schlagworte möglich ist. Die bisher geleistete Vorarbeit umschließt die genauere Betrachtung des Dualismus, des Begriffs der Materie und des Wirkens der Mentalität. Dabei wurde recht unbesehen gesagt, behauptet oder verneint, was jeweils existiert, was es gibt oder nicht gibt oder was lediglich zu sein scheint. Da die Christliche Wissenschaft in diesem Punkt deutlich differenziert, ist es nützlich und förderlich, klare Unterscheidungen zu treffen.

Der geläufigste Begriff von Existenz bezieht sich auf Gegenstände, die

---

14 Dies in aller Deutlichkeit und Konsequenz aufgezeigt zu haben, ist das enorme Verdienst von Mary Baker Eddy.

ich sehen und anfassen oder auch – weniger markant – hören, riechen und schmecken kann; dabei unterscheiden wir feste, flüssige und gasförmige Körper oder Gebilde. Den Beweis dieser Existenz erbringt unsere Fähigkeit, sie wahrzunehmen, inzwischen immer häufiger über technische Hilfsmittel, die sozusagen als Verlängerung unserer Sinnesorgane fungieren. Obwohl das Schmelzen, Verdampfen und Gefrieren gewisser Stoffe bekannt war, bildeten die Aggregatzustände für unsere Vorfahren völlig getrennte Seinsweisen, die zur Annahme von vier Elementen (unter Hinzunahme des Feuers) führten. Spätestens seit den Einsichten der Molekular- und Atomphysik kennt man die mikroskopischen Vorgänge, die die Aggregatzustände der chemisch unveränderten Substanz in ihrer Abhängigkeit von der Temperatur erklären. Zusammenfassend spricht man von materieller Existenz.

Durch die Erkenntnisse der Nuklear- und Subnuklearphysik wurde die Vorstellung von materieller Existenz relativiert. Der überwiegend „leere Raum" wird von uns nicht wahrgenommen, als „konkrete Materie" bleibt nur ein verschwindend kleiner Teil übrig.

Im Zuge der Quantenphysik schmolz auch dieser Teil dahin, und es blieben Energiefelder, über die sich vorerst wenig sagen läßt. Materielle Existenz ist unter diesen Umständen nur dann ein sinnvoller Begriff, wenn er nicht mehr physikalisch, sondern im Zusammenhang mit und von unserer Wahrnehmung abgeleitet gesehen wird.

Ein anderer Existenzbegriff klang bereits in unserer Dualismusdiskussion an. Es geht um die Existenz von wahrgenommenen Dingen, die aber nicht auf einer wie auch immer definierten Substanz beruhen, sondern auf deren Abwesenheit. So haben wir Gegenstandswörter, die die Abwesenheit von Wind bezeichnen, „Windstille", oder von Geräuschen, „Lautlosigkeit", oder von Licht, „Dunkelheit", von Wärme, „Kälte", oder von Bewegung, „Ruhe". Hier ist die unbewußte Gewißheit von einer Abwesenheit noch so weit vorhanden, daß niemand auf die Idee käme zu fragen, wo sich denn die Windstille aufhalte, während der Wind bläst, wo die Kälte sei, wenn ich schwitze, oder wo denn – wenn nach einer Veranstaltung niemand mehr im Raum ist – der Niemand stecke. Genausowenig würde man das Phänomen der Dunkelheit oder der Lautlosigkeit für einen konkreten Gegenstand halten und ihn physikalisch untersuchen wollen.

Bei der nächsten Existenzform liegt zwar der gleiche Abwesenheitsmechanismus vor, aber das Bewußtsein von Abwesenheit ist allgemein abhanden gekommen, und man setzt eine „anwesende" Substanz voraus. So forscht man nach den Gründen und Charakteristika von Dummheit, Faulheit und Unfreundlichkeit.[15] Sexuelle Sonderformen – früher „Perversionen" genannt (von lat. *pervertere* = umdrehen, umstürzen) – sind nicht mehr generell Abwesenheit eines biologischen Standards oder Abweichungen davon, sondern in gezielter Auslese gleichberechtigte Varianten mit all den damit verbundenen juristischen, ethischen und sozialen Schwierigkeiten.

Eine neue Existenzform begegnet uns, wenn wir einen Roman lesen oder ein Musikstück hören. Die gedruckten Buchstaben oder die Schallwellen der Sinfonie aus den Lautsprechern oder im Konzertsaal sind zwar die materiellen „Dinge", aber doch nicht das Kulturgut, das wir bewundern. Auch das handschriftliche Manuskript oder die erste Partitur können nicht das eigentliche Kunstwerk sein; sie könnten ja kopiert werden, ohne daß der Wert des Werkes im geringsten darunter leiden müßte. Selbst wenn alle Exemplare und Kopien verlorengingen, wäre dann das Werk inexistent? Wir könnten es immer noch bewundern, auch ohne es in Händen halten zu können. Es ließe sich zwar nicht mehr materiell vorführen, es sei denn, jemand kennte es zufällig auswendig, aber es würde in seiner ureigensten und eigentlichen Form dennoch existieren, nämlich geistig oder – je nach Standpunkt – mental. Nehmen wir ein anderes Beispiel. Der Deutsch-Französische Vertrag, der die Aussöhnung zwischen Deutschland und Frankreich besiegelte, besteht seit 1963. Was genau besteht da eigentlich? Die in Berliner und Pariser Archiven ruhende Vertragsausfertigung kann es nicht sein, weil auch bei deren Verlust der Vertrag, die Freundschaft, weiterbestünde. Einzelne Jugendaustauschaktivitäten, Besuche, Konsultationen oder Kooperationen sind es ebensowenig, da sie ja erst aufgrund des Vertrages zustande kommen. Das eigentliche Etwas, das ohne jeden Zweifel existiert, die Substanz, ist immateriell; jenes Etwas ist mental, raumlos vorhanden, ohne an dieses oder

---

15 Die Dimensionen in dieser Kategorie gehen sehr viel weiter, doch ist es sinnvoller, davon später zu sprechen.

jenes Gehirn gebunden zu sein. Das kann nicht anders sein, weil auch ein Franko- oder Germanophobe durch mentale Ablehnung die Existenz nicht beeinträchtigen kann.

Wie existieren Pünktlichkeit, Hilfsbereitschaft oder Verantwortlichkeit? Selbst wenn jeder unpünktlich wäre, so würde Pünktlichkeit lediglich nicht praktiziert werden, aber existieren, und der Ärger wegen ihrer Nichtachtung bliebe. Ein solcher Ärger wäre nicht denkbar, wenn Pünktlichkeit – wie auch immer – nicht existierte. Die geistige Existenz ist schlechterdings gesichert, gleichgültig, wie man sich verhält. Das gleiche gilt im übrigen für alle Werte, und der moderne Slogan vom Werteverfall ist nichts anderes als unbedachte Journalisten- und Politikersprache, denn was verfällt, sind nicht die Werte, sondern unsere Bereitschaft, ihnen entsprechend zu leben.

Bei den Existenzformen etwa eines Dracula, eines Hans Castorp, eines Superman oder von Romeo und Julia machen wir von der Eigenschaft unserer Mentalität Gebrauch, alle beengende Materialität abwerfen zu können und erfreuende, beängstigende oder lehrreiche Gestalten in unserer Phantasie zu erschaffen. Dabei ist aber jedem klar, daß keine andere als eine symbolische oder parabolische Wirklichkeit mental vorliegt. Bei Hexen, Gespenstern und Teufeln hängt es von der individuellen Mentalität des Befragten, vom weltanschaulichen Standpunkt ab, ob er an eine konkret-materielle, an eine mental-symbolische oder an gar keine Existenz, die nur in der Phantasie anderer besteht, glaubt.

Wenn wir den Existenzmodus von Zahlen untersuchen, z. B. in der Arithmetik, so läßt sich ihre Herkunft aus materiellen Notwendigkeiten nachvollziehen: Wenn ein Rind dem Wert von drei Schafen entsprechen soll, dann muß man eben herausfinden können, wie viele Schafe ich bekommen muß, wenn ich vier Rinder hergebe. Die Abstraktion zur Zahl ohne Rind oder Schaf war sicherlich eine hohe menschliche Kulturleistung, und die Verselbständigung zu reinen Zahlenoperationen erfordert noch heute beim Grundschüler Übung und Intelligenz. Man kann mit Hilfe von Zahlenoperationen Brücken bauen und Meinungsumfragen auswerten, so daß die Zahl ebenso materiell wirklich erscheinen könnte wie die durch sie erbaute Brücke, und doch gibt es nirgends „die Zahl". Man braucht weder einen Koffer, um darin die Zahl π zur Baustelle mitzunehmen, noch kann irgend jemand sie irgend jemandem wegnehmen, noch kann jemand behaupten, ihr Zahlenwert läge bei 5,39. Wollte man diesem „Lügner" glauben, wären die Auswirkungen katastrophal. Die Existenzform von Zahlen ist also einerseits eindeutig immateriell, sie ist unendlich und unerschöpflich wie Smileys, die ich in beliebiger Anzahl zu Papier bringen kann, aber andererseits auch nicht mental beliebig wie Figuren einer Karikatur, denn sie lassen sich nicht behandeln, wie es einem gefällt. Sie sind wohldefiniert, nicht in Raum und Zeit präsent, aber absolut eigenständig, unzerstörbar und in ihrer Gesetzmäßigkeit unbeugsam. Sollte man die arithmetische Rechnung 3 x 7 = 21 neben eine andere 3 x 7 = 22 an eine Tafel schreiben, so haben beide trotz ihres ähnlichen Aussehens eine unterschiedliche Existenzform. Die erste würde unbeeindruckt ihre Existenz fortsetzen, auch wenn man sie abwischt; die zweite würde partout nicht existieren, auch wenn man sie in Stein hauen würde. Wir sehen: Was auf immaterielle Weise existiert, muß keineswegs Phantasterei sein, kann – wie die Zahl oder ein Buchstabe – von praktischer Bedeutung für uns sein und darf unbegrenzt in alle Richtungen verwendet werden, sofern die Gesetze und Regeln des zugehörigen Systems beachtet werden.

Unsere hiesigen Sprachen enthalten Substantive, Gegenstandswörter, die je nach Bedarf morphologisch an den grammatischen und semantischen Kontext angepaßt werden; dazu gehört auch die Bildung eines Plurals. Der Stein – die Steine, das Blatt – die Blätter. Es gibt aber auch Substantive, die die Mehrzahl nicht bilden oder nicht bilden können. Das hat irgendwie mit der Wortbedeutung zu tun. Unproblematisch ist augenscheinlich der Fall, wenn es im Universum nur ein Exemplar davon gibt: William Shakespeare, Frankreich, das All, der Erdtrabant, die Natur, das Sternenzelt, die Gravitation. Andere Wörter, die ebenfalls nur den Singular kennen, existieren offensichtlich als mentales Konzept: der Verstand, das Glück, der Humor, die Klugheit, der Neid, die Eintracht, die Trauer usw. Tritt eine „Anwendung" etwa als neiderfülltes Vorkommnis in Erscheinung, so kann sie Gegenstand psychologischer Untersuchung und Theoriebildung werden, das Konzept selbst aber ist immateriell und entzieht sich dem direkten Zugriff.

Hier bahnt sich ein erster Hinweis an, von welcher Qualität immaterielle, geistige Existenz im Grunde zu sein hat. Sie kann wegen des Fehlens materieller Grenzen oder Umgrenzungen nicht in Raum und Zeit lokalisiert werden; sie ist unendlich und daher singulär. Als unmittelbare Folge wird auch verständlich, warum kein unbestimmter Artikel verwendet werden kann (*ein Humor, *ein Neid, *eine Trauer), weil dessen Verwendung eine Fragmentierung, eine Umgrenzung, eine Vermaterialisierung sozusagen, voraussetzt. Bei einigen dieser Konzepte (oder Abstrakta) hat sich dennoch ein Plural und damit auch die Möglichkeit der Benutzung des unbestimmten Artikels herausgebildet: die Dummheit – die Dummheiten – eine Dummheit; das Unglück – die Unglücke – ein Unglück; der Witz – die Witze – ein Witz; die Freude – die Freuden – eine Freude. Doch typischerweise geht damit eine Bedeutungsverschiebung in Richtung „umgrenzte Vermaterialisierung" einher. *Die* Dummheit ist eben etwas ziemlich anderes als *eine* Dummheit. Andere mentale Konzepte wie der Tod, das Glück, die Trauer weichen auf Wortveränderungen aus, wenn sie „vermaterialisiert" werden: der Todesfall, der Glücksfall, der Trauerfall. Im Bewußtsein des Sprechers besteht auf jeden Fall ein deutlicher Unterschied, ob er das Konzept oder die Vermaterialisierung, das Noumenon oder das Phänomen meint.

Betrachten wir unter diesem Aspekt der Singularität noch einmal unser Beispiel „Zahl". Wenn wir von Zahl*en*, also im Plural reden, meinen wir immer unterschiedliche Zahlen, 3, 57, π. Wenn hingegen die Zahl 3 mehrfach verwendet werden muß, z. B. in der Zahl 343, dann erscheint die *Zahl* 3 zweimal und nicht zwei 3-Zahl*en*. Auf ähnliche Weise gehen wir mit Buchstaben um: A, A, A sind eher dreimal *der Buchstabe* A als drei A-Buchstab*en*.

Kehren wir gleichfalls einmal zu Geist und Seele zurück. Daß hier eigentlich nur eine Existenz im Singular, also ein mentales Konzept, vorliegen kann, zeigt sich, wenn von der Unsterblichkeit der Seele, nicht der Seelen, die Rede ist. Die dennoch häufig anzutreffende Pluralverwendung stammt selbstverständlich aus der Anschauung von Körpern, in denen die Seele wohnen soll, wodurch die Seele selbst eine gewisse, wenn auch nicht beschreibbare, Körperlichkeit erhält. Ebenso spricht man zunächst immer nur von Geist, nicht von Geistern. Die gehören in den Spiritualismus und Spiritismus.[16] Die Fragmentierung gerade des Geistes in Geister gab und gibt immer noch Anlaß zu haarsträubenden Verbiegungen und zu unendlichen Abscheulichkeiten (Besessenheit, böse Geister, Schwarze Magie etc.), die sich Menschen untereinander angetan haben und noch immer antun.

Wenn schließlich über die Existenz Gottes nachgedacht oder gestritten wird, so können wir konstatieren, daß demnach der Polytheismus, also die Existenz von Göttern, der Begrenztheit, dem Plural und somit der Körperlichkeit, d. h. hier dem Anthropomorphismus, verhaftet geblieben ist, während der Monotheismus die Vorstellung eines mentalen Konzeptes, Unbegrenztheit, Singular, Unkörperlichkeit, Immaterialität, wenigstens weitgehend verwirklicht hat. Weitgehend, weil Momente eines anthropomorphen Charakters Gottes in praktisch allen Religionen anzutreffen sind. Im Neuen Testament scheint unsere Darlegung des mentalen Konzeptes jedoch am ehesten getroffen zu sein, wenn Jesus in fast moderner Diktion die Frage der Pharisäer, wann das Reich Gottes komme, so beantwortet: „Das Reich Gottes kommt nicht so, daß man's mit Augen sehen kann; man wird auch nicht sagen: Siehe, hier! oder: da! Denn siehe, das Reich Gottes ist mitten unter euch" (Lk 17,20+21). Es ist also immateriell, nicht in Raum und Zeit lokalisierbar, immer schon geistig in uns gegenwärtig.

Zum Abschluß dieses Kapitels und des Ersten Teils werfen wir einen Blick auf eine hochmoderne Art, dem Begriff des monotheistischen Gottes näherzukommen. In dem schon zitierten Buch von Guitton und den Bogdanov-Brüdern *Gott und die Wissenschaft* wird dem Leser die Theorie der Entstehung des Universums durch den „Urknall" dargelegt. Dabei werden die sogenannten kosmologischen Konstanten erläutert, die,

---

16 Beim Spiritualismus/Spiritismus wird das singuläre Noumenon Geist in Teile zerlegt, wobei der Spiritualismus jede Person mit einem separaten, ihr zugehörigen Geist ausstattet; der Spiritismus geht weiter und macht aus jedem dieser Geister gewissermaßen eine Person (Gespenst). M. B. Eddy sagt bezüglich Spiritualismus: „Seine Geister sind lauter Körperlichkeiten, an Charakter und Beschaffenheit begrenzt und endlich" (*W & G* 71).

zahlenmäßig auf unter 15 begrenzt, den gesamten Kosmos mit kaum vorstellbarer Präzision aufrechterhalten. Den Wert jeder Konstanten, Gravitation, absoluter Nullpunkt, Lichtgeschwindigkeit, Plancksche Konstante, schwache und starke Wechselwirkung u. a., kennen die Physiker mit größter Genauigkeit. An vielen Beispielen demonstrieren die beiden Physikerbrüder, daß die Welt und das Leben, so wie wir es kennen, nicht bestehen würde, wenn der Wert auch nur einer Konstanten um einen winzigen Bruchteil nach oben oder unten abwiche. Zum Beispiel:

> Wäre sie [die Schwerkraft] bei seiner [des Universums] Entstehung auch nur ein klein wenig schwächer gewesen, dann hätten die ursprünglichen Wasserstoffwolken sich niemals verdichten können, um die kritische Schwelle der Kernverschmelzung zu erreichen: die Sterne hätten sich nie entzündet. Im entgegengesetzten Fall wären wir kaum besser dran: Eine stärkere Schwerkraft hätte zu einem wahren „Durchdrehen" der Kernreaktionen geführt; die Sterne wären wie wild in Brand geraten und so schnell verglüht, daß das Leben keine Zeit gehabt hätte, sich zu entwickeln. (Guitton 72 f.)

Igor Bogdanov spricht von einer „schwindelerregenden Präzision", mit der das Universum reguliert wird, und veranschaulicht diese Präzision durch einen Golfspieler, der in der Lage wäre, seinen Ball in ein bestimmtes Loch auf dem Mars zu plazieren (vgl. S. 73). Da nun die mathematische Wahrscheinlichkeit, daß ein derart reguliertes Universum durch Zufall entstanden sei, praktisch gleich Null sei, und da eine universale Ordnung in jedem Detail präsent sei, schließt Guitton auf eine „hypermathematische Intelligenz", die den Kosmos geschaffen hat und „reguliert, lenkt, beseelt" (87). Jene Ordnung, aus der alles hervorgeht, ist – so führt Grichka Bogdanov aus – „in Wahrheit die Manifestation von etwas sehr Verwirrendem und bisher absolut Unerklärbarem: der Ursymmetrie" (100). Jean Guitton sieht in dieser ursprünglichen „Supersymmetrie [...] einen Zustand absoluter Ordnung und Vollkommenheit." Er fährt fort:

> Würde ich Sie in Erstaunen setzen, wenn ich den Schluß ziehe, daß dieser Zustand der Vollkommenheit, den die Wissenschaft am Ursprung des Universums postuliert, in meinen Augen Gott anzugehören scheint? (102 f.)

Die Schlußfolgerung hat etwas Bestechendes, und man kann sie sich im atomaren und subatomaren Bereich als wirksam vorstellen, doch es wird ja ausdrücklich betont, daß sich jene Symmetrie, jene Harmonie, jene Vollkommenheit auf *allen* Ebenen manifestiere, so daß wir eine Art Pantheismus annehmen müßten, der uns aber nicht erklärt, warum auf vielen Ebenen – im Medizinischen, Psychischen, Sozialen, Politischen – auch Disharmonie und Unvollkommenheit vorkommen. Letztlich müssen wir einfach wissen, daß alle Ableitungen, die von der Physik herrühren, nicht geistig sind, und insofern sind sie nicht Christliche Wissenschaft.

Zweiter Teil

Grundsätzliches

Was das Verständnis der Christlichen Wissenschaft so schwer machen kann, ist, die Existenzform ihres Systems vom Grundsatz her einzusehen, zu akzeptieren, beizubehalten und schließlich zu leben. Es nützt nichts, Bücher darüber lediglich zu lesen, sie womöglich interessant zu finden, ihre Thesen im angeregten Gesprächskreis brillant vorzutragen oder gar einen Bestseller geschickt zu lancieren. Der Weg kann nur in zurückgezogener Stille gegangen werden, wobei sich durch entspanntes Nachdenken mit Phasen der Lektüre – je nach Bedarf – Einsichten allmählich einstellen, verfestigen und beginnen, das eigene Leben zu verändern. Diese Veränderung wird der ernsthafte Sucher begrüßen, weil sie sein Leben reicher und erfüllter macht.

Bisher war häufiger von Geist und Seele die Rede; im Kapitel *Mentalistik* erfuhren wir, wie in vielfältiger Weise die Erscheinungsform des menschlichen Körpers von mentalen Bedingungen abhängt, wie – landläufig gesagt – die Seele den Körper bestimmt. Auch in der Christlichen Wissenschaft kommen die Begriffe „Geist" und „Seele" in großer Zahl vor, aber jetzt gilt es, von vornherein zu unterscheiden: Neben einigen anderen Begriffen, die noch gezeigt werden, gehören „Geist" und „Seele" einmal zum spezifischen metaphysischen System mit genau definierten Positionen und Funktionen, zum anderen können sie auch in unserem bereits besprochenen mentalen Sinne gebraucht werden. Um dem Leser diese Unterscheidung zu erleichtern, benutzte Mary Baker Eddy in ihren Schriften eine typographische Besonderheit: Sie verwendete große Anfangsbuchstaben, wenn sie jene systemtragenden Begriffe meinte, im Englischen ungewöhnlich, weil Substantive dort üblicherweise klein geschrieben werden. Sie sagte also „Spirit" (Geist) und „Soul" (Seele) statt „spirit" und „soul". Wenn sie die übliche mentale Bedeutung ausdrücken wollte, blieb sie bei „spirit" und „soul". Das stellte die Übersetzung ins Deutsche vor Probleme, da Substantive dort ohnehin immer groß geschrieben werden. Jahrelang behalf man sich mit Fettdruck des Anfangsbuchstabens und unterschied in „Geist" und „Seele" bei systemtragender Bedeutung, „Geist" und „Seele" bei alltäglich-mentaler Bedeutung. Heute hat sich durch die spätere Praxis von Max Kappeler die Verwendung von Kapitälchen statt Fettdruck durchgesetzt. Also „Geist" und „Seele".

Ohne im Augenblick auf Einzelheiten einzugehen, muß der Leser die grundlegende Existenzform jener Systemträger verinnerlichen. Sie existieren rein geistig in der Weise, daß sie nichts mit Materie im engeren wie im weiteren Sinne zu tun haben. Sie haben auch nichts mit all jenen Phänomenen zu tun, die wir im Kapitel *Mentalistik* angesprochen haben. Man erliegt sofort der größten Irreführung, wenn man bei Geist oder Seele in die Kategorien der Psychologie oder der Alltagssprache abgleitet. Diese Gefahr lauert permanent, und deshalb tut der Neuling gut daran, anfangs bei jedem Kapitälchen innezuhalten und sich rückzubesinnen. Es muß ihm klarwerden, daß jene geistige Existenz vom menschlichen Denken völlig unabhängig ist, entfernt vergleichbar mit den Zahlen der Arithmetik, die ebenfalls zwar unendlich häufig auftreten können, sich nie erschöpfen, die wir aber nicht manipulieren können, weil sie ihre eigene Gesetzlichkeit haben. Das allergrößte Unglück entsteht, wenn man diese Unterscheidung vernachlässigt und Geist und Geist in einen Topf wirft, vermischt oder verwechselt, oder wenn Geist in Beziehung oder gar Abhängigkeit von Materie gebracht wird.[17] Mary Baker Eddy hatte zu ihrer Zeit ungeheure Probleme, diesen Punkt zu vermitteln. Sie mußte sogar befürchten, daß ihre Lehre verlorengehen würde, wenn sie dem Begriffsvermögen ihrer Epoche nicht entgegenkommen würde, und dieses Begriffsvermögen war religiös geprägt. Sie entschied sich daher, den systemischen Sammelbegriff nicht – wie sie es lieber getan hätte – durchgehend als „Prinzip" zu bezeichnen, sondern „Gott" zu verwenden. Dabei hat „Gott" die vornehmliche Bedeutung von: unabhängig vom menschlichen Denken, jenseits physikalischer oder religiöser Zuständigkeit, Eigenständigkeit, Unbeeinflußbarkeit. Damit an dieser Stelle kein Mißverstähdnis entsteht, sei hier schon gesagt, daß die betonte Unabhängigkeit Gottes vom Menschen nicht heißt, es bestünde

---

[17] Später wird klarwerden, daß hier kein neuer Dualismus aufgebaut wird.

absolute Beziehungslosigkeit; natürlich kommt GOTT auch zum Menschen, andernfalls hätten wir keinen Grund, uns mit allen diesbezüglichen Fragen zu befassen. Aber diese Beziehung muß erst an geeigneter Stelle beleuchtet werden. Die sehr differenzierte Bedeutung von PRINZIP oder GOTT sowie seine Beziehung zum Menschen darzulegen, war im Grunde Mary Baker Eddys Lebenswerk.

Übrigens hat sie sich aus der gleichen Einsicht der Notwendigkeit eines Kompromisses dazu bringen lassen, eine Kirche zu gründen, *The First Church of Christ, Scientist* in Boston, (*Die Erste Kirche Christi, Wissenschafter*). Der gleiche Hintergrund mag dafür verantwortlich sein, daß M. B. Eddy ein Vokabular benutzt, das sehr religiös und kirchlich klingt, das aber – wenn man genau hinhört und hinsieht – eine völlig abgeänderte Bedeutung erhält, die sie immer wieder versucht, dem Leser nahezubringen. Dann nämlich verschwindet der religiöse und kirchliche Beigeschmack. Leider wird das häufig nicht erkannt, und M. B. Eddy erscheint in vielen Quellen in entsprechender Verzerrung. In ihrem Hauptwerk, *Wissenschaft und Gesundheit*, verwendet sie typischerweise über 600mal den Begriff „Wissenschaft", aber nur 34mal den Begriff „Religion" und zudem meist mit kritisierender oder negativer Konnotation. Es wird daher auch ein Anliegen in diesem Buch sein, das Verständnis ihrer Begriffe von kirchlicher Religiosität zu befreien und so auch den nicht voreingestellten Leser anzusprechen.

Warnung und Hilfestellung

Wenn der Leser das Lehrbuch *Wissenschaft und Gesundheit mit Schlüssel zur Heiligen Schrift* aufmerksam, aber ohne hilfreiche Vorkenntnisse liest, stellt sich ihm bald ein äußerst irritierendes Hindernis in den Weg, und wenn er keinen Ausweg sieht, legt er das Buch vielleicht frustriert beiseite: Er stößt auf sich widersprechende Aussagen, die isoliert betrachtet einfach nicht aufzulösen sind. Im späteren Verlauf des vorliegenden Buches wird es leicht, die Auflösung zu zeigen, doch soll die Lektüre des lernbereiten Lesers nicht künstlich aufgeschoben werden, und eine grundsätzliche

Einsicht in das Zustandekommen jener Widersprüche kann hier schon gegeben werden.

Drei Beispiele: Mary Baker Eddy spricht ausführlich über die Schöpfung, also die Entstehung des geistigen Universums, sagt aber auch, diese Schöpfung sei ohne Anfang und Ende, also ewig.

An bestimmten Stellen im Lehrbuch sagt sie implizit und auch explizit, Krankheit existiere nicht; dann aber befaßt sie sich in einem kompletten Kapitel mit der Heilung von Krankheit.

Materie – sagt sie – gibt es nicht, doch unentwegt stoßen wir auf die Wirkungen der Materie, ihre sogenannten Freuden und Schmerzen, materielle Heilmittel, die materielle Welt, den materiellen Sinn usw.

Das letzte Beispiel sollte uns nicht allzusehr befremden, denn wir haben es bereits bei unserer physikalischen Diskussion über die Materie kennengelernt. Je nach Standpunkt oder Betrachtungsebene konnten wir dort beides konstatieren: daß Materie nicht existiert, und zwar aus der Sicht der subnuklear-physikalischen Feldtheorie, und daß sie existiert, und zwar aus der Sicht der Sinneswahrnehmung, der Chemie und der Molekularphysik. Wir können und dürfen aber keinen falschen Purismus betreiben und sagen, alles, was der Maurer, was der Chemiker, was der Mineraloge sagt, sei Unsinn, weil Materie ja nur leerer Raum sei. Oder in eklatanter Deutlichkeit: Alle chemischen Elemente bestehen bekanntlich aus unterschiedlich aufgebauten Atomen, aber alle Atome bestehen nur aus Protonen, Neutronen und Elektronen, also sind die Elemente keine Elemente. Doch wird die Arbeit des Chemikers, des Biologen, des Betongießers oder des Automechanikers nicht überflüssig oder minderwertig, weil das Argument sagt, alle befaßten sich ja doch nur mit Protonen, Neutronen und Elektronen, und die gehörten in den Bereich des Atomphysikers. Wir müssen uns eindeutig darüber klar sein, daß eine Beschränkung auf nur *eine* Ebene, und sei sie auch die „unterste", die tiefste oder „wahrste", nicht nur ohne Nutzen ist, sondern uns regelrecht paralysieren muß: Die Atomphysik kann weder das Problem der Arbeitslosigkeit lösen noch Brot für die Welt beschaffen.

Mary Baker Eddy stellt sich je nach Umstand und Bedarf ebenfalls auf unterschiedliche Betrachtungsebenen und kann, ja muß dann die Welt oder das gerade angesprochene Problem unterschiedlich beschreiben. Der Vorwurf der Widersprüchlichkeit entsteht dadurch, daß der Leser den Ebenenwechsel nicht bemerkt. Und M. B. Eddy reicht uns in der Tat nicht jedes Mal explizit die Hand, um den Leser laufend intellektuell zu behüten. Der Kontext gibt genügend Hinweise, ob sie zum Beispiel aus der Sicht von GEIST oder von Geist argumentiert. Krankheit ist bei ihr eben etwas völlig anderes, ob sie von GEIST oder von der Materie (!) aus schaut. Und die Schöpfung erscheint in ihrem System jeweils unterschiedlich, je nachdem, ob GOTT oder der Mensch auf sie blickt.

Die sieben Synonyme

Was M. B. Eddys Lehre so einmalig, aber auch so trostreich und hoffnungsfroh macht, ist ihre Abkehr von der jahrtausendealten Vorstellung eines Gottes, der vor allem unbegreiflich ist, den verstehen zu wollen bereits Sünde ist, der einzelne Menschenpersonen oder -gruppen bevorzugt, andere geringschätzt, der in seiner falsch verstandenen Allmacht Gesundheit und Krankheit, Leben und Tod, Glück und Elend, Wohlergehen und Hunger schickt, der uns auf unerkennbare Weise trotz guter Taten belohnt oder straft, der sich vorgeblich freut, wenn wir ihn auf Knien anflehen oder in aller Herrgottsfrühe die Messe besuchen, dem wir aber Verdruß bereiten, wenn wir das uns offenbar zugedachte Schicksal mißbilligen oder am Karfreitag Proteine von landlebenden Tieren verzehren, der uns im Krieg unterstützt, aber den Feind verderben hilft, der mit einer Frau aus Fleisch und Blut einen Sohn hat und der deshalb einer Organisation mit unfehlbarer Befehlszentrale in Rom auferlegte, daß nur Männer, und zwar sexualfähige, aber keusche, seinen Willen erkennen und verkünden und Sünden vergeben dürfen, der es unbegreiflicherweise unentwegt zuläßt, daß sein Gegenspieler, der Teufel, kein Berufsverbot erhält und uns Menschen laufend in Versuchungen führt, von denen er uns mit Zustimmung aus Rom eventuell freispricht.

Nein, M. B. Eddy hat uns GOTT erkennen lassen, das PRINZIP des

Seins, bei dessen Verständnis wir berechtigte Hoffnung auf Trost und erneute Zuversicht und Freude haben dürfen.

Bei der Beantwortung der Frage „Was ist GOTT?" (W & G 465) schickt sie den sieben Antwortbegriffen vier Adjektive voraus, die den Existenzmodus jedes einzelnen Begriffs darlegen und die somit ihre sprachliche Hervorhebung, im Deutschen die Schreibung in KAPITÄLCHEN, erklären. Gleich in der zweiten Frage und Antwort erfahren wir, daß die zuvor genannten Substantive Synonyme sind.

> What is God?—God is incorporeal, divine, supreme, infinite Mind, Spirit, Soul, Principle, Life, Truth, Love.
>
> Was ist GOTT? – GOTT ist GEMÜT, GEIST, SEELE, PRINZIP, LEBEN, WAHRHEIT, LIEBE, jedes unkörperlich, göttlich, allerhaben, unendlich.

Die nächsten Seiten, ja Kapitel dieses Buches haben eigentlich nur die Aufgabe, diese Aussage aus ihrer auf den allerersten Blick vermutbaren Unscheinbarkeit herauszuheben mit all den Implikationen und Konsequenzen, die sich daraus ergeben.[18]

Die sieben Synonyme sind eine von drei Großkategorien, mit denen die Christliche Wissenschaft arbeitet. Sie legen dar, was GOTT ist, indem sie sich, jedes einzelne der sieben, über ein breites Bedeutungsfeld erstrecken, das durch die sogenannten *Ideen* beschrieben werden kann. Dabei darf bei aller Verschiedenheit der Ideen nicht vergessen werden, daß sie zu *Synonymen* gehören, daß sie also keine isolierten Entitäten sind, sondern miteinander in Verbindung stehen. Diese Verbindung geschieht durch Widerspiegelung. Man kann also sagen, daß beispielsweise GEMÜT nur dann GEMÜT ist, wenn es auch GEIST und SEELE und PRINZIP usw. widerspiegelt, d. h. deren Eigenschaften ebenfalls hat, wenn auch mit

---

18 Natürlich nicht in jedem Detail und mit allen Implikationen, was eine weit umfangreichere Darstellung nötig machen würde. Außerdem liegt die Literatur hierzu vor. Neben den Werken von M. B. Eddy zählen besonders die von John W. Doorly und Max Kappeler dazu. Ich werde an benötigter Stelle die entsprechenden Verweise geben. Im übrigen soll die Darstellung der Christlichen Wissenschaft im vorliegenden Buch nur so weit reichen, daß mein Versuch, Interesse für diese Lehre zu wecken, etwas mehr Aussicht auf Verwirklichung hat.

geringerer Akzentuierung. Spiegelt es nur ein einziges der anderen nicht wider, so befinden wir uns nicht mehr im Bereich GOTTES. Das gleiche gilt für jede Idee jedes Synonyms. Letztendlich liegt nur das unendlich Eine vor, so wie GOTT für sich ausdrücklich nur den Singular kennt.

M. B. Eddys Wahl des Begriffs *Synonym* macht das Wechselspiel des Einen mit dem Vielen deutlich. Für die Tätigkeit der Nahrungsaufnahme z. B. stehen uns eine ganze Reihe von Synonymen zur Verfügung, die eben alle besagen, daß Nahrung aufgenommen wird; aber dennoch ist es ein gewaltiger Unterschied, ob jemand ißt, ob er speist, ob er frißt, vertilgt, in sich hineinstopft oder diniert. Es wäre also grundfalsch zu sagen, Synonyme seien beliebig austauschbar. Da die Synonyme bei M. B. Eddy ein System bilden, betrachten wir zunächst einmal zur Veranschaulichung ein Modellbeispiel, das den Systemcharakter zeigt. Der oberste Begriff soll sein: Materialbearbeitung. Darunter stünden als Unterkategorie: verbinden, trennen, formen, konservieren. In der Kategorie „verbinden" fänden wir: nageln, nieten, schrauben, flanschen, schweißen, löten, kleben, leimen, verdrahten. Entsprechend bei „trennen": schneiden, sägen, spalten, reißen, lösen. Bei „formen": drehen, drechseln, feilen, meißeln, schleifen, biegen, schmieden, walzen. „Konservieren": streichen, lackieren, beschichten, lasieren, legieren, beizen. In diesen Unterkategorien gibt es sodann weitere Unterkategorien: Bei „schrauben", kann man mit Holz- oder Metallschrauben arbeiten, „kleben" mit unterschiedlichen chemischen Substanzen usw. Wir kennen dieses Verfahren in der Klassifizierung innerhalb der Flora und Fauna; nichtalphabetische Enzyklopädien verfahren zumeist so und natürlich Synonymlexika. Die gemeinsame Basis von – sagen wir – kleben und leimen erschließt sich recht unmittelbar, aber je weiter voneinander im System lokalisiert, also je höher und wieder tiefer der Verbindungsweg, desto weniger unmittelbar zeigt sich die synonymische Verbindung: „leimen" und „kleben" sind aber ebenso synonym wie „leimen" und „nageln", oder „leimen" und „sägen", nur jeweils auf unterschiedlichen Ebenen.

Bevor nun die hauptsächlichen Ideen der einzelnen Synonyme vorgestellt werden[19], sei noch einmal auf zweierlei hingewiesen: 1. Die Bedeu-

---

19 Eine Beschreibung der Methode, wie die Synonymideen aus dem Lehrbuch heraus gefunden und fortlaufend verknüpft werden, findet sich konzentriert

tung der Synonyme, GEMÜT, GEIST, SEELE etc., erschließt sich *nicht* aus der alltäglichen und landläufigen Verwendung der gleichklingenden Wörter „Gemüt", „Geist", „Seele" etc., sondern aus einem gewachsenen „Ton" oder einem sich entwickelnden Gespür für diese Synonymatmosphäre, die sich aus dem „sinfonischen" Verständnis der Ideen ergibt. 2. Ein Verständnis der Synonyme kann nicht „mal schnell" erlesen werden. Man braucht Zeit und echte Zuwendung zum Thema, weil mit dem Verständnis eine gewisse Rekonstruktion unseres Denkens, unseres Menschseins, ja vielleicht unseres Körpers einhergeht. Max Kappeler beschreibt diesen Werdegang in dem genannten Werk, *Die sieben Synonyme …* S. 167–184, und unterscheidet vier Stufen, die sich nur in der dort gegebenen Reihenfolge entwickeln können: die Begriffsbildung, die Tonalitätsbildung, die Bewußtseinsbildung, die Seinsbildung.

Das Wort (Gemüt Geist Seele)

Es stellt sich bei allen strukturierten Darstellungen die Frage, wie man einen Sachverhalt darlegen möchte. Bei den Synonymen ließen sich wahllos alle möglichen Ideen[20] auflisten, wie sie dem Betrachter unterkommen, aber das ist von geringem didaktischen Nutzen. Das bereits erwähnte Ordnungsschema Kappelers in seinem Buch *Die sieben Synonyme für* GOTT (S. 235 ff.) verknüpft die Synonyme mit den beiden weiteren Großkategorien der Christlichen Wissenschaft, von denen aber bisher noch

---

dargestellt in Max Kappeler *Die sieben Synonyme für* GOTT (Zürich 1983), S. 31–96. Im gleichen Buch, S. 235–280, stellt Kappeler ein Ordnungsschema für die Ideen der Synonyme vor, das aber als Anfangslektüre weniger empfehlenswert ist, weil es weitere Kategorienkenntnisse voraussetzt. Statt dessen empfiehlt sich von Kappeler der *Leitfaden für das Studium der Christlichen Wissenschaft* (Zürich 1949 und 1985), die sieben Bände GEMÜT, GEIST, bis LIEBE.

20 Nochmals: Eine Idee in der Christlichen Wissenschaft darf nicht mit unseren mentalen Einfällen verwechselt werden. Im Lauf unserer Darlegungen wird der Begriff an Klarheit gewinnen.

nicht die Rede war. Ich glaube, es ist ohne übertriebenen Aufwand möglich und dem interessierten Leser zumutbar, wenn die Ideen der Synonyme nach den Kriterien einer der beiden noch ausstehenden Großkategorien geordnet und entsprechend dargeboten werden. Dadurch wächst sozusagen unter der Hand das Verständnis dieser neuen Kategorie zusammen mit der der sieben Synonyme. Und hierum geht es bei der neuen Kategorie:

Während man in bezug auf die Synonyme gern von „den sieben" spricht, geht es bei dieser neuen Kategorie um „die vier", die vier *Wirkungsweisen* GOTTES, deren erste das WORT ist. Es folgen dann der CHRISTUS, CHRISTUSTUM und WISSENSCHAFT. Gemäß der hier befolgten Didaktik werden die letzten drei Wirkungsweisen zusammen mit ihren Ideen und weiteren Besonderheiten, den Synonym*ordnungen*, aber erst an geeigneter und benötigter Stelle eingeführt und genauer ausgeführt werden.[21]

Die Synonyme, wie M. B. Eddy sie in Beantwortung der Frage „Was ist GOTT?" einführt (s. o.), stellen die sogenannte WORT-Ordnung dar.[22] Die Grundbedeutung von „WORT" – dem biblischen „Wort Gottes" entlehnt – ist immer die Darlegung dessen, was GOTT *ist*, seine Natur, sein Wesen, sein Einssein. Und das erschließt sich durch die in der WORT-Ordnung gegebene Reihenfolge der Synonyme mit ihren Ideen.

---

21 Diese Arbeit hat Max Kappeler in seinen Werken an mehreren Stellen detailliert und tiefschürfend geleistet. Hier kann nur ein sehr kleiner Ausschnitt geboten werden, der lediglich die Tür aufstoßen soll. Besonders lesenswert ist das Kapitel „Die vier fundamentalen Ordnungen der Synonyme für GOTT" in *Die sieben Synonyme für GOTT*, S. 185–233, und das Kapitel „Die vier Wirkungsarten des Seins" in *Die vier geistigen Bewusstseinsebenen* (Zürich 1991), S. 109–142, und im selben Werk: „Die vier Synonymordnungen", S. 216–237. Meine Darstellung fußt auf den dortigen Darlegungen, die ich für unsere Zwecke z. T. neu kombiniere.

22 Bis auf die WISSENSCHAFTS-Ordnung erscheinen die ersten drei in M. B. Eddys Lehrbuch. Ihre grundlegende Stellung und Funktion in der Christlichen Wissenschaft wurde von John W. Doorly herausgearbeitet, der auch die vierte Ordnung „entdeckte", obwohl sie nicht bei M. B. Eddy explizit erscheint. Kappelers *Die sieben Synonyme für GOTT* enthält hierzu ein instruktives Kapitel, S. 185–233. Zur Geschichte der Entdeckung der WISSENSCHAFTS-Ordnung siehe dort, S. 225 f.

Wie bereits gezeigt, beginnt M. B. Eddy ihre Antwort mit vier Eigenschaftswörtern (im englischen Original), die den grundlegenden Existenztyp klarstellen sollen und für ein zutreffendes Verständnis auch müssen. Zunächst sind alle Synonyme *unkörperlich*, d. h., wir verfehlen den Sinn der Aussage vollständig, wenn wir materielle, physikalische Attribute in das Verständnis einbeziehen. Das zweite Adjektiv bewahrt uns vor einem dramatischen Mißverständnis, wenn wir nämlich glaubten, daß, wenn die Synonyme in ihrer Bedeutung nicht materiell-physikalisch sind, sie daher menschlich-mental seien. Nein, sie sind *göttlich*, d. h. in keiner Weise vom Menschen geboren oder hervorgebracht. Die Synonyme gehen also nie vom Menschen aus, können aber sehr wohl zu ihm kommen. Als drittes heißt es, sie seien *allerhaben*: Sie stehen über allem; sie können durch nichts in der Welt, vor allem nicht durch die Menschen, verändert, beeinträchtigt, verzerrt, mißbraucht, manipuliert oder gar abgeschafft werden, so wie zwei und nochmals zwei Atombomben nur die in Granit gehauene, nicht aber die außermaterielle Gleichung $2 + 2 = 4$ zerstören können. Im Gegenteil, es wären immer noch vier Atombomben. In der Macht der Menschen liegt es allenfalls, das Zu-ihm-Kommen der Synonyme zeitweise zu erschweren oder – wenn sein Verständnis ungetrübt bleibt – zu erleichtern. Schließlich heißt es, die Synonyme seien *unendlich*. Man denkt gern an ganz, ganz kleine oder große Zahlen oder Dimensionen, aber „unendlich" bezieht sich auf die schlicht unbegrenzte und unbegrenzbare Verfügbarkeit, Präsenz, Häufigkeit der Synonyme und ihrer Ideen, aber auch auf ihre unendliche Vielfalt, ihre sich nie erschöpfende situative Anpassungsfähigkeit. Sie erschöpfen sich, so wie Pünktlichkeit oder die Zahl π, auch bei intensivster Nutzung, nie und sind schlechterdings an jedem denkbaren Ort und unter allen nur denkbaren Umständen erlebbar; sie bestehen und wirken raum- und zeitlos ewig; sie sind Alles (= der ganze, der eine GOTT, die sieben Synonyme) in allem (= in jeder Idee, jedem geistigen Detail). So lesen wir es bei M. B. Eddy: Alles-in-allem.[23]

---

23 Systemisch korrekt und M. B. Eddys Großschreibung adaptierend (All-in-all) müßte es strenggenommen „ALLES-in-allem" heißen. Auch in unserer materiellen Welt kennen wir ein solches Prinzip (die Christliche Wissen-

Wenn im folgenden die Synonyme zunächst in der WORT-Ordnung durchgesprochen werden, so soll den Leser nicht eine kompakte tabellarische Häufung von Ideen „erschlagen". Ich werde mich bemühen, eine gewisse Dosierung dadurch zu erreichen, daß immer wieder systembezogene Einschübe den Informationsfluß unterbrechen und dadurch das System der Christlichen Wissenschaft nach und nach vertieft und erweitert wird. In den vier Wirkungsweisen, die unserer Synonymdarstellung zugrunde liegen, verfließen die Ideen z. T. ineinander, so daß eine klare Zuordnung einzelner Ideen bisweilen nur schwer möglich ist und Überschneidungen daher vorkommen.

Da Ideen als Elemente der Synonyme Unterbedeutungen oder Nuancierungen der göttlichen Synonyme darstellen, sollen sie in dieser Systematik typographisch hervorgehoben werden. KAPITÄLCHEN und *Kursivschrift* werden bereits anderweitig benutzt, so daß **Fettdruck** bei jeder Neueinführung einer Idee, gelegentlich auch bei einer Wiederholung, verwendet wird.

GEMÜT

Ein Wort, das heute nur noch in bestimmten Wendungen gebraucht wird, „ein sonniges Gemüt", „gemütlich", das aber noch im 19. Jahrhundert ein Sammelbegriff für geistige Kräfte und Zustände war und das Schöpferische, Intelligente, Vernünftige betonte. Die deutsche Übersetzung des Lehrbuchs hat dieses Wort für englisch „Mind" gewählt, wobei man wissen muß, daß „mind" im Englischen absolut geläufig und alltäglich ist.

Wir unterscheiden zwei grundätzliche Sichtweisen bei allen Synonymbetrachtungen: einmal die Sicht gewissermaßen von oben, von GOTT aus (A), sodann die von unten, vom menschlichen Bewußtsein aus, wenn

---

schaft spricht eher von einer Widerspiegelung im Materiellen), etwa beim Vorhandensein des genetischen Codes in jeder Zelle des Organismus, oder in der Holographie, wo das komplette Hologramm aus jedem beliebigen Bruchstück wiedererstellt werden kann, oder beim sogenannten „Mandelbrotbaum", in dem jedes Detail mit dem Ganzen „selbstgleich" ist.

es die göttlichen Tatsachen einläßt (B). Diese getrennten Sichtweisen führen zum Teil zu sehr unterschiedlichen Ergebnissen, sind aber für ein Verständnis der Christlichen Wissenschaft unerläßlich.

(A) GEMÜT[24] ist zuallererst das **eine ALL-GEMÜT**, das seiner Natur nach **intelligent** ist und allem als **Basis** zugrunde liegt. Es hat zur Verwirklichung seiner **Intelligenz** auch alle **Macht** und natürlich den **göttlichen Willen** dazu. Da alles von ihm **ausgeht**, ist es **all-wissend, all-begreifend, all-sehend** und **all-tätig**. Im Reich der Ideen ist es somit Alles-in-allem.

(B) Während gemäß der vier Adjektive vor den Synonymen, s. o. S. 79, der Akzent zuerst auf dem ewigen Sein des Synonyms liegt, erscheint dem menschlichen Bewußtsein dieses Sein eher als ein Werden. GEMÜT tritt nun als **Schöpfer** auf, das alles in **Ideen erschafft**, **formt**, **bildet** und **erhält**. Es ist der **schöpferische Impuls**, der immer einen **Ausfluß** hat und sich in unendlicher Vielfalt **neu darlegt** in **Fähigkeiten** und **Tätigkeiten**.

Dieser Ausfluß erreicht den Menschen, indem er sich vom Göttlichen zum Menschlichen hin übersetzt. Er zeigt sich als **Inspiration, Erleuchtung**, die sozusagen Licht in die Dunkelheit bringt und zur **Erkenntnis** von Ideen führt. Der Ausfluß stellt sich als **Einfluß** des GEMÜTS dar, das sich als **Weisheit** zeigt, die durch die göttliche Intelligenz und Allwissenheit fehlerfrei ist und uns somit **unfehlbar führt, lenkt, leitet** und **unterstützt**.

GEIST

In unserer alltäglichen Umgangssprache fragen wir oft, woraus dieses oder jenes besteht; wir fragen nach dem spezifischen Material bei bestimmten materiellen Gegenständen, aber auch bei weniger materiellen Dingen wie Musikstücken, Texten oder künstlerischen Formen. Wenn wir nach dem „Material" von Gedanken fragen, befinden wir uns im immateriellen Bereich der Mentalität. Die Christliche Wissenschaft geht einen großen

---

24 Für eine größere Differenziertheit und Vollständigkeit vgl. Kappeler *Die sieben Synonyme für* GOTT, S. 250 ff., 41 ff. und 189 ff.

Schritt weiter, verläßt (zeitweise) unsere Mentalität vollends und betritt den Bereich nicht des menschlichen Geistes, sondern des göttlichen GEISTES.

(A) GEIST[25] ist aus göttlicher Sicht das **Einzige**, das es gibt, also die einzige **Substanz** und damit die einzige **Wirklichkeit**. Somit ist die **Natur** aller von GOTT geschaffenen Dinge, der Ideen, geistig. Auf dieser Ebene kann die Wirklichkeit – da sie ja die einzige ist und da somit schlechterdings alles letztlich darauf bezogen sein muß – nur *eine* grundsätzliche Beschaffenheit haben: Sie kann nur konstruktiv sein (vgl. oben S. 31). Aus der göttlichen Sichtweise ist dies einfach das So-Sein; wir Menschen würden dieses So-Sein als „gut" bezeichnen, wodurch **das Gute** eine Idee von GEIST ist.

(B) Betrachten wir diese Ideen nicht mehr vom absoluten, dem Ewigkeitsstandpunkt, sondern vom menschlichen Standpunkt, der GEIST mit **Verständnis**, das er von GEIST erhalten hat, ansieht, der aber das Moment der Zeit in sich schließt, so erscheinen alle Ideen als **Gleichnis** des GEISTES, die sich in perfekter **Ordnung entfalten** und **entwickeln** und immer GEIST **widerspiegeln**. Was bei GEMÜT geschaffen wurde, wird nun **hervor-** oder **zur Geburt gebracht**.

In welcher Form übersetzt das Verständnis diese Ideen zum Menschen? Es ist das genuin **Positive**, das nicht durch eine menschliche Willensentscheidung als positives Denken herbeigeführt wird, sondern das geistig **greifbar** zu uns kommt. Die Einzigkeit der geistigen Wirklichkeit bewirkt in unserem Denken eine selbstverständliche **Reinheit**, die alle ungeistigen Elemente fernhält. Diese Reinheit ist zugleich unsere geistige **Stärke**, die uns gegen das Eindringen materieller Verunreinigungen wappnet. Dadurch sind und bleiben wir im Besitz **geistiger Eigenschaften**, die ihre **Früchte tragen**, indem sich die Idee der Entfaltung als **Fortschritt** und geistiger **Erfolg** niederschlägt (vgl. oben S. 21 f.).

---

25 Vgl. wieder das zuletzt genannte Werk, S. 256 ff., 49 ff. und 189 ff.

Seele

Als erstes denken wir wieder daran, daß es nicht um meine, deine oder sonst jemandes Seele geht, die in unseren Körpern wohnt, sondern daß unumgrenzte geistige Existenz vorliegt, womit Seele vollständig aus jeder umfriedeten Lokalität herausgehoben wird. Da inzwischen durch die vorhergehenden zwei Schritte die von Gemüt geschaffenen Ideen, durch Geist von materiellen Elementen gereinigt, als einzige Wirklichkeit vor unserem geistigen Auge stehen, haben sie sich zu ihrer endgültigen, klaren und eindeutigen Beschaffenheit herausge„putzt". In unserem Bewußtsein sind sie nun das, was sie aus göttlicher Sicht immer waren.

(A) Seele[26] sagt von sich, daß sie mitsamt Ideen immer und nur mit dem **göttlichen Ego** identisch ist. Also ist **Identität** oder **Selbstgleichheit**, die durch nichts wie auch immer berührt, verändert oder verfälscht werden kann, die überragende Idee von Seele. Die Bibel umschreibt diese Beschaffenheit mit „Ich bin, der ich bin" (2 Mos 3,14), d. h.: Ich bin nicht so, wie ihr Menschen in euren Phantasien glaubt, ich sei. Diese Unberührbarkeit macht auch unmittelbar einsichtig, daß **Unveränderlichkeit, Unverletzlichkeit** sowie **Unsterblichkeit** (denn Seele wird auch von der Zeit nicht berührt) Ideen von Seele sind. Des weiteren gehört auch **Sündlosigkeit** in diese Ideengruppe, weil fest umrissene, also göttlich identifizierte Ideen nie etwas Ungöttliches, also Sündiges, in sich tragen können.

(B) Für das menschliche Erkennen wird nun klar, daß Gott als göttliches Ego, als Seele, **nie ‚in' etwas** (also auch nicht im Körper) sein kann, weil Seele **unbegrenzt** ist, unbegrenzt in ihrer Existenz und **Kapazität**, die fähig ist, alles Gott Zugehörige zu **bewahren**, so daß **nie** etwas Geistiges **untergehen** oder **verlorengehen** kann. Die **Regeln** der Seele besagen daher, daß die Identität von Seele dadurch im **Gleichgewicht** bleibt, „daß ihr nichts genommen werden kann und daß ihr auch nichts hinzugefügt werden muß" (*Synonyme ...* S. 260). Durch dieses Gleichgewicht **reguliert sich** Seele selbst, **reproduziert sich** aber auch in alle geistigen Erscheinungsformen hinein. Die Bibel drückt es so aus: Ein

---

26 Vgl. *Die sieben Synonyme für Gott*, S. 260 ff, 54 ff. und 189 ff.

jeglicher fruchtbarer Baum „**habe seinen eigenen Samen bei sich selbst**" (1 Mos 1,11), was in der christlich-wissenschaftlichen Sprache bedeutet: „Durch das **Identitäts-Prinzip übersetzt** SEELE das PRINZIP des Seins zu jeder spezifischen Idee, so daß jede Idee ein **Vertreter** des Seins ist" (S. 260). Dadurch wird alles mit der göttlichen Natur **identifiziert**.

Die Erkenntnis des Seins in seinem SEELE-Aspekt bleibt für den Menschen nicht ohne Folgen. Bei GEIST führte Verständnis zur Reinheit des Bewußtseins, d. h. zum Ausschluß materieller Elemente; jetzt bei SEELE bewegt sich das Verständnis rein „innergeistig", indem es uns befähigt, unsererseits richtig, d. h. göttlich-geistig, zu **identifizieren**, **göttlich** zu **bezeugen**. So entsteht jetzt **geistiges Verständnis** oder **geistiger Sinn** oder der **SEELEN-Sinn** (der gerade nichts mit unserer Sinnen-Wahrnehmung zu tun hat). Auch uns selbst können wir nun durch den SEELEN-Sinn richtig identifizieren; wir sehen unsere **wahre Selbstheit**, unsere **göttliche Bestimmung**, unsere eigentliche Identität als geistige Existenz. Unser wahres Ich völlig **unkörperlich**, nur im Rahmen der Ideen der Synonyme zu sehen, verleiht auch uns, was SEELE ausmacht: **Sicherheit** vor Verletzung, **Stabilität** gegen falsche Einflüsse, **Freiheit** von materieller Gebundenheit, **Freude** und **Glück**, weil nichts anderes sich zu uns übersetzt als die genau identifizierten Ideen des PRINZIPS, die in ausschließlicher Konstruktivität keine Unzufriedenheit, keine Trauer, kein Unglück enthalten können.

Der erste Schöpfungsbericht *(GEMÜT GEIST SEELE)*

Wir unterbrechen für einen Augenblick die Darstellung der Synonymideen und befassen uns kurz mit den beiden Sichtweisen, von „oben" und von „unten", die wir bei den ersten drei Synonymen jeweils unter (A) und (B) praktiziert haben. Wir stellen uns einen Lehrgegenstand vor, den der Lehrer seinen Schülern vermitteln soll, die Arithmetik oder eine Fremdsprache. Für den Lehrer liegt das komplette Gebiet in seiner Systematik mit allen Gesetzen und Regeln sozusagen allgegenwärtig vor; er könnte an jeder beliebigen Stelle ansetzen und den Unterricht damit füllen; er würde dann sein Gebiet *darlegen*. Eine solche Darlegung würde aber seinen Schülern nicht helfen, den Sachverhalt zu verstehen, weil eine bestimmte didaktische Reihenfolge nötig ist, die vom voraussetzungsfreien Anfangszustand ausgeht und Schritt für Schritt, Stufe um Stufe, den Inhalt auf den jeweils vorhergehenden Stufen aufbaut. So könnte der Mathematiklehrer zuerst die Zahlenziffern von 1 bis 10 durch einfaches Abzählen einführen, so daß die Schüler die Zahlenreihe lernen. Im nächsten Schritt ließen sich Mengen mit den Zahlen verbinden. Darauf könnte – nach Loslösung aus der starren Reihe – die unterschiedliche Funktion einer Ziffer verstanden werden, je nachdem, ob sie an erster oder zweiter oder dritter Position in der Zahl steht, wodurch größere Zahlen gebildet werden. Schließlich lernt der Schüler die Grundrechenarten. In der Fremdsprache muß im Grundsatz ähnlich verfahren werden: Laute, Wörter, Wortflexionen, Wortfolge im Satz, Syntax usw. Was uns hierbei wichtig ist, ist der Erscheinungsmodus für den Schüler. Für ihn *entsteht* das Gebiet der Arithmetik, der Fremdsprache, es ist in seinem Bewußtsein ein *Schöpfungs*vorgang, den er erlebt. Für den Schüler ist Zeit durch die Stufenfolge eine integrale Notwendigkeit, für den Lehrer lediglich ein vom Beruf erzwungenes Element seiner didaktischen Strategie.

Es ist dieser Unterschied, der die Sichtweise von „oben" (Lehrer) und von „unten" (Schüler) ausmacht. M. B. Eddy macht diesen Unterschied, wenn sie die Ideen „von oben" als „Zahlen[27] der Unendlichkeit" (*W & G* 520) bezeichnet, denn dort gibt es keinen Begriff von Zeit. Die Sichtweise „von unten", das Erscheinungsbild der Ideen, wenn sie in geordneter, gewissermaßen didaktischer, Reihenfolge auftreten, nennt M. B. Eddy die *sieben Tage* (*W & G* 520). Diese Tage sind Schritte oder Stufen, wie sie in der Bibel im ersten Buch Mose, erstes Kapitel, verwendet werden.

Dieser sogenannte erste Schöpfungsbericht (denn die Garten-Eden-Geschichte mit Adam und Eva ist bereits der zweite Schöpfungsbericht) hat für die Christliche Wissenschaft absolut fundamentale Bedeutung; M. B. Eddy nannte ihn das „Saatbeet" der Bibel, weil darin im Keim die

---

27 Das englische Wort „numerals" meint eher die Ziffern, aus denen Zahlen bestehen. Das weist auf die Kombinierbarkeit, das gegenseitige Sich-Widerspiegeln der Ideen hin.

ganze Struktur und Aussage der Bibel enthalten ist.[28] Was M. B. Eddy in bezug auf das Verständnis dieses ersten Schöpfungsberichts für uns getan hat, ist kaum abzusehen, denn sie zeigt uns die ausnahmslos *symbolische* Bedeutung dieses Berichts. Und über diese Symbolik kam sie auch zu den uns bekannten sieben Synonymen, die wir gerade im Begriff sind zu besprechen. An dieser Stelle kann nur das Allernotwendigste gesagt werden, inwiefern die sieben Schöpfungstage den sieben Synonymen der WORT-Ordnung entsprechen, aber eine Vertiefung dieses Sachverhalts ist so empfehlenswert, daß ich hier die nötigen Literaturangaben nicht als Fußnote mache: Max Kappeler et. al. *Leitfaden für das Studium der Christlichen Wissenschaft Nr. 2, Die sieben Schöpfungstage* (Zürich 1976); *Die Wissenschaft der Bibel, Das erste Buch Mose* (Zürich 1950 & 1993); John W. Doorly *Talks On The Science Of The Bible; vol. I, The True And False Records Of Creation* (London 1947, as single volume 1957); und natürlich das Kapitel „Genesis" in M. B. Eddys Lehrbuch, *Wissenschaft und Gesundheit*, S. 501–557.

Durch die Erkenntnis der symbolischen Bedeutung der Schöpfung hat M. B. Eddy endlich die Welt von den leidigen Diskussionen der Theologen, Sektierer, Wissenschaftler und Kreationisten befreit, die entweder fest darauf beharren, daß die Welt so und nicht anders erschaffen wurde, wobei sie natürlich immer an das materielle Universum denken, dabei aber auf unüberwindliche Hürden stoßen in Form der Evolutionisten, die eine allmähliche Entwicklung und Veränderung der Lebensformen konstatieren und belegen. Andere Köpfe halten den Schöpfungsbericht lediglich für eine nette Mythe, die uns überhaupt nichts lehrt, weil die darin genannten Fakten so offensichtlich unzutreffend sind. Auch sie haben dabei eine Erschaffung des materiellen Universums im Sinn und verfallen daher in das andere Extrem der gänzlichen Ablehnung. Durch M. B. Eddy wissen wir, daß die Schöpfungstage den menschlichen (Schüler-)Blickwinkel der in Stufen geordneten Darlegung des

---

28 Ein immenses Gebiet, in dem John W. Doorly Pionierarbeit geleistet hat. Er befasst sich mit diesem Thema in *God And Science* (London 1949), in *Talks On The Science Of The Bible, Vol. I–IX* (London 1947–50), in *Talks At The Oxford Summer School* (London 1948–50). Max Kappelers *Die Wissenschaft der Bibel, Bd. 1–5* (London/Zürich 1950/51) und *Die Kleinen Propheten* (London 1962, Zürich 1980) behandeln gleichfalls dieses Thema.

geistigen Seins, oder biblisch gesagt, des Reiches GOTTES darstellen. Wir sind jetzt hinreichend vorbereitet, die ersten drei biblischen Schöpfungstage der Seinsdarlegung, die uns als eine Schöpfung erscheinen, in unser Verständnis aufzunehmen; dabei setzen wir in dieser Rubrik für eine klare Orientierung bei allen Synonymen den Buchstaben (C) vor die Ausführung und wiederholen (da, wo es sinnvoll ist) schon unter (A) und (B) genannte Ideen.[29]

Gemüt

(C) Der kurze Satz „Es werde Licht!" stellt natürlich nicht nur uns vor das Kuriosum, daß Licht vor der Erschaffung der Sonne (4. Tag) entstanden sein soll. Die Schreiber dieser Textstelle wußten das selbstverständlich auch. Wir können diese Aussage nur als deutlichen Wink auffassen, daß eben kein optisches Phänomen gemeint war und daß wir diesen Wink auch auf die folgenden Tage ausdehnen sollten. Die Symbolik ist gar nicht schwer: Wenn (uns) ein **Licht** aufgeht, wird alles **erleuchtet**, wir gewinnen **Erkenntnis**, wir haben die richtige **Idee** erfaßt, Dinge (Ideen) und **Formen** werden **sichtbar**; alles ist in Licht gebadet (**Alles-in-allem**), wir werden **all-sehend** und können mit **Intelligenz Fähigkeiten** einsetzen und **Tätigkeiten** möglich machen. Dieser Tag ist damit eindeutig der *erste* Tag, das erste Synonym mit seinen Ideen, mit dem immer begonnen werden muß, sei es bei einer schöpferischen Aufgabe, sei es bei einem zu lösenden Problem, ja eigentlich bei allem.

Geist

(C) Die biblischen Schreiber benutzten bei ihren Symbolisierungen Auffassungen von der Welt, an die man damals glaubte, die aber nach heutigem Kenntnisstand nicht stimmen. Das ist aber für uns völlig unerheblich, weil ja die symbolische Aussage zählt. Wissen wir, wie spätere Generatio-

---

[29] Meine Ausführungen lehnen sich hier verstärkt an Max Kappelers *Leitfaden Nr. 2, Die sieben Schöpfungstage*, an.

nen unsere klugen Auffassungen von der Welt einmal belächeln werden? Daß über der als festes Gewölbe gedachten und mit Sternen bestückten Himmelskuppel Wasser vorkommt, das auf die flache Erde regnet, und daß unter dem Totenreich wiederum Wasser vorhanden ist, darf uns als „Faktum" nicht stören; es geht um die Symbolik des Himmelsgewölbes, des Fimaments, der Feste. „Es werde eine Feste zwischen den Wassern, die da scheide zwischen den Wassern" (1 Mos 1,6). Es soll **getrennt**, eine **Scheidelinie** errichtet werden. Die Wasser oben sind die göttlichen Ideen, die Wasser unten die menschlichen Gedanken. Nur unter dieser Trennung gelangen wir zur **Reinheit** der geistigen Existenz, die ja die **einzige Wirklichkeit** ist. Und die **Feste** ist der feste Standpunkt, die **Stärke**, die uns vor einer Vermischung der nur für den Menschen existierenden Gegensätze bewahrt. „Das Firmament symbolisiert wahre Trennung, die Trennung vom Guten und Bösen, vom Wahren und Unwahren, vom Positiven und Negativen, von Irrtum und WAHRHEIT, von GEIST und Materie, vom Wichtigen und Unwichtigen, vom Dringlichen und Nebensächlichen usw." (*Leitfaden Nr. 2*, S. 14). Der zweite Schöpfungstag symbolisiert die Aufhebung des Dualismus; es bleibt die eine wahre **Substanz**, und wie auch der technische Fortschritt nur undualistisch möglich ist, so gibt es **Entfaltung** und **Fortschritt** nur bei klarer Trennung der vermeintlichen Gegensätze. Dieser zweite Tag setzt den ersten voraus, die Reihenfolge ist nicht beliebig. Trennen läßt sich erst, wenn etwas vorliegt. Hier sind es die Ideen, die das erleuchtete Bewußtsein erschaut hat und die allein es sich erhalten möchte.

SEELE

(C) Wir sahen am ersten Tag, daß das Licht hereinbricht und wir eine Eingebung erhalten, einen Geistesblitz sozusagen, der aber noch wenig ausgeprägt sein kann. Am zweiten Tag entfernen wir durch verständnisvolle Trennung alle wesensfremden Elemente, so daß die Ideen immer mehr an Reinheit gewinnen. Am dritten Tag soll sich das unter dem Himmel befindliche Wasser (also die Ideen) an besondere Orte sammeln, daß man das Trockene sehe (1 Mos 1,9). Es soll sich also kein Meer bilden, sondern das Trockene soll erscheinen. Das ist – so Max Kappeler, *Leitfaden* S. 17 – der Schlüssel zum Verständnis: Das **Trockene** sind die „absoluten Formationen" (*W & G* 507), die, nachdem die Wasser unter dem Himmel, die göttlichen Gedanken, gesammelt und entfaltet worden sind, ihre fest umrissene Gestalt, d. h. ihre **Identität** angenommen haben. Damit haben wir die Hauptidee von Seele. Jetzt stehen wir auf „sicherem Boden …, nicht mehr auf dem verwässerten Grund, sondern auf dem Trockenen" (*Leitfaden*, S. 18). Wichtig dabei ist die Art der Entstehung der Identität: Nicht wir verleihen sie irgendeiner Person oder Sache, sondern sie ergibt sich aus den beiden vorhergehenden Tagen. Sie geschieht einfach, wenn wir uns den Synonymideen zuwenden und sie von falschen Einflüssen frei halten. Dieser Aspekt ist bei der Methode der Problemlösung und Krankheitsbehandlung das A und O (s. u. S. 202 f.), leicht zu verstehen, aber äußerst schwierig zu befolgen. M. B. Eddy betont das immer wieder in all ihren Werken. „Was auch immer das Problem sein mag, das uns beschäftigt, das Symbol des dritten Tages lehrt, daß die Lösung klar erscheinen wird und daß sie gesichert ist" (*Leitfaden*, S. 19). Mit der Identität ergeben sich zwanglos die weiteren Ideen, wie sie unter dem Synonym Seele gezeigt wurden. So **identifizieren** wir **richtig** durch **geistiges Verständnis** und weichen nicht mehr von den Ideen ab, d. h. wir praktizieren die **Sündlosigkeit** von Seele. Ein weiterer Aspekt dieses dritten Tages sind das von der (trockenen!) Erde hervorgebrachte Gras, das Kraut und die Bäume, von denen jeder „ein jeglicher nach seiner Art Frucht trage und habe seinen eigenen Samen bei sich selbst" (1 Mos 1,11). Hier erkennen wir die Idee der **Reproduktion** und der **Unsterblichkeit** von Seele.

Die Drittplazierung dieses Tages leuchtet unmittelbar ein. Es läßt sich keine eindeutige Identität oder **Benennung** oder **Bestimmtheit** von was auch immer erzielen, solange dieses Etwas nicht wenigstens im Groben vorliegt und von verfälschenden Fremdbestandteilen gesäubert ist.

Das Wort (Prinzip)[30]

Unter GEMÜT, GEIST und SEELE sowie bei den ersten drei Schöpfungstagen beobachteten wir, wie die einzelnen Ideen zunächst ohne exakte Umrisse in Erscheinung traten, von den Verunreinigungen, die unser Bewußtsein an sie geheftet hatte, gereinigt wurden, um sich schließlich in ihrer ganzen Identität zu formieren. Die Rede war immer nur von den einzelnen Ideen und ihrer besonderen Eigenschaft. Aber die möglicherweise aufgekommene Vorstellung von einer vagabundierenden Einzelexistenz wird nun durch PRINZIP, das vierte Synonym, korrigiert.

(A) PRINZIP als das **unendlich Eine** umschließt somit alles im geistigen Universum, es ist das **Höchste Wesen** oder die **göttliche Person**, die aber menschlich gesehen unpersönlich ist. Diese **Einheit** ist ein **unteilbares Ganzes**, das in keiner nur denkbaren Weise durch irgendwen oder etwas beeinflußt werden kann, denn es ist **absolut**. Es vereinigt die drei nachfolgenden Synonyme LEBEN, WAHRHEIT und LIEBE zu *einem*, daher auch seine Bezeichnung: **dreieiniges Prinzip**.

(B) Als das Eine sind in PRINZIP alle Ideen enthalten, oder – von der Idee aus – **alle Ideen haben dasselbe Prinzip**. M. B. Eddy konnte so den fundamentalen Satz schreiben: „**PRINZIP und seine Idee ist eins**" (*W & G* 465); sie sind **untrennbar**. Daher weiß das verständnisvolle Bewußtsein, daß sich in jeder Idee auch PRINZIP ausdrückt, denn jede Idee muß **in ihr Prinzip zurückgeführt** werden. Bei GEIST sahen wir die Qualität des „Guten"; jetzt erkennen wir wieso: Wenn alle Ideen über PRINZIP zusammengehören, stehen sie in innigster **gegenseitiger Beziehung** miteinander und bilden so ein **System**, das in unzerstörbarer **Harmonie** sich **selbst** und alles **regiert**, denn das unendlich Eine kennt nichts neben sich, das regieren könnte. So **interpretiert** es sich selbst zu uns. Das „Gute", das es verwirklicht, sein harmonisches So-Sein, bezieht sich immer auf alles, es ist das PRINZIP des *allgemeinen* Wohls und kennt keine Lieblingskinder, keine Personen, keine Fürsten, keinen Papst.

Dem Menschen erscheint PRINZIP, wenn es ihn berührt, als **gebieteri-**

---

30 Vgl. Kappeler *Die sieben Synonyme für* GOTT, S. 58 ff. und 265 ff.

sche und **unwiderlegbare Autorität**, der gegenüber kein Ausweichen oder Widersprechen möglich ist. Das sich selbst interpretierende PRINZIP belehrt den Menschen über das PRINZIP des Seins und verleiht ihm **geistige Kraft**. Und seine Regierung, die nur Harmonie kennt und daher bewirkt, stellt somit ausschließlich nur das **absolute Gute** auf, d. h. PRINZIP realisiert oder **demonstriert sich**.

(C) Nach unserem heutigen naturwissenschaftlichen Verständnis kann der vierte Schöpfungstag – wie ja auch die anderen – nur als Symbol verstanden werden. Daß – wörtlich verstanden – Sonne, Mond und Sterne zeitlich *nach* den Meeren und Landmassen der Erde entstanden sein sollen, ist dermaßen abwegig, daß ein Festhalten an dieser Schöpfung als einer materiellen Erschaffung nicht mehr diskussionsfähig ist. Das astronomische Erscheinungsbild, wie es sich unseren Vorfahren und uns mit bloßem Auge präsentiert, hat immer die Vorstellung von grandioser **Harmonie** in einem klar bestimmten **System** erzeugt, das das **Universum** regiert. Nimmt man die Symbolik weg und behält die Vorstellung von **Regierung** bei, dann entsteht daraus die Astrologie. Aber die Christliche Wissenschaft überhöht dieses Symbol des vierten Tages und verwendet es so, wie es die biblischen Schreiber verwendet haben müssen: Alle geistigen Identitäten (SEELE), im biblischen Text die Himmelskörper, unterstehen einem zentralen PRINZIP, das sie mit **geistiger Macht** regiert und das jegliche vermeintliche Eigenwilligkeit der Ideen zu einer Illusion macht. Kein Stern kann sich von dem ihn regierenden Gesetz lossagen, d. h., keine Idee läßt sich von PRINZIP trennen, weil ihre **Beziehung** die der **Einheit** ist. Wenn bei der Behandlung unserer Probleme deren Identität erscheint (dritter Tag), dann „muß man sehen, daß diese Identität nichts mit unserer Person, unserem persönlichen Verdienst zu tun hat, daß diese Idee nicht ‚unsere' Idee ist, sondern eine Idee des PRINZIPS, **unzertrennlich** von ihm und ihm allein zugetan".[31] Nicht auf unsere Person kommt es also an, sondern nur auf PRINZIP. Als Jesus mit „Guter Meister" angeredet wurde, entgegnete er: „Was heißest du mich gut? Niemand ist gut als allein Gott" (Mk 10,17,18). Und man kann hinzufügen, daß PRINZIP, das

---

31 Kappeler *Leitfaden Nr. 2 Die sieben Schöpfungstage*, S. 20.

absolute Gute, nicht zuerst an *mein* Wohl denkt (es kennt mich als Person ja nicht), sondern an das Wohl aller und auf diese Weise auch an meins. Harmonie zwischen Menschen ist weniger ein kluges Taktieren durch das Aussinnen von Lösungsstrategien, durch Nachgeben, Fordern und Kompromisse-Schließen, als vielmehr das vollständige Sich-Unterordnen unter das PRINZIP und das willige In-sich-wirken-Lassen des PRINZIPS, was nichts mit menschlichen Lehrmeinungen und Psychologien zu tun hat. So verstehen wir, was so häufig geschieht, daß mein Problem sich in dem Augenblick löst, wenn ein allgemeines Problem aufgelöst worden ist, wenn also eine **Demonstration** des PRINZIPS stattfindet.

Der Leser sollte kurz innehalten und sich klarmachen, was all dies bedeutet. Normalerweise verbreitet das Wort „Prinzip" für uns eine eher kalte Atmosphäre: Ein Prinzip setzt sich über Bedürfnisse und Bedürftigkeit hinweg und erzwingt sein Ziel, komme, was da wolle. Rein formal trifft das auch auf PRINZIP zu, aber *was* erzwingt es? Nicht eine ökonomische Wachstumsquote, nicht sklavischen Verordnungsgehorsam, nicht ritualistische Unterwerfung, nein, das **absolute**, allseitige **Gute**, atmosphärische Wärme, auch wenn wir das nicht immer sofort einsehen und wenn es unseren menschlichen Wünschen zunächst nicht entsprechen mag. Wir brauchen es – im absoluten Wissen und Vertrauen auf die Richtigkeit seines Wirkens – nur wirken zu lassen. Das Rackern und Schuften und Jagen und Schwitzen um das eigene von *uns* geplante Wohl entpuppt sich zuletzt als ein verblendeter Irrtum.

Der zweite Schöpfungsbericht (GEMÜT GEIST SEELE PRINZIP)

Wir unterbrechen die Synonymbesprechung ein letztes Mal, um die vom System her notwendige Abrundung zu ermöglichen. Der Leser mag sich verwundern: Die Schöpfungsgeschichte hat ihm bis hierher eine Welt vermittelt, die er so nicht kennt und kaum erfahren hat. So manches Mal wird er ein bedenkliches „Aber" im Sinn gehabt haben, wenn er das Gelesene mit seinen Erfahrungen vergleicht.[32] Die Bibel bietet je-

---

32 Dieses „Aber" hat Max Kappeler hervorgehoben in *Die Wissenschaft der Bibel, Das erste Buch Mose* (Zürich 1993), S. 34. Meine Ausführungen ori-

doch eine Hilfe an: Sie sagt selbst dieses „Aber" (1 Mos 2,6) und breitet darauf ein Bild von der Welt und dem Menschen aus, das uns bestens bekannt ist. Neben dem Ackerboden, den Bäumen und Tieren lesen wir von Verführung, Lüge, Scham, Heuchelei, Feindschaft, Verfluchung, Mühsal, Schweiß, Plackerei, Tod, Vertreibung, Mord und Elend. Wie – so fragt man sich – sollen zwei dermaßen unterschiedliche, ja gegensätzliche Schöpfungen in Einklang gebracht werden, oder bestehen tatsächlich zwei separate Welten? Wenn wir an unsere Dualismusdiskussion zurückdenken, können wir sicher sein, daß ganz bestimmt nicht die Welt in zwei Lager aufgespalten werden soll. Schauen wir uns einmal an, wie die beiden Schöpfungsberichte eingeleitet werden.

Beim ersten Bericht war die Erde anfangs wüst und leer und finster; es war noch kein Licht (Erleuchtung) vorhanden, nur die Wasser (ungeformte Gedanken) harrten des GEISTES Gottes (vgl. 1 Mos 1,1,2). Beim zweiten Bericht waren die Identitäten (Sträucher und Kraut, 3. Tag) zwar da, aber es bedurfte noch des Impulses von oben (… hatte noch nicht regnen lassen, vgl. 1 Mos 2,5). Und jetzt jenes „Aber": „aber ein Nebel stieg auf von der Erde und feuchtete alles Land" (2,6). Der Impuls kommt, jetzt jedoch von unten, von der Erde. Und er besteht nicht aus Regenwasser, sondern aus Nebel, der das Wachstum initiiert. Statt Licht ist es nun ein Nebel, und auch die Richtung ist nicht von oben. Die Symbolik des Nebels ist von Interesse, denn im Gegensatz zu Dunkelheit, die durch Licht komplett zum Verschwinden gebracht wird, bleibt der Nebel bei Licht bestehen. Er beeinträchtigt auch grundsätzlich nicht das Licht (die Erkenntnis), sondern das Erkennen von Formationen, Identitäten (vgl. oben S. 20 f.). Alles, was also bei Nebel wahrgenommen wird, erscheint verzerrt, verfälscht, verkehrt. Da Licht die von GOTT kommende Erkenntnis (von oben) ist, ist Nebel die vom Menschen kommende Erkenntnis (von unten). Wie wir ja bereits im Ersten Teil gesehen haben, sind Vorbehalte gegenüber unserer Sinneswahrnehmung in der Tat angebracht. Jetzt sind wir auch in der Lage zu sehen, warum der zweite Schöpfungsbericht

---

entieren sich streckenweise an denen Kappelers; vgl. op. cit. S. 31–51. Die originalen Erkenntnisse zu beiden Schöpfungsberichten finden wir bei M. B. Eddy *W & G*, Kapitel: Genesis.

dargeboten wird: Er zeigt, was passiert, wenn wir die Schöpfung, also das Sein, nicht im Lichte GOTTES, also nicht mit geistigen Erkenntnismitteln sehen, sondern von unserer trügerischen Sinnes- und Verstandesoptik her begreifen wollen. Der zweite Schöpfungsbericht zeigt somit die Grundannahmen des sterblichen Daseins mitsamt seinen Verzerrungen, Irrtümern und Illusionen. Und (oder aber) solange wir diese Zerrbilder nicht bewußt als Zerrbilder und grobe Falschheiten erkennen und einordnen, solange sind wir ihnen hilflos ausgeliefert und können uns ihrer nicht entledigen. Da der erste Schöpfungsbericht uns den absoluten, wahren Maßstab liefert für alles, das wirklich und wahr ist, wird dieser Maßstab zu einem Werkzeug, mit dem wir die Falschheiten des zweiten korrigieren und auflösen können. Und der zweite Bericht zeigt klar und unmißverständlich, *was* zu korrigieren ist. Damit werden die Darlegungen des ersten Berichts *praktisch* anwendbar, und mit dem zweiten Bericht sehen wir, worauf sie angewendet werden müssen. Da der zweite Bericht strukturell parallel zum ersten aufgebaut ist[33] und somit die Verzerrungen bzw. die vermeintlichen Gegensätze oder Gegenteile der Ideen der Synonyme enthält, werden die Ausführungen zu diesen „Gegenteilen" in der hier vorliegenden Besprechung der Synonyme – nach den zeitlosen Kernideen oder „Zahlen der Unendlichkeit" (A), den zeitgefärbten und zu den Menschen kommenden Ideen (B), den biblischen Schöpfungstagen (C) – unter der Rubrik (D) vorgenommen. Bezüglich GEMÜT, GEIST, SEELE und PRINZIP werden diese „Gegenteile" jetzt nachgetragen, die von LEBEN, WAHRHEIT und LIEBE in den folgenden Kapiteln jeweils unter dem Synonym vorgestellt.

---

33 Die Erkenntnis dieser beeindruckenden Parallelität stammt zwar von M. B. Eddy, wurde aber im Detail von John W. Doorly ausgearbeitet in *Talks On The Science Of The Bible Vol. I, The True And False Records Of Creation* (London, FBC 1957).

Gemüt[34]

(D) Der oben zitierte Vers 1 Mos 2,6 „Aber ein Nebel stieg auf von der Erde und feuchtete alles Land" stellt sich der Grundaussage des ersten Tages des ersten Berichts (Gemüt) entgegen, in der es heißt: „Es werde Licht." Der von unten kommende Nebel ist das Gegenteil des von oben kommenden Lichts. Aber die Gegenteiligkeit ist letztlich nur scheinbar, denn so wie das Licht deutlich von der Sonne kommt, so entsteht auch Nebel letztlich aus der Sonnenaktivität (Wärme, Verdunstung). Der Symbolik entkleidet, drückt dies aus, daß der Mensch in seinem Bewußtsein nicht mehr von Ideen (Licht, Erkenntnis) ausgeht, sondern des Glaubens ist, er beginne mit *eigenen* Gedanken, Überlegungen und Impulsen. Aber – eingedenk des nur *einen* Universums – dieser Schein trügt, weil auch die nebelhaften Vorgänge unserer Mentalität lediglich die durch unsere Unwissenheit und Begrenztheit verbogenen und entstellten Ausflüsse von Ideen sind. Unsere falsche Annahme geht noch weiter, indem wir überzeugt sind, daß diese verzerrten Ausflüsse reine Lauterkeiten mit Substanz und Wirklichkeit sind. Wir halten ja in unserem dualistischen Denken Dunkelheit und Kälte ebenfalls für wirkliche Substanzen.

Als ganz groben Strukturvergleich können wir uns einen Radioapparat (das menschliche Bewußtsein) vorstellen, der eine Sinfonie (Ideen) erklingen läßt. Jedoch der Apparat hat Defekte. Durch schadhafte Kabel, Wackelkontakte, Risse im Lautsprecher etc. ertönen Mißklänge, Aussetzer und Tonverzerrungen, die die Sinfonie völlig entstellen. Obwohl wir die Sinfonie nicht mehr hören können, sind doch die Mißklänge keine „Gegenwelt" zur Sinfonie mit eigengesetzlichem Ursprung; nur glauben wir fälschlicherweise, immer noch Musik zu vernehmen.

Der Nebel nun „feuchtet alles Land". Das menschliche Bewußtsein, das sehr wohl für das Einströmen göttlicher Gemüts-Ideen offen sein kann, öffnet sich aber ebenso gern oder noch lieber dem Einfluß der Annahmen

---

34 Eine geradezu spannende Darlegung der Synonymideen und ihrer „Gegenteile" hat uns M. Kappeler in einer Vortragsreihe hinterlassen, die als MP3-CDs unter der Bezeichnung *Die sieben Synonyme für* Gott, *Synonym-Kurs* Gemüt *bis* Liebe (CD A-2) vorliegt.

des „Nebels". Die Verbiegungen verdrehen nun unsere Gedanken, es gibt häufig nur wenige oder bisweilen gar keine Gebiete mehr, die nicht dieser Verkehrung unterliegen. Da uns Menschen diese Mißbildungen durch unsere Unwissenheit je nach Fall als eigene persönliche Kreativität mit Substanz und ästhetischer Anmut oder als leidvolle Krankheit erscheinen, wählte M. B. Eddy für diese Abteilung ihrer Lehre den Begriff „sterbliches Gemüt", wohl wissend, daß es natürlich nur GEMÜT gibt, das unsterblich ist, wodurch ein „sterbliches Gemüt" nur dem Anschein nach wirklich und im Grunde widersinnig ist (vgl. *W & G* 114).

Das, was uns dieses sterbliche Gemüt als existent glauben macht, ist vom Umfang her gewaltig. Das Kapitel *„Mentalistik"* (s. o. S. 52 ff.) zeigt einiges, aber die grundlegende Aussage der Christlichen Wissenschaft ist eben, daß all unsere Probleme, unsere Mißstände, Unglückszustände, Krankheiten, Beziehungsdramen und vieles mehr immer nur als mutmaßliches Böses auf das sterbliche Gemüt zurückzuführen sind und nicht auf Personen, Situationen, Orte, Zeitalter, Traditionen, Politik, Vererbung, Sterne, Magie oder dunkle Mächte. „Das Böse hat keine Wirklichkeit. Es ist weder Person, Ort noch Ding, sondern einfach eine Annahme, eine Illusion des materiellen Sinnes" (*W & G* 71).

In diesem sterblichen Gemüt herrschen Annahmen im Gegensatz zu Ideen; wir finden dort die individuellen, kollektiven und universalen sowie die bewußten und unbewußten, die größeren und daher mächtigeren und kleineren Annahmen, die Vorstellung von Intelligenz und Macht in der Materie, die Vorstellung von einer materiellen Schöpfung, von Führung durch einen persönlichen Willen oder durch zerebrale Cleverneß. Falsche Tätigkeit, sei es Über- oder Untertätigkeit, Stagnation oder Destruktivität, paart sich mit vermuteten negativen oder auch positiven Einflüssen durch andere „Gemüter"; Fähigkeiten schreibt man sich selbst zu, und die akademische Weisheit der Universitäten und Institute (d. h. durch andere Gemüter oder Personen erstellt und vermittelt) steht hoch im Kurs. Das Radio mit seinen Wackelkontakten wird heiß geliebt.

M. B. Eddy gebraucht, wenn sie von der angeblichen Macht dieses (angeblichen) sterblichen Gemüts spricht, den Begriff „animal magnetism", was etwas unglücklich mit „tierischer Magnetismus" wiedergegeben worden ist. Das hat nichts mit Tieren zu tun, sondern bezieht sich auf das Animalische, also das Nichtgeistige, auf das, was von den fünf Sinnen, den Organen, dem Gehirn stammt. „Tierischer Magnetismus" ist ein von Anton Messmer geprägter Begriff, mit dem er das merkwürdige Phänomen der mit Magneten, später ohne Magnete, übertragenen psychischen Kraft oder Energie von einem Menschen auf andere Menschen bezeichnete.

Ein „Gegenteil" in der Kategorie GEMÜT verdient an dieser Stelle unsere besondere Aufmerksamkeit, weil es unserem Verständnis so schwerfällt, es zu verstehen. Es ist das der göttlichen Intelligenz gegenüberzustehen scheinende materielle „Ding" des Gehirns, das ja biologisch unseren Körper und alle mentalen Vorgänge koordiniert und bestimmt. Ohne Gehirn – so die gängige Anschauung – kein Gemüt. Dabei müßte es richtiger lauten: Ohne GEMÜT kein Gehirn. Alles, was das Gehirn so grandios bewußt und unbewußt „richtig macht", seine Anpassung an wechselnde Umstände, seine Notfallreflexe und Speicherkapazitäten, ökonomisch in Lang- und Kurzzeitgedächtnis unterschieden, seine bemerkenswerte Intuitionskraft usw. gehen auf Aktivitäten von Zellen zurück, die irgendwoher „wissen", was zu tun ist. Das Hormon, das sie lenkt, „weiß" plötzlich, daß es ausgeschüttet werden muß; die Leber (oder was auch immer), die das Hormon herstellt, erhält vom Gehirn den „Befehl", entsprechend aktiv zu werden; und unser mentales Appetitverhalten bekommt „gesagt", jene Dinge über Hand, Mund, Speiseröhre, Magen und Darm aufnehmen zu wollen, die zur Herstellung des Hormons nötig sind. Zu glauben, dieses Gehirn arbeite ohne jeden weiteren Dirigismus aus sich heraus von selbst, kommt für mich der Vorstellung gleich, das Empfangsmodul unseres Radios sei zugleich Komponist, Dirigent und Orchester der Sinfonie. „Die Annahme, daß eine breiartige Masse unter der Hirnschale das Gemüt sei, ist ein Hohn auf die Intelligenz, eine Nachäffung des GEMÜTS" (*W & G* 192).

Geist

(D) Die Hauptidee von Geist war das Trennen des Wahren vom Falschen, des Geistigen vom Materiellen, des Guten vom Bösen, um so die einzige geistige Wirklichkeit zur Entfaltung zu bringen und das Falsche, Materielle und Böse als scheinwirklich zu entlarven. Geist verhindert also die Vermischung jener Gegensätze. Im zweiten Schöpfungsbericht geschieht an dieser Position aber gerade das: Jahwe erschafft den Menschen aus Erde (Materie) und bläst ihm den Odem des Lebens (Geist) in die Nase. Es wird vermischt, was in Wahrheit nicht vermischt werden kann. Nach Ansicht des sterblichen Gemüts wohnt dem menschlichen Gestell aus Fleisch und Knochen nun der Geist inne. Wir haben den perfekten Dualismus. Der betreffende Abschnitt in der Bibel, 1 Mos 2,7–14, nennt diesen Vorgang: „so ward der Mensch ein lebendiges Wesen" (2,7). Über Leben und den Menschen wird zwar erst in den folgenden Synonymen die Rede sein, aber es kann hier schon darauf hingewiesen werden, daß die naturwissenschaftliche Suche nach dem Beginn des Lebens und nach den chemischen Bedingungen für seine Entstehung auf diesem Planeten genau diesen Dualismus voraussetzt. Man sucht nach Leben – so heißt es –, aber in Wahrheit sucht man nach chemischen Vorgängen, so als ob es feststünde, daß Leben eine chemische Prozedur ist. Ich bin mir sicher, daß man Leben so nie wird finden können.

Ähnlich wie am ersten Tag das Licht uns lehrt, mit Licht, mit einem hellen Bewußtsein, zu beginnen und nicht mit Nebel, so lernen wir am zweiten Tag durch die Feste, die die Wasser trennt, die Gegensätze nicht zu vermischen, keinen Dualismus zu betreiben. Und die Bibel wird noch deutlicher, wenn sie von den Bäumen mitten im Garten spricht. Einer von ihnen ist der Baum der Erkenntnis des Guten und Bösen.

Dieser Baum ist ideologisch immer wieder mißbraucht worden. Den einen gilt er als Rechtfertigung für die Daseinsberechtigung des Bösen, den anderen dient er als Beweis des Dualismus, und wieder anderen gibt er einen Vorwand ab zu sagen, die Bibel tue uns nicht gut, weil wir nicht vom „Baum der Erkenntnis" essen dürfen; dabei wird dann tunlichst falsch zitiert, indem der Zusatz „des Guten und Bösen" einfach weggelassen wird. Erst im nächsten Abschnitt (über das Gegenteil von Seele) erfahren wir, was genau die Eigenart dieses Baumes ist: Der Mensch soll nicht von ihm essen, damit er nicht sterben muß (2,17). Ißt er davon, dann stirbt er. Anders ausgedrückt: Verschafft sich der Mensch die vermeintliche Kenntnis, daß das Gute und das Böse gleichermaßen wirklich seien, daß also der Dualismus auf Wirklichkeit beruhe, dann kann er sich nicht entfalten, dann bleibt er geistig stumpf, dann stirbt er ab – sozusagen. Die Warnung ist wirklich eindringlich, wenn wir sie verstehen.

Welches sind nun die „Gegenteile" von Geist, von denen wir nicht essen sollen, was entsteht aus der Vermischung, wenn Geist nicht mehr das einzige ist? Neben dem Dualismus ist es der Spiritualismus, der die Praxis jener Vermischung darstellt, indem er Geist und Materie zusammenpackt durch Vermaterialisierung des ersten und Vergeistigung des zweiten. Es ist die Vorstellung vieler Geister, dicht gefolgt vom Polytheismus und Pantheismus. Dem Guten des Geistes steht das Böse als Substanz gegenüber und natürlich die Materie und der Materialismus selbst als offensichtlich überragende, aber scheinbare Wirklichkeit. Die Reinheit des Geistes wird durch Vermischung, sein Fortschritt durch Rückschritt, die Stärke durch Schwäche, die Ordnung durch Chaos konterkariert.

Wieder schauen wir bei einem „Gegenteil" genauer hin. Es ist die Schwäche, die wir kurz kommentieren. Bei Gemüt hatten wir die Idee von Kraft, Macht im Sinne von „durchführungsfähig"; bei Geist haben wir Stärke im Sinne von „widerstandsfähig gegen falsche Einflüsse". Das Gegenteil „schwach" bedeutet demnach unter Gemüt etwas anderes als unter Geist. Bei Gemüt ist es die Unfähigkeit, aktiv zu sein, bei Geist ist es die Unfähigkeit einer Gegenwehr, eines Sich-Verwahrens gegen … Und genau dazu neigt der dualistisch Denkende. Alle möglichen Einflüsse werden gern wahrgenommen, geistige sind genauso berechtigt wie materielle, Gutes und Böses muß man gelassen sehen, Pillen heilen genausogut wie spirituelle Techniken oder Beten, Toleranz nach allen Seiten, ein fester Standpunkt kommt selten in Frage, denn – wer weiß – einerseits/andererseits, jeder hat irgendwo recht, am besten man einigt sich über einen Vergleich oder Kompromiß, mal du, mal ich, wir sind doch alle nette Leute.

Seele

(D) Der dritte Tag führte im ersten Bericht zu eindeutigen geistigen Identitäten und deren richtiger Benennung durch den geistigen oder SEELEN-Sinn. Der Mensch – wie alles im Universum – wurde geistig durch Ideen definiert, wodurch er als ein besonderes *Bewußtsein* in Erscheinung tritt (s. u. unter WAHRHEIT). Diese Tatsache nun läßt uns erkennen, daß die Definition des Menschen, wie sie der zweite Bericht vornimmt, falsch ist. Dort (1 Mos 2,15–20) heißt es, Jahwe habe den Menschen in den Garten Eden gesetzt, „daß er ihn bebaute und bewahrte" (2,15).

Wenn wir davon ausgehen, daß keine geographische Lokalität gemeint sein kann, sondern eine symbolische „Örtlichkeit", dann erschließt sich diese Symbolik recht leicht als der aus Materie (Erde) geformte *Körper* des Menschen mit seinen fünf physischen Sinnen. Statt des geistigen nimmt nun der physische Sinn die Bestimmung des Menschen vor; und diese Definition kann nur physisch, also körperlich sein. Desgleichen alle Erkenntnis, die nicht mehr durch den geistigen Sinn, sondern durch die Sinnesorgane, die Nerven, das Gehirn geleistet wird. Im ersten Teil dieses Buches sahen wir schon, wie eine Erkenntnis, die unhinterfragt auf der Sinneswahrnehmung beruht, ein falsches, d. h. in erster Linie dualistisches Bild von der Welt und dem Menschen entwirft.

Die Abkehr von der geistigen Beschaffenheit des Menschen und seine Versetzung in pure Körperlichkeit (Garten Eden) führt zu Abhängigkeit von Sinnesreizen, zu mentaler Einsamkeit und zuletzt zu innerer Leere. Der weitere Verlauf des zweiten Schöpfungsberichts zeigt diese Zusammenhänge genauso wie unsere heutigen Beobachtungen an uns selbst und unseren Zeitgenossen. Laut Abraham Meister[35] bedeutet „Eden" Wonne, Lieblichkeit. Das ist es natürlich, was uns das sterbliche Gemüt – wir denken an Werbebroschüren, Vergnügungstrends, Freizeitprospekte – vorgaukelt. Immer geht es um Buntheit, Lautstärke, Sinnesüberflutung; es führt zum Kick organisierter Gruppenabenteuerreisen, digitaler Kriegsspiele, virtueller Weltuntergänge und endet im Rausch von Drogen, Swin-

---

35 A. Meister *Biblische Namen kurz erklärt* (Neukirchen-Vluyn 1975).

gerclubs oder Las Vegas. Die Bibel hält sich in dieser Hinsicht zunächst noch etwas zurück. Das Gefühl von Alleinsein führt zu Unzufriedenheit, wenn die Sinne nicht dauernd von neuem befriedigt werden. Daher hielt es Jahwe für nötig, dem Menschen eine „Gehilfin" beizugesellen (2,18), die ihm die Einsamkeit vertreibt. Dabei haben die Ideen des dritten Tages im ersten Schöpfungsbericht „den Samen bei sich selbst" (1,12), d. h., der geistige Sinn „trägt alle wahre Befriedigung in sich selbst, und mit ihm können wir uns nie einsam und verlassen fühlen"; und weiter: „Wer den geistigen Sinn nicht pflegt und entfaltet, muß immer eine Beschäftigung und Unterhaltung, immer eine ‚Hilfe' haben. SEELE aber oder der geistige Sinn ist für uns immer eine Quelle unendlichen Reichtums" (Kappeler *Das erste Buch Mose*, S. 38).

Im letzten Vers dieses Abschnitts des Gegenteils von SEELE (2,19) geht es um die von Jahwe aus Erde gemachten Tiere, die der Mensch benennen (identifizieren) soll. Aus dem ersten Bericht wissen wir, daß nur SEELE (s. o. S. 89) durch geistiges Verständnis und mittels Ideen richtig benennt. Jetzt soll der körperliche Adam die Identifizierung willkürlich vornehmen dürfen. Und das tut er aus seinem dualistischen Verständnis heraus ausgiebig. Alles (nicht bloß die Tiere) unterliegt nun seiner subjektiven Gut-Böse-Begrifflichkeit. Anstatt die Welt und den wahren Menschen im Lichte der reinen Ideen zu sehen, hängt er nun nach Belieben negative Qualitäten an alles, was ihn in seiner Lustgewinnung stört. Schädliche Pflanzen und Ungeziefer gehören ebenso dazu wie unbegradigte Flußverläufe oder Waldwuchs, der einer alpinen Loipe im Wege steht. Viel bedeutsamer ist aber die dualistische Benennung unserer mitmenschlichen Umwelt. Anstatt vom körperlichen Sinn unbeeindruckt nur auf das Zeugnis des geistigen Verständnisses zu vertrauen, treten jetzt die Adamspersonen auf, die wir – uns selbst als „Benenner" eingeschlossen – in Bösewichter, Feinde, miese Typen, in Depressive, Kranke und Idioten, in dicke Kumpel, Freunde und Zechgenossen einteilen. Von da ist es kein großer Schritt mehr, dem anderen alles Böse zu wünschen, ihn unter den Bann der Exkommunikation zu stellen oder ihn mental als vogelfrei zu erklären. Der in der Christlichen Wissenschaft gebräuchliche Name für diese negative Zwischenmenschlichkeit ist „Malpraxis".

Wir sollten vielleicht doch etwas genauer einen Begriff verstehen, der immer mit SEELE bzw. ihrem Gegenteil in Verbindung gebracht wird. Es ist die Sündlosigkeit von SEELE bzw. die Sündhaftigkeit des Körpers oder des körperlichen Sinnes. Die meisten Menschen denken beim Wort „Sünde" spontan an religiös getünchte Verfehlungen, wie sie gern in kirchlichem Wortgewand im Beichtstuhl oder im Konfirmandenunterricht eingeübt werden. Aber Sünde hat in der ursprünglichen Bedeutung nichts mit moralischem oder gar sexuellem Verhalten zu tun, sondern bezeichnet eher neutral das „Danebenschießen" oder „Verfehlen" eines Ziels. Hier natürlich das Ziel der Identität von SEELE. Wer also „sündigt", lebt lediglich etwas anderes als göttliche Ideen, er hat den Ideenstandard „verfehlt", bewegt sich im Reich der dualistischen Sinneswahrnehmung. Um zu sündigen, braucht der Sünder nicht nach Las Vegas zu fahren, sondern die Sünde, die mentale Falscheinsicht in die geistige Wirklichkeit, die die Person oder Institution nicht willentlich oder gar böswillig betreiben muß, macht ihn zum Sünder; allein bereits, wenn er an die Existenz eines substantiell Bösen in der Welt glaubt. Damit wäre übrigens auch die organisierte Religionsvertretung hierzulande und anderswo ein fest etabliertes Sündenzentrum. Unser Sündenbegriff des Am-Ziel-Vorbeischießens hat im übrigen nichts zu tun mit der Erbsünde oder mit dem Kirchentopos, daß wir alle Sünder seien, die reumütig bekennen müßten, die, da eventuell ungetauft, in die Hölle kommen oder denen trotz fortgesetzter Sündigkeit dennoch großmütig von Gott oder dessen Vertreter vergeben wird.

PRINZIP

(D) Wir erinnern uns an die überragende Idee von PRINZIP, System, wodurch das geistige Sein, d. h. die Gesamtheit der Ideen, harmonisch in unzerstörbarem Einssein und Einklang regiert, erhalten und demonstriert wird. Daraus ergibt sich, daß keine Idee isoliert für sich ohne Beziehung zum Ganzen agiert. Wenn wir das *wirklich* wissen und *wirklich* geschehen lassen, sind wir allerbestens aufgehoben; nichts fehlt uns; keine verderblichen Beziehungen; keine Einsamkeit; kein Verlassensein.

Aber im zweiten Schöpfungsbericht ist alles anders. Zuvor (Gegenteil von SEELE) wurde schon die Notwendigkeit einer Hilfe für den Menschen, einer „Gehilfin", festgestellt, die trotz (oder wegen) des „Wonnegartens" Eden um ihn sein sollte. Jetzt macht sich Jahwe an die eigentümliche Erschaffung dieser Gehilfin, denn unter dem Vieh, den Vögeln und den Tieren des Feldes „ward keine Gehilfin gefunden, die um ihn wäre" (2,20). All die Tiere, von denen hier die Rede ist, wurden – wie Adam auch – aus Erde gemacht (2,19). Warum wurde die Gehilfin nicht auch aus Erde gemacht, was doch für Jahwe leicht möglich gewesen sein sollte? Die Antwort, glaube ich, ergibt sich aus der Absicht, mit der der zweite Bericht geschrieben worden ist: Er soll ja als Gegenteil oder Gegensatz zum ersten Bericht fungieren, um so seine eigene Falschheit, seine Irrtümlichkeit, seine illusionäre Natur vorzuführen, die dann durch die Tatsächlichkeit des ersten Berichts korrigiert wird. Die Umstände um die Gehilfin sollen demnach symbolisch die systemische Natur von PRINZIP untergraben.

Die Darstellung des Gegenteils von PRINZIP beginnt im zweiten Bericht bei 1 Mos 2,21 und geht bis 1 Mos 3,3 (vgl. Doorly und Kappeler *False Record* & *Das erste Buch Mose*). Der Mensch wird in Schlaf versetzt, d. h., sein Bewußtsein kann keinesfalls vom Licht erleuchtet werden; er befindet sich in einem hypnotischen Traumzustand, während dessen ihm eine Rippe entnommen wird, aus der dann das Weib gebaut wird (2,21+22). Die Symbolik ist zweischichtig.

Einmal sind die Scheinwelt des sterblichen Gemüts und der Adamsmensch gleichsam ein Traum, dem Hypnotismus der sterblichen Annahmen unterworfen und damit von PRINZIP getrennt, zum anderen wird der Mensch, repräsentiert durch seinen Körper, der in sich ein System von Organen, Zellen etc. darstellt, fragmentiert, zerrissen, seiner Harmonie und seines Systemcharakters beraubt. Der Mensch hat nunmehr überhaupt nichts mehr mit dem Menschen des ersten Berichts (s. u. unter WAHRHEIT) zu tun; aus dem *einen* Menschen, dem *einen* menschlichen Bewußtsein, werden viele Menschen, wird Biologie, Zeugung und Vergänglichkeit. Der Mensch des zweiten Berichts tritt nun sein eigenes Schicksal an, weil er der Annahme nach vom *einen* regierenden PRINZIP getrennt ist; er entwickelt fortan alles, was unprinziplich ist: Er wird zum Egoisten, der zuerst an *sein* Wohl denkt; der Mitmensch wird zum Konkurrenten. Ehrgeiz, Neid und Mißgunst; persönliche Macht, Sucht nach Ruhm, Ansehen und Wichtigkeit; Wichtigtuerei, gespielte Bescheidenheit, wohlplazierte Großzügigkeit, Angeberei, Heuchelei, Willkür und Beziehungslosigkeit sowie Vereinsamung, Resignation des Alleingelassenen und unerfüllte Sehnsucht nach Beziehungsglück beherrschen weitestgehend die menschliche Gemeinschaft. In unserer Gesellschaft zeigt sich diese Systempervertierung in dem Phänomen einer *Organisation*, deren Extrem in einem kriminellen Syndikat endet: Durch einen bisweilen mörderischen Zwang werden die auseinanderstrebenden Einzelinteressen künstlich und mit sehr brüchigem Erfolg zusammengehalten. Politische Parteien und Imperien, aber auch Kirchen, Geschäftspartnerschaften und Arbeitsgruppen unterliegen oft dieser Auflösungstendenz. Die Bibel sagt von den inzwischen vorhandenen zwei Menschen, „und sie werden sein *ein* Fleisch" (2,24), nachdem sie zuvor getrennt wurden! Wir wissen, daß Einssein nur eine geistige Qualität sein kann.

Die im zweiten Bericht betriebene Aufhebung des Einsseins des Prinzips mit den Ideen führt natürlich sofort zurück zum Dualismus, worauf sich die Verse 3,1–3 mit der Versuchung durch die Schlange, Gegenspieler von Gott und somit das sterbliche Gemüt, beziehen. Dieses Gemüt insinuiert, daß Gott entweder selbst an den Dualismus glaubt oder aber des Menschen Abkehr vom Dualismus (Kenntnis des Guten *und* Bösen) gar nicht wirklich will, „sollte Gott gesagt haben: ihr sollt nicht essen …" (3,1).

Der in allen Facetten immer wieder zementierte Dualismus, in den uns das sterbliche Gemüt, die physischen Sinne, unsere Erziehung, unsere alltägliche Erfahrung und Umgebung immer wieder hineinschieben, nimmt immense Formen an. Denken wir nur an unsere akademische Einrichtung der Universität.[36]

---

36 Im folgenden Abschnitt referiere ich frei und z. T. leicht modifiziert die Ausführungen Max Kappelers aus seinen Vorträgen über die Synonyme: *Die sieben Synonyme für* Gott, *Synonym-Kurs:* Prinzip (CD A-2), Lektion XIII.

Die ursprüngliche Bedeutung von „Universität" ist „alles in sich zu einem Zentrum kehren". Doch das Gegenteil ist der Fall. Nicht *ein* Prinzip (oder PRINZIP) wird gelehrt, von dem alles andere abgeleitet wird, sondern viele Prinzipien, die keine Verbindung zueinander haben oder sich sogar widersprechen. Der Mensch ist für die Theologen ein Sünder, der die Knute braucht; für den Mediziner ist er ein körperlicher Organismus, der unversehens von Krankheit heimgesucht werden kann; für den Chemiker ist er eine Chemiefabrik, in der immer wieder Unfälle passieren; für den Physiker wird er immer weniger materiell, seine Hebelbewegungen gehen auf Kräfte von Feldern zurück; für den Soziologen ist er ein verschiebbarer Teil einer Menge; für den Juristen ist er ein schwer zu durchschauendes Schlitzohr; für den Ökonomen ist er Mittelpunkt und Agens der Wirtschaft, der durch seinen Egoismus das Rad am Laufen hält (d. i. Markt und Kapitalismus). Ein alles überdeckendes Dach fehlt, und wir werden dazu erzogen, bei unseren Lebensfragen wechselnden Prinzipien zu gehorchen. Jesus, der in praktisch allen Bereichen heilend und korrigierend tätig war, kannte immer nur *ein* PRINZIP, das er mit grandiosem Erfolg anwandte. Wir hingegen halten uns für zivilisiert, wenn wir die unüberschaubare Flut von Theorien, Lehrmeinungen, Dogmen, Glaubenssätzen, Hypothesen, Standpunkten, Thesen und Ansichten gleichermaßen hochhalten, beachten und umsetzen. Dabei bleiben die wenigsten länger als ein paar Jahre gültig, und unsere dringendsten Probleme bleiben dennoch meist ungelöst.

DAS WORT (LEBEN WAHRHEIT LIEBE)

Bei den nun zu besprechenden letzten drei Synonymen der WORT-Ordnung erscheinen bei der Darbietung der Ideen jeweils alle vier Betrachtungsaspekte bei jedem Synonym. Also beginnend mit (A) den „Zahlen der Unendlichkeit", sodann (B) die auf die Zeit und den Menschen bezogenen Ideen, darauf (C) die biblische Quelle der Schöpfungstage im ersten Schöpfungsbericht und schließlich (D) die „Vergegenteiligung" der Ideen durch den zweiten Schöpfungsbericht.

Es wurde ja bereits gesagt, daß sich dieses Buch nicht so sehr an den in der Christlichen Wissenschaft groß gewordenen Leser, auch nicht an den mit ihr vertrauten Leser wendet, sondern eher an den interessierten Anfänger, der sich an die z. T. befremdliche Neuartigkeit dieser Gedanken erst noch gewöhnen muß. Daher an dieser Stelle ein mittelgroßes Warnschild, bevor wir mit der Besprechung der Synonymideen fortfahren: Bis hierher, also bei den Synonymen GEMÜT, GEIST, SEELE und PRINZIP, war es sicherlich plausibel, den symbolischen Charakter der ersten vier Schöpfungstage einzusehen und so die durch die Symbolik versteckten Aussagen als Ideen ans Licht zu bringen. Was uns aber M. B. Eddy geschenkt hat, ist die Erkenntnis, daß auch die letzten drei Schöpfungstage erst verstanden werden können, wenn wir sie *symbolisch* auffassen. Das ist neu in der traditionellen Bibelkritik, in der Welt der gelehrten Diskussion, vor allem aber bei den Kreationisten, die ja von aller Naturwissenschaft unbeeindruckt an die materielle Richtigkeit des Schöpfungsmythos glauben. Die ganze Kontroverse des Für und Wider in bezug auf den biblischen Schöpfungsbericht beruht ja letzten Endes auf der Unfähigkeit, die so konkret-materiell erscheinenden Entstehungsvorgänge – Licht, Firmament, Land, Gestirne, Leben, Mensch, Ruhe – aus ihrem materiellen Schlaf zu erwecken und geistig-konkret werden zu lassen. Warum auch soll eine Erschaffung von Vögeln, Fischen, Gewürm, Tieren des Feldes und des Menschen (in dieser Reihenfolge) nicht so gemeint sein, wie es im Bericht steht, zumal ja die Chronologie auch nach geologischen Befunden nicht völlig abwegig ist? Ein kleiner Hinweis wird aber doch gegeben. Die Entstehung des materiellen Lebens, das wir bei Pflanzen, Tieren und dem Menschen zu beobachten glauben, wird ausdrücklich im *zweiten* Bericht (1 Mos 2,7) erläutert, wo durch das Einblasen von Odem in den Erdenkloß nicht einfach ein Mensch geformt wird, sondern: „so ward der Mensch ein lebendiges Wesen". Und nicht nur das! Auch die Chronologie wird gegenüber dem ersten Schöpfungsbericht verdreht: Nun wird erst der Mensch erschaffen und dann die Tiere! Natürlich sehen wir darin die Auffassung des sterblichen Gemüts, wie sie jahrhundertelang vorherrschte: das Knochengestell Mensch als Mittelpunkt der Welt (Anthropozentrik).

Diese Ungereimtheiten in der Aussage der beiden Berichte sind bestimmt nicht durch Fahrlässigkeit aufgenommen und erhalten worden. Die Erzählung von Adam und Eva enthält immer wieder symbolische oder diskrete Hinweise, die uns sagen: Nicht in Wirklichkeit, sondern in unserer verkehrten, unserer „vernebelten" Sichtweise verhält es sich so wie hier beschrieben! Warum nur wird in der Schule und in der Erziehung allgemein sowenig ausdrücklich darauf aufmerksam gemacht, daß *zwei* Schöpfungen in der Bibel erzählt werden, die zudem unvereinbar sind? Entweder ist deshalb alles Quatsch, oder eine von beiden (meistens die erste) fällt unter den Tisch – so die allgemeine Praxis. M. B. Eddy war wohl die erste, die ernstzunehmende Konsequenzen aus diesem Phänomen gezogen hat. Auch wenn wir uns ungemein schwer damit tun, wir müssen die Symbolik, wie wir sie in den ersten vier Tagen gesehen haben, beibehalten; wir müssen anerkennen und durch die Symbolik die Gewißheit entwickeln, daß Leben (5. Tag), der Mensch (6. Tag), die Ruhe (7. Tag) anders interpretiert werden müssen als so vordergründig präsentiert; wir müssen mit M. B. Eddy den beschwerlichen Erkenntnisweg gehen und uns darauf einlassen, daß Leben LEBEN, also geistig ist, daß Mensch in WAHRHEIT geistig ist, daß Ruhe die Vollendung in LIEBE ist.

LEBEN[37]

Ich glaube, ehrlich gesagt, daß das, was M. B. Eddy über LEBEN lehrt, indem sie die Aussagen von Jesus und Paulus metaphysisch untersucht und in einen geistigen Kontext stellt, uns viel oder zuviel abverlangt, wenn wir es nicht schaffen, uns von unseren traditionellen und angeblich allerselbstverständlichen Vorstellungen frei zu machen. Der dauernde Rückfall in die Tradition ist der eigentliche Gegner, mit dem es jeder ernsthafte Sucher, auch ich, zu tun hat. Wir denken nämlich spontan,

---

[37] Außerordentlich hilfreich im allmählichen Verstehen dieses Synonyms ist der Vortrag Max Kappelers im *Synonym-Kurs:* LEBEN (CD A-2), Lektion 16–18. Die Ideen werden hauptsächlich entnommen aus *Die sieben Synonyme für* GOTT, S. 63 ff. und 268 ff.

Leben sei das, was wir in der Fauna und Flora, in der Familie, im Kindergarten, in der Entbindungsstation, im Körper, in den Zellen und in der DNS sehen. Sicher, was wir sehen, nennen wir Leben, aber es ist nicht LEBEN, sondern nur eine entfernte und eher irreführende Auswirkung von LEBEN. Ein provisorischer Vergleich mag einen ersten Anflug von Verständnis vermitteln:

Architekten und Ingenieure können mit Hilfe mathematischer Prinzipien Brücken, Hochhäuser, Flugzeuge und Disneyländer bauen, die durch konsequente und beliebig häufige Anwendung von $2\pi r$ oder πr^2 usw. exakt den berechneten Belastungen standhalten und genau alle gewünschten Eigenschaften aufweisen. Menschen überqueren so Flüsse, arbeiten in klimatisierten Büros, reisen in alle Länder und vergnügen sich bis zur Erschöpfung. Das tun sie, das sehen sie, das fühlen sie. Die alles ermöglichenden Formeln $2\pi r$ und πr^2 sehen sie nicht. Und irgendwann werden die Brücken marode, die Hochhäuser werden abgerissen, die Flugzeuge verschrottet, Disneyland beseitigt.

Nachdem nichts mehr übriggeblieben ist, gibt es aber weiterhin, unberührt von allem Geschehen, die mathematischen Gesetze und Formeln, mit denen man neue Objekte und Projekte in aller Unendlichkeit und Beliebigkeit entstehen lassen könnte. Wäre es da so abwegig zu sagen, $2\pi r$ habe mehr Leben als der Vergnügungspark? Und $2 + 2 = 5$ oder $3\pi r$ seien völlig ohne Leben, weil damit nichts erbaut oder konstruiert werden kann? Wenn wir unseren Vergleich abwandeln und auf den allgemein üblichen Topos, Blut erhält Leben, anwenden, so müssen wir sagen: Nein, LEBEN erhält Blut, so wie $2\pi r$ die Brücke erhält und nicht umgekehrt. Liegt beispielsweise das Symptom Blutarmut vor, so würde der Mediziner sagen, der Patient könne die Fülle des Lebens nicht voll erleben wegen seiner Blutarmut. Der Christliche Wissenschaftler hingegen würde sagen, daß der Patient einen reduzierten oder verarmten Begriff von LEBEN hat, weil er nicht die Ideen von PRINZIP lebt, und er deswegen an Blutarmut leidet. Es liegt auf der Hand, daß die Therapien, die sich jeweils ergeben, völlig unterschiedlich sind.

Daß LEBEN nichts mit organischem oder biologischem Leben zu tun hat, sondern auf PRINZIP beruht, über GEMÜT, GEIST, SEELE Ideen des

PRINZIPS demonstriert, die dann schließlich auch unser Leben berühren, ist die Essenz jenes Lebens, das Jesus in seiner Eigenschaft als Repräsentant des CHRISTUS beschreibt, wenn er sagt, er sei der Weg, die Wahrheit und das Leben (Joh 14,6). Max Kappeler sagt sinngemäß: Wir haben nur dann wahres LEBEN, wenn wir auf das göttliche PRINZIP zurückgehen, und wir haben nur soviel Leben, wie wir nach diesem göttlichen PRINZIP handeln; alles andere ist nicht LEBEN, sondern nur ein illusionäres Leben. Um also viel LEBEN und damit ein reicheres Leben und Lebensfreude zu haben, sollten wir nicht die Atmung und den richtigen Blutdruck, das Wetter oder die Finanzen im Auge haben, sondern unser Verständnis von PRINZIP. Was aus diesem festen Grund fließt, Motive, Neigungen, Gedanken und Handlungen, ist und hat LEBEN. Und somit ist LEBEN geistig und nicht organisch (vgl. Kappeler *CD A-2*, XVI).

(A) Ganz im Gegensatz zu unserem körperlichen Leben ist LEBEN absolut **unzerstörbar**, wie eine richtige mathematische Rechnung **todlos**, **ewig** und **selbstbestehend**; es ist daher das göttliche **Sein**, das gegebene **Ist-Sein**, das sich **selbst erhält**. Daraus ergibt sich, anders formuliert, das **Jetzt-Sein**, die **Zeitlosigkeit** des LEBENS, seine **Allgegenwart** und **Raumlosigkeit**, sein ewiger Fortbestand. Da die durch PRINZIP demonstrierten Ideen mit PRINZIP eins sind und in unendlichen Manifestationen vorkommen, sind sie nicht getrennt oder „abgeteilt" (lat. *dividere*) von PRINZIP, wodurch sich die unendliche **Individualität** des LEBENS erklärt.

(B) Dadurch, daß die Demonstration von prinzipidentischen Ideen unendlich ist und LEBEN darstellt, daß der Schöpfer (GEMÜT) sich somit über PRINZIP in seiner Schöpfung widerspiegelt, ist LEBEN durch die Idee der **Fülle** gekennzeichnet, die in unerschöpflicher Variation **versorgt** und als **Quelle nie versiegt**, die nicht nur variiert, sondern auch **vermehrt**, wo immer nötig und angebracht. Der versorgende Aspekt von LEBEN ließ Jesus die Anrede **Vater** für GOTT wählen, ein Symbol, das unendliche Vertrauenswürdigkeit in die Möglichkeiten und Fähigkeiten dieser **Vaterschaft** ausdrückt. In seiner CHRISTUS-Funktion konnte er so sagen: „Ich bin gekommen, damit sie Leben und reiche Fülle haben" (Joh 10,10, Zürcher Bibel).

Wird der Mensch von LEBEN berührt, dann erkennt er, daß nicht er sein Leben lebt, sondern daß LEBEN **ihn lebt**. Es **versorgt** ihn mit **Inspiration**, die **spontan** unendliche **Neuheit** und **Erneuerung** enthüllt; es **erhält** ihn und demonstriert, daß die Fülle des LEBENS ihm nicht wie im Alten Testament nach Verdienst der Werke im Sinne einer kasuistischen Kontoführung zuteilt wird, sondern daß der Segen durch Ausschüttung von Ideen immer möglich ist, daß der Segen aus **Gnade**, also ohne Anrechnung vergangener Schuld, verschenkt wird. Allerdings gibt es Bedingungen, eigentlich nur eine: Wir müssen unseren Gedanken **zum Geistigen erheben**, indem wir uns **vom Materiellen abwenden**. Als der reiche Jüngling fragte, was er tun müsse, um das ewige Leben zu haben, also welchen Weg er gehen müsse, um zur Vollkommenheit zu gelangen, hieß ihn Jesus – nachdem der Jüngling die Erfüllung der Gebote zugesagt hatte –, alles zu verkaufen (= die Materialität in seinen Wünschen und Neigungen abzulegen) und ihm (= seinem Vorbild) zu folgen (vgl. Mt 19,16–22). Dieses Leben nämlich ist der **Weg des LEBENS**, die **Methode** des LEBENS; aber wie der Jüngling zeigt, ist dieser Weg schmal und beschwerlich, denn er verlangt eine **Liebe** zum Geistigen, zu GOTT, ohne Kompromisse. Es war übrigens nicht nur dieser Jüngling, der die Gefolgschaft nicht auf sich nehmen wollte, auch die meisten der Jünger Jesu – es gab deren Hunderte – verließen ihn an diesem Punkt (vgl. Kappeler *Synonym-Kurs*, CD A-2, Lektion XVII).

(C) Wir vergessen weiterhin nicht, daß die Aussagen im ersten Schöpfungsbericht symbolisch zu verstehen sind. Der fünfte Tag (1 Mos 1,20–23) spricht von der Erschaffung der Vögel, die unter der Feste fliegen, und der Fische, dem lebendigen Getier, die im Wasser wimmeln und sich vermehren. Die „Feste" haben wir bereits als Symbol für GEIST kennengelernt, und die Vögel entpuppen sich dann leicht als jene Gedanken, jene **Inspiration**, die sich von der Erde, dem Materiellen, entfernen, die sich zu GEIST **erheben**, was gleichzeitig das **Niederlegen des sterblichen Begriffs** von materiellem Leben in sich schließt. Von den vielen Stellen im Lehrbuch, die dies veranschaulichen, nur eine: „Das Verneinen der materiellen Selbstheit verhilft zu der Erkenntnis der geistigen und ewigen Individualität des Menschen, und es zerstört das irrige Wissen, das wir von der Materie oder durch das, was die materiellen Sinne genannt wird, erworben haben" (*W & G* 91). Da es eben so schwer ist, liebgewordene materielle Annahmen abzulegen, bedarf es zur Erhebung der Gedanken jener **Liebe**, von der oben die Rede war. Was aber bekommen wir durch die Erhebung zum Geistigen, zum göttlichen PRINZIP? Es ist das, was die Bibel mit den Fischen symbolisiert, die **Fülle** und die **Vermehrung**.[38] Wir wissen, daß die Anwendung eines Prinzips unbegrenzt möglich ist, die Ideen von PRINZIP in ihrer unendlichen Demonstration setzen der Vermehrung des LEBENS, also der Fülle der geistigen Inspiration, keine Grenzen.

(D) Den Weg des LEBENS haben wir im ersten Schöpfungsbericht über die Symbolik der Vögel und Fische kennengelernt, d. h. die Hinwendung zu PRINZIP und die dadurch erfolgende Vermehrung. Der zweite Schöpfungsbericht zeigt nun das gerade Gegenteil dieses Weges (1 Mos 3,4–8): Durch die Einflüsterung der Schlange (sterbliches Gemüt) essen Adam und Eva vom Baum, der ihnen die vermeintliche Kenntnis von einer Substanz des Guten und einer Substanz des Bösen vermittelt. Sie beschreiben also den mentalistischen Weg des Dualismus. Der ist zweifellos „eine Lust für die Augen" und sehr „verlockend", weil er „klug" macht (3,6). Jetzt eröffnet sich das gelehrte Wissen der Schulweisheit mit all ihren Thesen und Widerlegungen, mit ihren Grabenkämpfen und Belobigungen. „Da wurden ihnen beiden die Augen aufgetan" (3,7). Und was sahen sie? Daß sie nackt waren. Der aus Erde gemachte Mensch war zwar auch vorher nackt, aber jetzt sah er es. Das heißt, jetzt hat er ein Bewußtsein von der Erbärmlichkeit, von der Leere, von dem Mangel seines materiellen Lebens. Statt Fülle ist es jetzt Entbehrung, statt LEBEN ist es der Tod, das geistige Absterben, das Gott angekündigt hatte. Die dem Adam aus Mangel und Einsamkeit zugesellte Hilfe (vgl. 4. Tag, Gegenteil von PRINZIP), damit ihm der Garten Eden (Körperlichkeit) vergnüglicher werde, erweist sich als Verführung zum Abfall von GEIST, PRINZIP und LEBEN. Aus der dualistischen, materiellen, verdrehten Sicht von LEBEN entstehen nun all die Gegenteile von LEBEN, das ja zeitlos, ewig, selbsterhaltend und „voller Fülle" ist. Jetzt haben wir Leben „in" der

---

38 Das im frühen Christentum verwendete Symbol des Fisches drückt eben diese Fülle und Vermehrung aus.

Materie, Leben mit Geburt und Tod, Reife und Verfall; wir leben in der Zeit mit Anfang und Ende, Begrenztheit und Stagnation; wir haben den Kampf ums Überleben, die „lebenserhaltenden" Mittel wie Blut, Speise und Medikamente; wir haben Hunger, Armut und Elend; statt Neuheit und Inspiration erleben wir Routine und Stumpfsinn, Sinnenrausch und Ernüchterung; das kooperative Miteinander verkehrt sich in Destruktivität, Konkurrenz, Krieg und Habgier.

Man hört immer wieder die Meinung, ein Leben im Himmel nur mit Engeln, die flöten, singen und frohlocken, müsse todlangweilig sein; erst die Sünde sozusagen mache das Leben lebenswert, interessant und spannend. Ganz davon abgesehen, daß Sünde im Sinne von „gegen Ideen leben" langfristig eher zu einem Leben in Streß, in Nachtbars, Kurorten und ärztlichen Wartezimmern führt, verkennt man den christlich-wissenschaftlichen Begriff von Neuheit und Individualität und unterstellt, erst die dualistischen Gegenteile führten zu reicher Fülle. Was wäre, so der Refrain, eine Stadt ohne die „Individualisten", Neurotiker, Gauner, Penner, Taschendiebe und Freudenmädchen? Langweiliger Kleinbürgertrott. Genau diese Langeweile müßten wir dann auch empfinden bei fehlerfreien Rechnungen und sagen, erst die Rechenfehler machten die Arithmetik interessant, oder Shakespeare mit seiner korrekten Diktion, wie langweilig! Ich bin von Grund auf überzeugt, daß wahre Vielfalt, also unendliche, neuartige, sich nie wiederholende Individualität, sowohl in der Arithmetik als auch in der Sprache als auch im menschlichen Leben, erst und gerade *ohne* all die Gegenteile möglich wird. Das muß man für die Mathematik und die Literatur nicht mehr beweisen, aber auch ein Leben im Gefängnis, in einer Obdachlosenunterkunft, in einem Spielkasino oder einem Bordell ist doch kein Kick von Dauer. Welche originellen Dinge werden dort schon vollbracht? Außer Geiz und der Gier nach Geld, Gewinn und Gewalt ist meistens nichts gewesen. Ein LEBEN im Reich prinzipieller Ideen aber bietet mit Sicherheit ungeahnte Mannigfaltigkeit in Hülle und Fülle, wenn auch ohne jubilierende, Harfe spielende Engel.

Wahrheit

Ein Wort, das unauffällig daherkommt, im allgemeinen Sprachgebrauch ungemein verbreitet ist und dennoch ungebrochen in der Philosophie diskutiert wird. Die Definition ist eigentlich problemlos, Wahrheit ist die Übereinstimmung von Fakt und Bericht darüber. Dabei ist „Fakt" das durch unsere Sinne bezeugte Phänomen und „Bericht" die zutreffende Übersetzung in und durch die Sprache. In der Christlichen Wissenschaft gibt es diese Wahrheit und ihren Plural, Wahrheit*en*, auch, aber WAHRHEIT als Synonym für GOTT ist etwas dermaßen anderes und verlangt einen solchen Neuanfang des Denkens, daß eine schnelle Definition (die sehr wohl möglich wäre) eher Verwirrung und Befremden auslösen würde. Wir lassen uns daher in einiger Ausführlichkeit auf ein Gedankenexperiment ein und beginnen mit einer kleinen phantastischen Geschichte.

Wir stellen uns vor, der früher, vielleicht auch heute noch, vorkommende Glaube an Vampire sei in einer schwer zugänglichen Gegend deshalb verbreitet, weil die Großmutter in einer Familie ihren Enkeln einst ein Vampirmärchen erzählt hatte, das die Enkel als wahre Geschichte glaubten. Die wiederum erzählten sie all ihren Freunden weiter, und nach ein paar Generationen war der Vampirglaube fest etabliertes Kulturgut. Eine Korrektur durch die Außenwelt hatte nicht stattgefunden, denn niemand hatte die steilen Berge überwinden dürfen, da die Bewohner die Wohnstätte der Vampire jenseits der Berge wähnten. Man wußte zwar, daß die Vampire nachts kamen und ihr Unwesen trieben, aber einem Fremden Zutritt zu gewähren, bedeutete ein großes Risiko, weil so vielleicht „Tagvampire" hätten eingeschleppt werden können. Die Gemeinschaft nannte sich „Draculand", um durch die Übernahme des Namens des Vampirfürsten dessen Willkür einigermaßen zu besänftigen.

Der Blutdurst der Vampire, die vorzugsweise den menschlichen Hals anflogen, die durch gezielte Eckzahnbisse ihr nächtliches Blutmahl zu sich nahmen, wurde das wissenschaftliche Thema schlechthin. Man entwickelte Vorkehrungen und Abwehrmaßnahmen aller Art, Manufakturen produzierten an den Universitäten entworfene „Halskleider" mit bestimmten physikalischen und chemischen Antibißeigenschaften, Spezialisten, die sogenannten Skorodologen (von griech. *skorodon* = Knoblauch) veredelten in ihren Instituten hochwirksame Knoblauchsorten, die aber mit den Neuzüchtungen der Aliologen (von lat. *alium* = Knoblauch) konkurrierten. Es entbrannte ein akademischer Streit, der das ganze Land in zwei Lager teilte. Schließlich entdeckte man ein ebenfalls wirksames Vampirvertreibungsmittel, das Kreuz, dessen Anblick die Vampire Hals über Kopf fliehen ließ. Auf diese Weise wurde der Alio-Skorodologische Bürgerkrieg verhindert, und man widmete sich verstärkt der Diagnostik und Therapie der Bißwunden, die bei den verängstigten Patienten auftraten.[39] Daneben wurden durch das Vampirgift das Blut und wichtige Organe, ja selbst das Gehirn, betroffen; Störungen im Sozialverhalten, unerklärliche Rasereien und dementes Phlegma schwächten die Patienten und erfüllten die verantwortlichen Politiker mit tiefer Sorge.

Da geschah es eines Tages, daß ein Reisender die Grenze passierte – die Grenzposten waren unaufmerksam, da sie die neuesten Meldungen über die vampirische Erkrankung ihres Gesundheitsministers in der Zeitung lasen – und mit größtem Erstaunen von den Problemen, Ängsten und Schutzvorrichtungen in Draculand hörte, die ihm absolut neu waren. Er lauschte den Erzählungen der Bürger, besuchte deren Krankenhäuser, sprach mit den Ärzten und Patienten, ließ sich die Abwehr durch das Kreuz erklären, bat um Erlaubnis, in den Bibliotheken alte Schriften studieren zu dürfen, und machte sich seine Gedanken zu all den Phänomenen, die er beobachtet hatte. Plötzlich verstand er: Die ganze draculanische Kulturstruktur war ein ehrwürdig-monumentales Irrtumsgeflecht, das einmal von einer simplen Lügengeschichte ausgegangen war.

Der Leser hat inzwischen bemerkt, was die Parabel bezweckt, und so brauchen wir nicht mehr narrativ fortzufahren. Wir können uns aber leicht denken, wie es dem Reisenden ergangen ist, als er sich anschickte, seine Erkenntnis mitzuteilen, um seinen Zeitgenossen zu helfen, sich von ihrem drückenden Schicksal zu befreien. Zunächst einmal verstanden sie ihn nicht, weil sie in keiner Weise einsehen konnten, wieso das, was

---

39 So etwas ist keine pure Phantasterei. Vgl. oben S. 55–61 die Ausführungen über den Placebo-Effekt.

sie und ihre Vorfahren seit ihrer Geburt kannten, nicht wahr sein sollte, wieso alles Irrtum sein sollte, wo doch alle Welt die Folgen der draculanischen Tatsachen sehen konnte. Es gab die Bißwunden, die Vergiftungen, die durch die skorodologischen Therapien einigermaßen im Zaum gehalten werden konnten; immer wieder wurden nachts Vampire vor Schlafzimmerfenstern gesichtet;[40] die angesehensten Autoritäten hatten mit großem Erfolg Schutzvorkehrungen ausgearbeitet und empfohlen. Dem Reisenden gelang es dennoch, in einzelnen Fällen durch Verringerung oder Aufhebung des Glaubens an die draculanischen Gegebenheiten Schwersterkrankte zu heilen. Doch das wollten die etablierten Amtsinhaber und Professoren nicht wahrhaben; sie lancierten Gerüchte über eine scharlatanische Vergangenheit des Zugereisten und taten alles, um ihn zu diskreditieren. Schließlich munkelte man, auf Betreiben der skorodologischen und aliologischen Pharmaindustrie sei ein Attentat in Vorbereitung, über dessen Ausgang allerdings nichts in Erfahrung gebracht werden konnte, weil der Schwindler es offenbar vorgezogen habe, das Weite zu suchen.

Die Christliche Wissenschaft, die auf den Gedanken und dem Wirken von Jesus und M. B. Eddy beruht, ist in vergleichbarer Weise eine zugereiste Fremde in unserem Wissenschafts-, Kultur- und Religionsbetrieb. Sie erfreut sich außer bei der eher kleinen Anhängerschaft kaum öffentlicher Bekanntheit und wird bei den ganz wenigen Außenstehenden, die von ihr gehört haben, meist mit Worten wie „absolut falsch" und „die unerhörtesten Trugschlüsse, die je zur Annahme dargeboten worden sind" (*W & G* 355), abgetan. Wie Jesus, der die Welt vor den Kopf stieß, indem er die Nutzlosigkeit des Fleisches (= der Materie) zusammen mit der lebendig machenden Wirkung des GEISTES (vgl. Joh 6,63) betonte oder sich (als CHRISTUS-Idee) als untrennbar vom Vater (GOTT, PRINZIP) (siehe Joh 10,30) sah, so stieß auch M. B. Eddy die Welt vor den Kopf, indem sie geradezu unerhört von dem „Irrtum" sprach, „daß Leben, Substanz oder Intelligenz in der Materie sein können" (*W & G* 418), oder – ganz schlimm – daß sie sagt: „Die Wissenschaft schildert Krankheit als Irr-

---

40 „Das sterbliche Gemüt sieht, was es glaubt, ebenso gewiß, wie es glaubt, was es sieht" (*W & G* 86).

tum" (*W & G* 319). Natürlich und völlig zu Recht und verständlicherweise sind sich weder die Draculaner noch die Zeitgenossen Jesu noch wir eines Irrtums bewußt, aber wir haben die einmalige Chance – wenn wir uns nur überwinden wollen –, vielleicht zu lernen zu verstehen, daß Unglück, Krankheit und Leid keine unabwendbaren Schicksalsrealitäten von außen sein müssen, daß sie in das gewaltige Irrtumsgeflecht gehören, dem wir seit Generationen und Generationen anhangen, einem Geflecht, dem viele Menschen augenblicklich ihren materiellen Lebensunterhalt verdanken, das unsere Mentalität seit Jahrtausenden prägt, so daß uns in aller Selbstverständlichkeit keine Denkalternative in den Sinn kommt.

Der Reisende in Draculand konnte den Irrtum erkennen, weil er sich mit seinen völlig unterschiedlichen Lebensmodi von jenseits der Berge zum Maßstab machte, so wie wir durch unseren Maßstab die zur Heilung führenden Schläge mit der Affenschwanzpeitsche zunächst als Irrtum einschätzen, dann aber über die Kenntnis des Placebo-Effekts wissenschaftlich einordnen können. Die Menschheit, die Jesus und M. B. Eddy von ihrem Irrtum befreien wollten, lebt aber nicht „diesseits der Berge" wie die Draculaner, die einen Zugereisten mit „gesunden" Maßstäben für ihre mögliche Erlösung benötigten, sondern sie lebt unumfriedet in der ganzen Welt. Der Maßstab muß daher von innen kommen, von intelligenter, erkennender Inspiration und Überlegung zusammen mit beweiskräftiger Demonstration. Beides, sowohl die WAHRHEIT als benötigter Maßstab als auch der Irrtum, liegt vor. Jesus und M. B. Eddy benutzten sie. Es ist der erste Schöpfungsbericht, der in symbolischer Verkürzung – das Saatbeet der Bibel – die WAHRHEIT darlegt, und der zweite Schöpfungsbericht, der partiell symbolisch den Irrtum darlegt. Im ersten Bericht ist alles „sehr gut", es gibt kein Leid, keine Krankheit, kein Unglück; im zweiten Bericht ist alles sehr schlecht, es gibt Schuld, Mühsal und Mord.

(A) Wir sind jetzt gerüstet, die Ideen von WAHRHEIT, die unbemerkt bereits anklangen, in unser Schema aufzunehmen.[41] Das geistige Sein, das wir bis hierher besprochen haben, GEMÜT bis LEBEN, ist der **Maßstab** oder **Standard**, der auf **Tatsächlichkeit** und **Richtigkeit** beruht. Da

---

41 Vgl. wieder Kappeler *Die sieben Synonyme ...*, S. 271 ff. und 66 ff.

GOTT, das göttliche Sein, nichts anderes kennt, können wir auch vom **göttlichen Selbstbewußtsein** sprechen, wo nichts korrigiert zu werden braucht, da es das **Ideal** allen Seins abgibt, das immer **ganz** und **intakt** ist und daher allem die fehlerlose **Form** verleiht. Durch seine geistige Unbegrenztheit ist WAHRHEIT überall und **alles durchdringend** an der Arbeit. Bei LEBEN hatten wir den erhaltenden und versorgenden Vater; jetzt bei WAHRHEIT spricht die Bibel vom **Sohn** Gottes. Dabei sind „Vater" und „Sohn" Symbole, die gar nichts mit biologischen Beziehungen zu tun haben. Vater, LEBEN, ist der gebende Aspekt GOTTES, Sohn, WAHRHEIT, ist der Aspekt GOTTES, der die innere Eigenschaft des **In-Anspruch-Nehmens** symbolisiert.

(B) Alle Ideen GOTTES, also auch der geistige Mensch, haben nicht allein ein Verständnis des göttlichen Ideen-Reiches (GEMÜT), sie haben auch das Recht, den **Anspruch** auf das wahre Sein und demonstrieren so **Sohnschaft**. Diese Sohnschaft, die das wahre, ideale Sein beansprucht, drückt sich vollkommen im CHRISTUS aus, der Idee der Übereinstimmung GOTTES mit dem geistigen Menschen. Dabei verkörpert der wahre Mensch geistig alle Ideen GOTTES, die er widerspiegelt, und wird somit zur **zusammengesetzten Idee Mensch** (siehe *W & G* 475).

Wird WAHRHEIT im Bewußtsein des Menschen konkreter – WAHRHEIT ist beim Menschen zunächst immer nur eine Angelegenheit des **Bewußtseins** –, dann widerspiegelt er das **Bewußtsein GOTTES seiner selbst**. Das **Licht** oder die **Stimme der WAHRHEIT** symbolisieren die Offenbarung, die auftretende Gewißheit im Bewußtsein, die den Menschen aus dem Irrtum der Annahmen **erweckt** und zeigt, wie die wahren Verhältnisse auszusehen haben. Diese Verhältnisse sind immer **makellos**, denn WAHRHEIT **kennt keinen Irrtum**, geben **die richtige Lösung** ab und **wirken mit Macht**. Insofern sorgt WAHRHEIT dafür, daß keine irrtümlichen, d. h. bösen oder kranken Annahmen Eingang in unser Bewußtsein finden; sie **steht Wache an der Tür zu unserem Bewußtsein**. Oben sahen wir, wie WAHRHEIT in sich die Idee der Beanspruchung durch das Verständnis des Menschen trägt, aber damit verbunden ist die Idee der **Selbstbejahung** und **Selbstbehauptung,** was bedeutet, daß nicht der Mensch mit Mühe die wahre Idee aufrichten muß, sondern daß es die Idee von sich aus tut.

Von daher die Aussage, WAHRHEIT verleihe **Herrschaft**, nicht über andere Menschen natürlich oder als Ausbeutung der Tiere, sondern über die menschlichen Übel wie Krankheit, Unglück und Leid. Insofern führt uns WAHRHEIT in einen Zustand der **Gesundheit**, Gesundheit des Denkens, gesundes Bewußtsein, das sich fortsetzt zum Körper, zu den menschlichen Beziehungen und Gemeinwesen. So zeigt der Mensch **wahres Menschtum** und errichtet und bewahrt die **göttliche Gerechtigkeit** unter den Menschen.

(C) Am sechsten Tag des ersten Schöpfungsberichts konzentriert sich die Schöpfung auf den Menschen (1 Mos 1,24–31). Und vergessen wir besonders hier nicht, daß im ersten Bericht an allen Tagen nur Ideen erschaffen werden, daß also das Vieh, das Gewürm, die Tiere des Feldes (1,24) und der dann erscheinende Mensch *Ideen* sind, daß es hier nicht um Objekte der Zoologen und Anthropologen geht, daß die Symbolik der Begriffe erkannt und verstanden werden muß. Das ist an diesem Punkt nicht ganz einfach, aber in Lektion XX seines *Synonym-Kurses* (CD A-2) erfahren wir durch Max Kappeler hilfreiche Unterstützung.

In 1 Mos 1,27 heißt es: „Gott schuf den Menschen zu seinem Bilde, zum Bilde Gottes schuf er ihn." Diese Aussage muß den Schreibern sehr wichtig gewesen sein, weil sie sie gleich zweimal hintereinander setzen. Oben in 1,26 wird noch ergänzt, daß das Bild Gott gleich sein solle. Dieses Bild und Gleichnis darf nicht mißverstanden werden: GOTT – und damit verwenden wir die Sichtweise der Christlichen Wissenschaft – ist ja GEMÜT, GEIST, SEELE, PRINZIP, LEBEN, WAHRHEIT, LIEBE, die alle unkörperlich, also geistig sind. Am sechsten Tag nun werden die Synonyme mitsamt den Ideen zu einem Gegenstand des Bewußtseins, des **Bewußtseins GOTTES**. „Bewußtsein" drückt aus, daß GOTT weiß, was er ist; er ist sich seiner selbst bewußt. Und das Bild davon, das dem Original gleich ist, ist nun der geistige **Mensch**, d. h. das Bewußtsein mit göttlichen Qualitäten und zugleich das Bewußtsein göttlicher Qualitäten. Es ist also nicht das Bewußtsein, das *wir* uns von Gott machen. Spezifischer gesagt, ist es ein *Ideen*bewußtsein und kein Bewußtsein materieller Annahmen. Auch wir mit unseren zwei Beinen können diesem Bewußtsein nahekommen, und je näher wir kommen, desto mehr drücken wir **Ganzheit** und **Gesundheit** aus, aber davon später im Dritten Teil dieses Buches.

Nach der Erschaffung des Menschen hört die Schöpfung als Schöpfung neuer Ideen auf. Dies wird als Höhepunkt gesehen: die Erschaffung des Bewußtseins. Insofern sind die Ideen, die zuvor erschaffen wurden, noch ohne Bewußtsein; sie symbolisieren Eigenschaften, die das Universum ausmachen. Wir denken an die Pflanzen (SEELE), die Vögel, die Fische (LEBEN). Jetzt kommen Gewürm und die Tiere des Feldes hinzu (1,24+25). M. B. Eddy sieht darin Symbole für Eigenschaften, wie sie ja auch von Tieren vorgelebt werden: Mut, Beharrlichkeit, Geduld u. a. (vgl. *W & G* 514 f.).

Bei der Erschaffung des Menschen (Bewußtsein) nennt die Bibel ebenfalls eine Eigenschaft; sie sagt: „und schuf sie als Mann und Weib" (1,27). Von der ganzen Logik der geistigen Schöpfung her müssen – da das Bewußtsein GOTTES ja *ein* Bewußtsein ist – männliche und weibliche Eigenschaften in *einem* Bewußtsein vereint sein. M. B. Eddy spricht daher in ihren Werken immer vom **Vater-Mutter-GOTT**; sie sieht also in PRINZIP männliche und weibliche, väterliche und mütterliche Eigenschaften. Also sollten wir, ob Mann oder Frau, Kraft *und* weiches Wesen, systematisches *und* intuitives Arbeiten, Unternehmungslust *und* Geduld usw. vereint ausdrücken.

Bei den Schreibern dieses biblischen Passus, 1,26–29, erscheint aber merkwürdigerweise eine Inkongruenz, die ich nicht definitiv aufklären kann – auch in der christlich-wissenschaftlichen Literatur habe ich dazu nichts gefunden –: Singular und Plural, der Mensch und die Menschen, er/ihn und sie/ihnen, treten abwechselnd auf, wobei der Singular beim eigentlichen Akt der Schöpfung des Menschen als Bild und Gleichnis bevorzugt wird. Die einzige Erklärung, die mir in den Sinn kommt, könnte der Wunsch der biblischen Schreiber gewesen sein, neben dem *einen* Menschen, dem wahren Bewußtsein, auch auf die praktische Anwendung oder Übersetzung dieses Bewußtseins hinzuweisen, und zwar hin zum Bewußtsein jedes einzelnen, individuellen Menschen. Die biologische Trennung in männlich und weiblich zusammen mit der mentalen unterschiedlichen Akzentuierung wäre die korrespondierende „Vermaterialisierung".

In 1 Mos 1,28 spricht die Bibel von der **Herrschaft** des Menschen / der

Menschen über die Erde und alles Getier, auch sollen der Mensch / die Menschen sich mehren und die Erde füllen: Wenn das göttliche Bewußtsein Platz greift, dienen alle Ideen dem *einen* PRINZIP, die oben gezeigten Ideen der WAHRHEIT, **Standard, Tatsächlichkeit, Intaktheit, Wirksamkeit, Selbstbehauptung** usw. bringen das Universum in immer größere Nähe zum Ideal der WAHRHHEIT.

(D) Der zweite Schöpfungsbericht mit Adam, Eva, der Schlange, Kain und Abel, aber auch mit den Charakterzügen Jahwes stellt die WAHRHEIT des ersten Berichts völlig auf den Kopf. Bemerkenswerterweise wird der Name „Jahwe" oder „Jehova" für Gott erst im zweiten Bericht verwendet; im ersten trägt GOTT den Namen „Elohim". Elohim kennt und sieht nur, was „sehr gut" ist, weil das seine und die einzige Schöpfung ist, die IHN als WAHRHEIT zum Ausdruck bringt. Der von unten kommende Nebel nun macht aus der WAHRHEIT Elohims und des wahren Menschen eine einzige Karikatur (1 Mos 3,9–4,15). Aus GOTT wird ein Gott, den man fürchten muß (3,9). Dieser Gott muß recht eitel sein, weil er nicht möchte, daß seine Schöpfung, der Mensch, so wird wie er selbst, der Kenntnis vom Guten und Bösen hat (3,11). Er straft seine Schöpfung dafür, daß sie so sein wollte wie er. Demnach war Jahwe nicht in der Lage, einen Menschen so zu schaffen, wie er ihn gern hätte. Die Verfluchung des Menschen kann man so gesehen nur als ungerecht bezeichnen. Daß Jahwe die Dualismen gut und böse in sich vereinigt, sahen wir bereits beim Gegenteil von GEIST, aber jetzt wird er regelrecht vorgeführt. Er ist ein unberechenbares, willkürliches Wesen, das Abel und sein Opfer gnädig, Kain und sein Opfer aber ungnädig ansieht. Als daraufhin Kain in völlig unelohistischer Konkurrenzmentalität auf diese Ungerechtigkeit reagiert und seinen Bruder erschlägt, fragt ihn Jahwe in heuchlerischer Verstellung: „Wo ist dein Bruder Abel?" (4,9) Kain, zur Lüge verführt, sagt, er wisse nicht (4,9), solle er denn (und nicht Gott, der Herr, Jahwe) seines Bruders Hüter sein? Da kommt die göttliche Strafe in voller Wucht über Kain, und die Menschheit, die diesen Bericht über den Garten Eden, einen Bericht, der einen Gott nach dem Bilde des ungeistigen, materiellen Menschen präsentiert, als Beschreibung der WAHRHEIT, als Charakterisierung GOTTES mißversteht, darf sich nicht wundern, wenn sie mit ihrem Gottesbegriff, der alle dualistischen Absonderheiten beherbergt, nicht zurechtkommt.

Und die Verkehrung des wahren Menschen? Er glaubt der Schlange, dem sterblichen Gemüt (3,13), und seiner „Hilfe", die ihm zur vergnüglichen Vertreibung seines Alleinseins zugesellt worden war. Er verlagert seine Schuld auf andere, ja auf Gott (das Weib, das *du* mir zugesellt hast) (3,12). Aus dem Menschen, der im ersten Bericht Herrschaft über die Erde hat, wird eine arme Kreatur, abhängig von den Früchten des Feldes, das er im Schweiße seines Angesichts beackern muß (3,17–19). Aus der unsterblichen Idee Mensch wird vergängliche Erde (3,19); aus der mühelosen Geburt von Ideen (vgl. GEIST S. 81 f.) wird die mühevolle Geburt der Kinder (3,16); aus GEMÜT wird das sterbliche Gemüt, symbolisiert durch die Schlange, die, verstoßen „aus allem Vieh und allen Tieren auf dem Felde" (3,14), d. h. ohne alle positiven Eigenschaften des ersten Berichts (1,24+25), fortan auf dem Bauche, in größter Nähe zur Materie Erde, kriechen und sogar – ein zoologisches Unding – Erde fressen muß.

Das sterbliche Gemüt befaßt sich also in keiner Weise mit erhöhten Gedanken, sondern „frißt", ernährt sich komplett von Annahmen, Irrtümern, unwahren Illusionen.[42] Kurz aufgelistet ergeben sich jetzt die Gegenteile von WAHRHEIT recht zwanglos: Die WAHRHEIT verkehrt sich zum Irrtum und zur Lüge; aus dem **Menschen** als Bewußtsein wird der Adamsmensch mit seiner Falschheit, seiner Charakterschwäche, seinem Widerspruch, seiner Ungerechtigkeit; aus dem CHRISTUS wird der Anti-Christus; aus der **Herrschaft** wird Knechtschaft; aus **Gesundheit** wird Krankheit (mental und somit in jeder Hinsicht); aus **Bejahung** der WAHRHEIT wird ihre Verneinung.

---

[42] Die große Ausführlichkeit des sechsten Schöpfungstages sowohl im ersten wie im zweiten Bericht ist hier deutlich verkürzt worden. Doorly und Kappeler betonen in ihren genannten Werken (*False Record* und *Das erste Buch Mose*) einen Aspekt, der hier fehlt: Es ist die symbolische Darstellung auch im zweiten Bericht, wie und inwiefern Hinweise und Anweisungen gegeben werden zur Überwindung und Befreiung von den sterblichen, den „unwahren" Misslichkeiten. Im nächsten, dem CHRISTUS-Teil wird dieser Aspekt zur Sprache kommen.

Auch wenn von der Lehre der Christlichen Wissenschaft nichts überleben sollte, so hat sie uns doch dieses eine großartige Geschenk gemacht: Sie hat die Menschheit von dem Irrtum befreit, der Homo sapiens sei das Bild und Gleichnis Gottes. Man stelle sich einmal vor, wir mit unseren Haaren und Zehen seien einem Gott nachgebildet, oder – in der etwas zivilisierteren Sichtweise – wir bildeten mit unserem Denken, unserer Psyche, unserer gelebten Mit- und Gegenmenschlichkeit göttliche Geschehnisse ab!

In Ermangelung systemischer Kriterien haben unsere Theologen und Philosophen Elemente aus dem Elohim-GOTT und dem Jahwe-Gott zu *einem* Gott zusammengemengt und dann die Welt nicht mehr verstanden: Wie kann Gott, der gut und allmächtig ist, zulassen, daß Krankheit, Leid und Kriege die Menschen – sein Ebenbild – beuteln, oder daß er selbst gar Krankheit und Elend über die Menschen schickt und dann noch verlangt, man solle ihn ehren? Noch unlängst, am 5. Februar 2008, sagte Helmut Schmidt in einer Talkshow, er könne sich auf Gott nicht mehr verlassen, weil er Auschwitz zugelassen habe. Mehr oder weniger hat nun Gott schuld an den irdischen Ungeheuerlichkeiten, die das sterbliche, komplett GOTT-ferne Gemüt inszeniert. All die Versuche, mit Gott dadurch ins reine zu kommen, daß er eben unerforschlich sei und für alles seine Gründe habe, oder daß wir erkannte oder noch unerkannte strafwürdige Schuld auf uns geladen haben, oder daß dies nun einmal die Konsequenzen aus unserer Erbsünde seien, haben nie wirklich überzeugt. Aus gutem Grund: Der Fehler liegt an unserem Unverständnis der Aussage, der Mensch sei Gottes Bild und Gleichnis. Denn ohne einen zunächst klaren Begriff von Gott, den wir jetzt durch „GOTT" haben, ist man fast genötigt, bestimmte Menschen oder gar sich selbst – das wäre der schlimmste Fall – als Gott zu sehen oder Gott als ein übergroßes menschliches Gebilde zu verstehen, das eben so ist wie wir (Sterbliche), aber zusätzlich noch allmächtig und gut, wenn auch für uns unverständlich und unerforschlich.

Das hieraus „entwickelte" Problem ist das klassische Problem der „Theodizee". Durch die Christliche Wissenschaft fällt uns die Lösung dieses Problems förmlich in den Schoß: Da GOTT geistig ist und nur seine geistige Ideenschöpfung kennt, kennt er nicht ihre Pervertierung, so wie die Arithmetik die Fehler des Rechenschülers nicht kennt. Kein Schüler oder Lehrer der Mathematik würde auf die Idee kommen, es der Arithmetik anzulasten, wenn Schüler aus Unwissenheit oder Vernachlässigung der Regeln die Arithmetik falsch anwenden. Aber so ist der Adamsmensch: Er sucht den Fehler nicht oder nur unwillig bei sich selbst. Sollten wir in der Lage sein, uns in WAHRHEIT an GOTT zu wenden, so daß er über unser Bewußtsein uns „anwendet" oder „lebt" und wir so unsere Fehler und Irrtümer erkennen und dadurch korrigieren, so gäbe es nichts mehr, das man irgend jemandem vorwerfen müßte, sollte oder könnte.

LIEBE

Jeder Mensch ist in seinem Herzen überzeugt zu wissen, was Liebe ist: ein seelisches Zugewandtsein zu einer Person oder Sache, das sich sehr unterschiedlich äußern kann. Betrachtet man diese Äußerungen, so findet man sehr schnell Äußerungsformen, die allem vernünftigen Anschein nach nichts mit Liebe zu tun haben dürften. Da ist die Eifersucht mit Überwachung des „geliebten" Partners; Eifersuchtsszenen mit Streit, Anschuldigungen und Gewalt; die Verzärtelung und Verweichlichung des abgöttisch „geliebten" Kindes oder seine strenge Zucht und Abhärtung unter einer unbeugsamen Autorität; die Liebe zum Hobby oder Beruf, die zur Vernachlässigung der Familie führt; sexuelle Abartigkeiten bis zur Vergewaltigung und zum Lustmord und so weiter. Bezeichnenderweise widmen wir uns unausgesetzt diesem sehr aufregenden Thema, die Medien, von der Literatur bis zum Fernsehen, liefern uns nicht einfach Tableaus herzlichen Zugewandtseins, sondern wechselvolle Liebes*geschichten*, Liebes*komödien*, Liebes*tragödien*, Liebes*dramen*, Liebes*intrigen*. Wir riechen geradezu die dualistische Vermischung – und Verirrung –, wenn wir den ganzen Topf getreu dem Diktat unserer Sinneswahrnehmung ungeprüft als vollständigen und tatsächlichen Ausdruck der Schöpfungswirklichkeit hinnehmen. Die Sache wird kompliziert, wenn wir nun zusätzlich von der religiösen, sozialen und kulturellen Liebe hören, die so unendlich wichtig sei, die wir selbst wohltuend gegeben und bekommen haben, die unserem Nächsten in Not zu gelten hat, dem wir also durch Gaben aller Art helfen sollen. Nachdem wir unter dem Synonym WAHRHEIT Einblick in wahre geistige Zustände erhalten haben, müssen wir aber doch einsehen, daß LIEBE als ein Synonym GOTTES einfach etwas anderes sein *muß*.

(A)[43] M. B. Eddy sagt: „LIEBE gibt uns die klarste Idee von der Gottheit" (*W & G* 517) und „GOTT ist LIEBE.' Mehr können wir nicht erbitten, höher können wir nicht schauen, weiter können wir nicht gehen" (*W & G* 6). LIEBE ist also der **Höhepunkt**, der **Inbegriff** GOTTES. Wenn wir daran denken, daß GOTT PRINZIP ist, das nur sich und seine Ideen als *ein* harmonisches System kennt, so kann LIEBE nichts anderes sein als der am letzten Schöpfungstag zurückgerichtete Blick, der die **Vollkommenheit** und **Vollständigkeit** der Schöpfung, ihre **Vollendung** bis ins kleinste und größte, ihre absolute **Stimmigkeit**, die sich selbst genügt, konstatiert. Die Schöpfung ist also dann vollkommen, wenn die vorhergehenden sechs Entfaltungsstufen von GEMÜT bis WAHRHEIT durchlaufen sind und nun vorliegen. Das hat Folgen.

(B) Da es nur die *eine* Schöpfung gibt, drückt sich die Vollkommenheit so aus, daß LIEBE **universal** ist und **jedem alles Gute verleiht**. Sie ist also **nicht parteiisch**; sie kann daher nicht die Kanonen des einen segnen und den anderen verderben. Durch ihre Substanz als GEIST ist LIEBE **unerschöpflich**, **nie** gibt es einen **Mangel** an Segnungen, sie ist **allumfassend**. So wie eine Mutter ihrem Kind alles Gute gibt und nur das Beste wünscht, alles Negative von ihm fernhält und es schützt und behütet, so erscheint die göttliche LIEBE symbolisch als **Mutter**, als jene Bewußtseinshaltung, die darauf achtet, daß der Schöpfung **nichts fehlt**, daß die Schöpfung nie anders als vollkommen gesehen werden darf. Gestehen wir der Schöpfung Fehler und Mängel, Sünde und Krankheit zu, so haben wir die Idee der **Mutterschaft** verloren, wir spiegeln den göttlichen Standpunkt nicht wider, der bei der Betrachtung seiner Schöpfung nichts

---

43 Neben den schon genannten Ausführungen Kappelers in *Die sieben Synonyme für Gott*, S. 72 ff. und 274 ff., verweise ich eindringlich auf seinen *Synonym-Kurs* (CD A-2), Lektion XXII – XXIV.

Irriges zuläßt. Denn LIEBE ist immer und überall ausgedrückt, d. h., sie kann nicht ohne ihren **allgegenwärtigen Ausdruck** sein.

So können wir auch die Aussage von M. B. Eddy richtig verstehen: „Die göttliche LIEBE hat immer jede menschliche Not gestillt und wird sie immer stillen" (*W & G* 494). Dies bedeutet eben nicht, daß oben vom Himmel so etwas wie liebevolles Mitleid herabschaut, das meine leidvolle Situation erkennt und für ihre Beseitigung sorgt. Nein, es ist unsere Bewußtseinseinstellung, die uns *dann* aus unseren Mißlichkeiten, aus allem, das unseren geistigen Fortschritt hemmen will, heraushilft, wenn wir den Standpunkt der göttlichen LIEBE einnehmen, diese LIEBE betätigen und sehen, daß alles im geistigen Ideenuniversum **sehr gut** ist.

Hieraus erklärt sich die fast immer anzutreffende Ineffektivität von Almosen: Ganz davon abgesehen, daß dem Übel so gut wie nie abgeholfen wird, sind Almosen das Gegenteil wahrer LIEBE, weil das Bewußtsein des Spenders den Mangel als Wirklichkeit akzeptiert und damit dem anderen seine **Teilhabe** an der vollkommenen Schöpfung abspricht. Das beste Almosen wäre, ein Bewußtsein der LIEBE zu vermitteln, das die Notwendigkeit von Almosen aufhebt (vgl. Kappeler CD A-2, Lektion XXII). Auf einen solchen Effekt bei uns und anderen – so Max Kappeler – können wir uns verlassen, je mehr wir diesen Standpunkt einzunehmen in der Lage sind. Es handelt sich hierbei nicht um eine mildtätige Zuwendung, die genausogut ausbleiben könnte, sondern um ein Gesetz des Seins, eine So-Seinsweise des PRINZIPS. Dieser LIEBE entspricht die Tatsache, daß **LIEBE nie in Versuchung führt.**

Das muß gesagt werden, weil es im Gebet des Herrn heißt: „Und führe uns nicht in Versuchung", so als ob GOTT etwas derartiges überhaupt könnte. M. B. Eddy gibt als geistige Bedeutung dieser Stelle daher folgende Umschreibung: „Und GOTT führt uns nicht in Versuchung" (*W & G* 17). Und Max Kappeler klärt auf, daß es sich im Gebet um eine falsche Übersetzung aus dem Aramäischen handele, wo es heiße: „und laß uns nicht in Versuchung kommen". Das bedeute, daß der wahre Begriff von LIEBE im Bewußtsein den Menschen daran hindere, in Versuchung zu geraten. So entspreche die Aussage der ganzen Atmosphäre des Neuen Testaments (vgl. Lektion XXIV).

Die Vollkommenheit der Schöpfung und ihre Betrachtung durch Liebe haben als Ergebnis, daß Liebe **alles segnet**, daß sie **allen dient**, daß alles durch ihren integeren, **integralen Plan erfüllt** wird, daß sie also nicht nur **das Gute will**, sondern auch **vollbringt**, daß der Mensch die **Gaben der Liebe** ohne Verdienst der Werke allein über sein Bewußtsein der Liebe empfängt. Dann spiegelt er Liebe in Form echter menschlicher Liebe sowie **Ruhe** und **Frieden** wider, und zwar nicht als Ausfluß moralischer Vorschriften und psychischer Verbiegungen.

(C) Ruhe und das Synonym Liebe[44] stehen in enger Beziehung miteinander. Wir haben die Einsicht gewonnen, daß göttliche Liebe nicht menschliche Liebe ist: Es hat sich gezeigt, daß die eigentliche Schöpfertätigkeit zwar mit dem sechsten Tag beendet war, aber zur **Vollendung** noch der siebente Tag nötig ist (1 Mos 2,1–3). Die ruhevolle Besinnung gehört zur Vollendung in gleicher Weise, wie der Sonntag die Woche beschließt. Nach Durchlaufen aller Schöpfungstage erkennen wir, daß der so erreichte Zustand Liebe symbolisiert, weil nichts und **niemandem das geringste fehlt**. Die **unerschöpflichen Segnungen**, der **abwesende** Irrtum und all die anderen **sehr guten** Ideen von Liebe bringen die Schöpfung zum Abschluß und eröffnen gleichzeitig ein Ideenreich, in dem alle Ideen in unendlicher Kombinierbarkeit bereitstehen.[45] Jetzt, wo alles makellos vorliegt, schwindet der Aspekt des Erschaffens, und die Verfügbarkeit von allem wird erkannt, so wie der Rechenschüler nach Beendigung des Kurses in die Arithmetik nicht mehr von 1 bis 10 zählen muß, sondern mit den Ziffern frei umgehen kann. Aus dem, was als schrittweise Schöpfung erschien, ist eine Offenbarung des göttlichen geistigen Seins geworden, die uns verstehen läßt, daß alles schon immer bestanden hat. Die **Vollkommenheit**, von allem Irrtum befreit, liegt sozusagen vor unseren Augen und kann ganz nach Bedarf von unserem zur Wahrheit erwachenden Bewußtsein eingesetzt werden.

(D) Welchen Irrtum soll die Ruhe, die göttliche Liebe korrigieren? Der zweite Schöpfungsbericht handelt an dieser Stelle vom Schicksal Kains,

---

44 „… jene Liebe …, nach deren Ruhe die Müden seufzen …"(*W & G* 501)
45 M. B. Eddy spricht in diesem Zusammenhang von „unendlicher Berechnung", engl. „calculus". Hierzu unten Dritter Teil.

von Adams Nachkommenschaft, die sich über Kain und Adams dritten Sohn Seth bis zum Erscheinen Noahs fortsetzt (1 Mos 4,16–5,27). Noch innerhalb des sechsten Tages wird Kain von Jahwe „verflucht", der Mißerfolg wird ihm prophezeit, und er soll „unstet und flüchtig" (4,11+12) sein. Daraufhin zog Kain weg, die Bibel sagt „hinweg vom Angesicht des Herrn" (4,16), also in die Gottferne, ins Land Nod. „Nod" bedeutet laut Meister (*Biblische Namen*) „Flucht, Verbannung". Allein daraus lassen sich leicht die Gegenteile erkennen, die das Synonym LIEBE umkehren, d. h. genauer, *die LIEBE umkehrt*: Rastlosigkeit und Furcht, Feindschaft, Haß und Eifersucht, Ziel-, Plan- und Zwecklosigkeit, Schutzlosigkeit, Benachteiligung und das nihilistische Gefühl, ausgeschlossen sinnentleert zu sein.[46]

Was für wahrscheinlich alle Menschen immer eine fast unüberwindliche Schwierigkeit war, ist das Gebot, das Jesus in der Bergpredigt seinen Jüngern gab, man solle seine Feinde lieben (Mt 5,44). In der Tat, von unserem menschlichen Blickpunkt aus würde eine solche Anweisung häufig – wenn auch sicherlich nicht immer – das eigene Verderben herbeiführen. Aber im Bewußtsein des wahren geistigen, zum Ebenbild GOTTES gemachten Menschen sieht unser Universum anders aus: In dem harmonischen System des PRINZIPS gibt es natürlich keine Feinde, und unter LEBEN sahen wir, daß die Gaben der Gnade ohne Unterschied jedem, der sein Bewußtsein für die WAHRHEIT öffnet, zufließen. Jesus sagt das wörtlich: „Denn er läßt seine Sonne aufgehen über Böse und Gute und läßt regnen über Gerechte und Ungerechte" (Mt 5,45). Was wir also brauchen, ist ein Bewußtsein von LEBEN, WAHRHEIT und LIEBE, das uns erkennen läßt, daß es keinen Feind gibt und demzufolge keinen Haß, keine Feindschaft, keine Furcht und so weiter mit allen Gegenteilen. Das heißt selbstverständlich nicht, daß wir jedem Schuft und Betrüger für den Preis der Lächerlichkeit oder Selbstschädigung freundlich zugetan sein

---

46 Max Kappeler erläutert in seinem Buch *Das erste Buch Mose ...* (op. cit.), S. 46 ff., ausführlich die Symbolik der Genealogien von Adam, Kain, Abel und Seth. Doch zu deren Darstellung fehlen hier gewisse Voraussetzungen. Später kommen wir darauf zurück (s. u. S. 168).

sollen – das tun gewisse Bibelsektierer –, sondern daß das Bewußtsein unserer „Feinde" und sicherlich unser eigenes vom Kainsirrtum erfaßt ist, daß es sozusagen laufend mit der Rechnung 2 + 2 = 5 hantiert. Da ist Korrektur nötig, das heißt Verständnis des wahren Universums einschließlich des Menschen. Wird hingegen Feindschaft mit Feindschaft beantwortet, so kann es bestenfalls einen Waffenstillstand, aber keinen Frieden geben.

Die Schwierigkeit liegt natürlich in der praktischen Betätigung. Wir müssen uns darüber klarwerden, daß wir sehr wohl den Menschen, das Bild und Gleichnis GOTTES, das wahre und wirkliche Bewußtsein von der Schöpfung, willkommen heißen können, aber nie den *Irrtum*, die falsche Bewußtseinshaltung, das sterbliche Gemüt, also 2 + 2 = 5, akzeptieren können, weil der Irrtum nämlich durch Unwissenheit, Verkennung und Verdrehung eine Abweichung von der WAHRHEIT ist und damit keine Wirklichkeit hat.[47] Er ist Ausdruck der dualistischen Adamswelt, die unter dem Impakt der geistigen Wirklichkeit zu vergehen hat. Wenn man mit einem Bewußtsein der WAHRHEIT und LIEBE, das man bewußt beibehält, einer „feindlichen" Situation begegnet, ergeben sich in der Regel immer – früher oder später – die erstaunlichsten Vorkommnisse, Wendungen und Meinungsänderungen, die die Situation bereinigen.[48]

Die WORT-Ordnung (Überblick)

John W. Doorly erzählte in einem seiner vielen „*Talks*", die ja in gedruckter Version vorliegen, was das größte Geschenk für einen Freund sei, das er sich vorstellen könne. Es sei das Verständnis der sieben Schöpfungstage. Damit wollte er die überwältigende und noch in keiner Weise erkannte

---

47 Siehe oben S. 96: „Das Böse hat keine Wirklichkeit. Es ist weder Person, Ort noch Ding, sondern einfach eine Annahme, eine Illusion des materiellen Sinnes" (*W & G* 71).

48 Eine umfangreiche Beispielsammlung findet der Leser in John W. Doorly *Praxis der Christlichen Wissenschaft* (London, FBC 1968); engl.: *Talks On Christian Science Practice* (London 1950).

Bedeutung des ersten Schöpfungsberichtes in seiner symbolischen Interpretation zum Ausdruck bringen. Wie von M. B. Eddy erkannt, von Doorly und Kappeler immer wieder betont und dargelegt[49], geht es dabei nicht einfach um eine von irgend jemandem ausgedachte Welterschaffungsmythologie, wie sie in praktisch allen Kulturen existieren, sondern um eine *Gesetzmäßigkeit* im Sein, die, wenn der Sinn dafür geweckt ist, jeder überall beobachten und erleben kann. Rufen wir uns die in der Symbolik versteckte allgemeine Bedeutung der sieben Schöpfungstage und ihre erweiterte Auslegung durch die sieben Synonyme ins Gedächtnis:

Der erste Tag oder Schritt (Licht/GEMÜT) beschreibt das Aufleuchten einer Idee, eines Gedankens, eines Vorsatzes, eines Vorhabens, einer Inspiration im Bewußtsein. Im Rahmen der Christlichen Wissenschaft sind es die göttlichen Ideen; in übersetzter Form sind es Gedanken im menschlichen Bewußtsein.

Der zweite Tag (Feste/GEIST) greift die zuvor aufgetauchte Idee auf und trennt alles ab oder hält fern, was der Qualität und Entfaltung dieser Idee im Wege stehen könnte. In der Christlichen Wissenschaft ist es die Trennung des Unwirklichen vom Wirklichen, der Materie vom GEIST, des Bösen vom Guten. So entsteht Reinheit und Entfaltung oder Entwicklung.

Am dritten Tag (das Trockene/SEELE) kommt aus den beiden vorhergehenden etwas zum Vorschein: Es erscheint die exakte Identität der Idee. Im Geistigen heißt dies, daß die Idee unveränderlich, sündlos und unsterblich ist. Sie reproduziert sich in gleicher Form.

Der vierte Tag (Himmelslichter/PRINZIP) führt die Regierung durch System ein, in dem alles harmonisch und machtvoll funktioniert. In der Christlichen Wissenschaft drückt es die sich universal demonstrierende Ganzheit GOTTES aus, die mit dem „klarsten Begriff GOTTES", nämlich LIEBE, die häufig von M. B. Eddy gebrauchte Wendung PRINZIP, LIEBE erklärt.

Der fünfte Tag (Vögel, Fische/LEBEN) zeigt die Anwendung des vorhergehenden Tages, sozusagen die reichhaltige und wegweisende Durchführung dessen, was das System diktiert. Das führt christlich-wissenschaftlich

---

49 Es können nicht alle Quellen angegeben werden. Zu empfehlen wäre für einen intensiven Einblick der Band Nr. 11 des *Leitfadens für das Studium der Christlichen Wissenschaft, Das Wort* (o. O. o. J).

den Weg des LEBENS ein, in dessen Verlauf der Gedanke sich erhebt, das Materielle ablegt und nie versiegende Vielfalt produziert. GOTT erscheint auf diesem Weg als versorgender Vater.

Am sechsten Tag (Mensch/WAHRHEIT) wird die bisherige Schöpfung Inhalt des Bewußtseins; man ist sich gewahr, wer und was man ist, so daß ein gezielter heilbringender Einsatz des Geschaffenen möglich wird. In der Christlichen Wissenschaft läßt sich das wahre Bewußtsein mit Herrschaft, Gesundheit und allgemeiner Intaktheit charakterisieren.

Der siebente Tag (Ruhe/LIEBE) führt den Blick zurück und zeigt die Zufriedenheit über das Geschaffene und die Zuneigung zum abgeschlossenen vollkommenen Werk. Der Blick erfaßt das gesamte Gemälde und betrachtet weniger die Entstehungsstufen. In der geistigen Sichtweise der Christlichen Wissenschaft sieht der Gedanke in der Vollendung der Ideen die Vollkommenheit des Ideenreiches, wobei Ewigkeit Teil dieser Vollkommenheit ist. Nimmt man die Perspektive von Schöpfer *und* Geschöpf, von Lehrer *und* Schüler (s. o. S. 84 f.) ein, so haben wir das scheinparadoxe Phänomen einer *Erschaffung ewiger* Ideen.

Dieses siebenstufige Kreativitätsschema findet sich in der Bibel überall: John W. Doorly hat es in seinen *Talks On The Science Of The Bible* ausführlich und eindrücklich dargelegt; neben längeren Kapiteln folgen auch ganz kurze Passagen dieser Struktur. Wegen ihrer systemischen Bedeutung seien jene ersten sieben Gebote der „Zehn Gebote" genannt, die sich mit der Beziehung GOTT – Mensch befassen (2 Mos 20,3–11), die ersten sieben Seligpreisungen in der Bergpredigt (Mt 5,3–9) und das Gebet des Herrn ohne die letzte, achte, philologisch ungewisse Erklärung (Mt 6,9–12).[50]

Das Lehrbuch von M. B. Eddy *Wissenschaft und Gesundheit mit Schlüssel zur Heiligen Schrift* ist in seiner Gesamtheit zwar nach den vier Wirkungsweisen WORT – CHRISTUS – CHRISTUSTUM – WISSENSCHAFT aufgebaut, befolgt jedoch innerhalb der Kapitel, darüber hinaus auch innerhalb einzelner Passagen, zumeist die Siebenstufigkeit.[51]

---

50 Eine einheitliche Zusammenstellung und Erklärung findet man in dem erwähnten *Leitfaden … Nr. 3, Gebote – Seligpreisungen – Gebet des Herrn*.

51 Es ist Max Kappeler zu verdanken, das komplette Lehrbuch strukturell entschlüsselt und damit einem wirklichen Verständnis zugänglich gemacht zu

Wenn das Sein eine Gesetzmäßigkeit kennt, dann muß diese Gesetzmäßigkeit nicht nur in Schriften über das Sein zu finden sein, sondern im Sein selbst, d. h. im Geistigen, im Menschlichen, ja sogar in der materiellen Verdrehung der Adamswelt. Im folgenden ein paar Beispiele, um unser Gespür für diese Tatsächlichkeit, die wir, ohne es uns bewußt zu machen, täglich praktizieren, zu sensibilisieren.

Ein neues Auto soll auf den Markt gebracht werden. Zuerst kommt wegen der Marktlage, der Absatzzahlen oder was auch immer der Gedanke zu diesem Projekt auf (1). Daraufhin wird geplant, entworfen, diskutiert, entwickelt; abwegige Vorschläge werden verworfen, zu aufwendige oder ästhetisch riskante Möglichkeiten abgelehnt usw. (2). Das Konzept steht; der Prototyp wird erstellt (3). Für die Produktion muß ein Netz von Zulieferkomponenten, Materielbeschaffungsregelungen, Arbeitskräfteplanungen etc. organisiert werden (4). Die Produktion läuft an; große Stückzahlen werden gebaut und verkauft (5). Rückmeldungen von seiten der Händler und Kunden ergeben ein Bild von der geglückten oder mißglückten Brauchbarkeit, Qualität, Kundenfreundlichkeit etc. des Modells; es etabliert sich sozusagen die wahre Beschaffenheit (6). Die abschließende Bewertung stellt fest, daß nicht lediglich ein neues Auto (gut oder weniger gut) gebaut wurde, sondern daß allgemein und schon immer vorliegende menschliche Bedürfnisse – Wunsch nach Mobilität, Zeitersparnis, Sicherheit, Angeberei usw. – befriedigt wurden (7).

Beim Bau eines Eigenheims wird nach der Beschlußfassung (1) mit dem Architekten geplant und ausgesondert (2), bis der Entwurf vorliegt (3). Nach Beauftragung aller nötigen Firmen (4) entsteht das Gebäude (5), und nach Einzug muß das Haus seine Eignung unter Beweis stellen (6), bis sich herausstellt, daß es meine immer schon gehegten Vorstellungen von behaglichem und geschütztem Wohnen erfüllt (7).

Eine Urlaubsreise steht an (1). Was kommt in Frage, dieses oder jenes (2)? Ein Skiurlaub in den Alpen (3). Was braucht man alles? Kleidung,

---

haben. Siehe: *Die Struktur des Lehrbuches der Christlichen Wissenschaft – Unser Weg des Lebens –* (London 1976) und *Kurzfassungen. Die geistig strukturierte Interpretation des Lehrbuches der Christlichen Wissenschaft* (Zürich 1984).

Hotelbuchung, Anreise (4). Man verbringt zwei wunderschöne Wochen in … (5). Das hat uns gut gefallen, da fahren wir wieder hin, so schaut ein „wahrer" Urlaub aus (6). Mit neuer Kraft geht's in den Alltag, denn der Urlaub war genau richtig und hat uns gegeben, was wir brauchten (7).

Die siebente Stufe in all diesen materiellen Schöpfungen ist interessant, denn jetzt ist nicht bloß ein Auto, ein Haus oder ein Skiurlaub erschaffen worden – die Objekte sind sogar zweitrangig geworden –, sondern die eigentliche Schöpfung bezieht sich nun auf die Bedeutung, die das Objekt für den Menschen hat; es geht um Werte, mentale, psychische oder geistige.

Die Natur verfährt natürlich ebenfalls nach dem Siebenschrittmuster: Nach der Zeugung (1) kommt die Entfaltung als Schwangerschaft (2), dann wird das Kind zur Welt gebracht (3). Jetzt stehen die Eltern, der Kindergarten, die Schule, die Umwelt usw. zur Verfügung (4), und das Kind kann leben, gedeihen, sich vermehren (5). Es wird ein mutiges, ängstliches, geduldiges oder forsches etc. Menschenkind. Im Bewußtsein stellen sich Fragen: Wer bin ich, was will oder soll ich? Ist das mein wahres Leben (6)? Je nach Antwort stellt sich Zufriedenheit über ein erfülltes Leben oder Unzufriedenheit über ein unerfülltes Leben ein (7).

In der Tier- und Pflanzenwelt scheint dieses Gesetz im sechsten Tag nach der Erschaffung der Eigenschaften (Tiere des Feldes, s. o. S. 119 f.), also vor der biblischen Erschaffung des Menschen im ersten Schöpfungsbericht, nicht fortgeführt zu werden, denn wir gehen davon aus, daß Tiere und Pflanzen eben nicht besitzen, was den Menschen ausmacht: Bewußtsein. Es scheint auch so zu sein, daß die Darwinsche Evolution, die auf Mutation, Selektion, Vererbung beruht, nur bis zu diesem Punkt Gültigkeit hat, also nicht für das Bewußtsein gilt. Im Grunde konzentriert sich die evolutionistische Kontroverse nur auf jene Schöpfungsfortsetzung, die im ersten biblischen Bericht mit der Schaffung des Bewußtseins, des Menschen (sechster Tag), beginnt. Die Zwickmühle wird dann evident, wenn nach aller Logik der Evolutionsgedanke sich auch auf meine eigenen Überlegungen zur Evolution beziehen können muß. Dann nämlich hört entweder die Evolution oder mein freies Denken auf.

Wenn wir das Schöpfungsgesetz in unserer Alltagswelt betrachten, dann kommen jene Fehler, Irrtümer, Abweichungen und Pervertierungen vor, wie sie für die sterbliche Adamswelt typisch sind. Liegt beispielsweise der Fehler in der letzten Stufe (LIEBE) und jene erfüllende Besinnlichkeit kommt zu kurz, dann entwickeln wir leicht ein unersättliches Konsumgebaren, weil die Suche nach wahrer Erfüllung nicht abgeschlossen wird (7). Arbeitet unser Bewußtsein der WAHRHEIT, vorletzte Stufe, nicht ordentlich, dann neigen wir zur ewigen Nörgelei, die immer etwas auszusetzen hat, nichts ist einem recht; wir finden den „wahren" Zustand nicht (6). Schreiten wir weiter zurück und unser Bewußtsein von LEBEN ist mangelhaft, schleichen sich leicht Pannen, Defekte, Mängel und Mißerfolge in allem ein, was wir anpacken (5). Liegt PRINZIP im argen, dann gehören wir zu jenen, die nicht organisieren können, die das Zusammenwirken aller Elemente falsch oder gar nicht einschätzen können und die daher die falschen Freunde haben, nicht delegieren wollen oder können, Hilfsangebote mißverstehen usw. (4). Bei SEELE mag sich alles zunächst recht vernünftig angelassen haben, aber dann werden die falschen Schlüsse gezogen, kein Vorschlag wird akzeptiert, was man selbst auf den Tisch legt, ist wegen Unbedachtheiten und Versäumnissen nicht durchführbar oder ungeeignet (3). Liegt der Fehler noch früher (GEIST), dann ermangelt es an klarem Denken, man kann nicht unterscheiden, was dazugehört und was nicht, die Angelegenheit stockt, kann sich nicht entwickeln, und man neigt dazu, „alles hinzuschmeißen" (2). Stimmt es bei GEMÜT, also von Anfang an, nicht, dann werden unsinnige, schädliche oder verwerfliche Dinge hervorgebracht. Waffen oder Folterwerkzeuge werden hergestellt, üble Gerüchte werden in die Welt gesetzt, Brunnen vergiftet, Kunden betrogen, Bürger ausgehorcht, Schlägereien angezettelt, Kinder mißhandelt, Kriege geführt (1).

Zurück zum wahren Schöpfungsgesetz. In ihrem Lehrbuch (*W & G* 463, Zeile 5–23) führt uns M. B. Eddy in einer Passage vor, wie nach dem Mechanismus der rein geistigen Schöpfung, also in der WORT-Ordnung des ersten Schöpfungsberichts, die Geburt einer neuen Idee in unserem Bewußtsein vor sich geht. Bezeichnenderweise spricht sie von der „Geburtshilfe", mit der wir vertraut sein sollten.[52] Die sieben Stufen des Textes

---

52 Hierüber haben Doorly und Kappeler mehrfach geschrieben. Ich orientiere mich an Kappelers Schrift: „Wissenschaftliche Geburtshilfe", einer Beilage

(nach Kappeler) zitiere ich und füge direkt einen Kurzkommentar zu. Es versteht sich von selbst, daß hier keinerlei Defekt oder Adamsmangel vorliegt.

1. *Lehrer und Schüler sollten auch mit der Geburtshilfe vertraut sein, die diese Wissenschaft lehrt.* Dies ist ein Verweis auf den Bereich des GEMÜTS, auf dessen Ideen, auf die allein wir uns beziehen müssen und sollen.
2. *Um der Geburt eines neuen Kindes oder einer göttlichen Idee richtig beizustehen, solltest du das sterbliche Denken so von seinen materiellen Vorstellungen loslösen, …* Es muß in GEIST richtig getrennt werden, alles Irrtümliche, Materielle, das die Entfaltung behindert, muss ferngehalten werden.
3. *… daß die Geburt natürlich und sicher vor sich geht.* Die klar identifizierte Idee erscheint (SEELE) sicher und geschützt.
4. *Obgleich diese Idee neue Energie sammelt, kann sie in den Wehen der geistigen Geburt ihre nützliche Umgebung nicht verletzen.* Die Idee wird von den Ideen des Systems (PRINZIP), ihrer Umgebung, gestärkt und erhalten und erhält ihrerseits auch ihre „nützliche Umgebung".
5. *Eine geistige Idee trägt kein einziges Element des Irrtums in sich, und diese Wahrheit entfernt alles Schädliche in der richtigen Weise.* Eine Anspielung auf den Weg des LEBENS, wo der Gedanke sich erhebt vom Irrtum weg und das Materielle, Schädliche, niederlegt.
6. *Die neue Idee, die aus WAHRHEIT und LIEBE empfangen und geboren wird, ist in weiße Gewänder gekleidet. Ihr Anfang wird sanftmütig, ihr Wachstum kraftvoll, ihre Reife ohne Verfall sein.* Das ist die Form der WAHRHEIT: weiß. So wie die weiße Farbe des Prismas alle Farben (Synonyme) und deren Abstufungen (Ideen) enthält und somit Vollständigkeit ausdrückt, so enthält die neue Idee kein Irrtumsele-

---

zur *Information* Nr. 21, Mai 1978. Bei dieser *Information* handelt es sich um eine unregelmäßig erscheinende Broschüre des ‚Kappeler-Instituts für die Wissenschaft des Seins mit Sitz in Zürich und Berlin. Der Artikel von Kappeler ist sehr lesenswert und ungleich erhellender als meine aufs äußerste verkürzte Dar- und Auslegung.

ment und drückt Vollkommenheit aus: Die Idee erscheint bescheiden als stilles sanftes Sausen; aber sie wirkt sich mächtig aus; und sie lässt uns nie im Stich.

7. *Wenn diese neue Geburt stattfindet, wird das christlich-wissenschaftliche Kind vom* GEIST *geboren, von* GOTT *geboren, und kann der Mutter kein Leiden mehr verursachen. Hieran erkennen wir, daß* WAHRHEIT *gegenwärtig ist und ihr vollkommenes Werk erfüllt hat.* Die wahre Natur der Idee entspricht dem mütterlichen Bewusstsein der LIEBE und harmoniert mit unserem Bewusstsein. Ist das der Fall, können wir wissen, daß WAHRHEIT für uns tätig ist, und wir entspannen in völliger Ruhe und Beruhigung.

Wie am siebenten Tag der ersten Schöpfungsgeschichte steht wieder das „vollkommene Werk" am Schluss der Schöpfung. Aber gleichzeitig offenbart die Vollkommenheit Zeitlosigkeit oder Ewigkeit, denn zeitliche Schöpfungen sind nie vollkommen. Sie verändern sich, zerfallen und vergehen. So wie 2 + 2 = 4 unveränderlich und unzerstörbar ist, weil immateriell, so auch die Ideen der Schöpfung, die jetzt als eine Offenbarung des Seins verstanden werden können. In unserer Darstellung der Synonyme und ihrer Ideen hatten wir diesen (überwiegenden) Aspekt der zeitlosen Vollkommenheit jeweils unter der Rubrik (A) aufgeführt; wechselte der Aspekt verstärkt zur Zeitlichkeit und weiter zur Sichtweise des Menschen, so hatten wir ein (B) vorangestellt. Bei der Zuordnung und Ableitung der Ideen vom ersten Schöpfungsbericht der Bibel (1 Mos 1,1–2,3) benutzten wir die Kennzeichnung (C); bei ihrer Verkehrung, wie im zweiten Schöpfungsbericht illustriert (1 Mos 2,4–5,27), ein (D).

Diese Unterscheidung und Unterteilung wird hier nochmals in Erinnerung gerufen, weil M. B. Eddy unterscheidet zwischen den „Zahlen der Unendlichkeit" – entspricht grob unserer Rubrik (A) (s. o. S. 85 & 94) – und den *„sieben Tagen"* oder Stufen, die eine Aufeinanderfolge (B) beinhalten. Diese „Zahlen", die „niemals nach der Kalenderzeit" berechnet werden können, also zeitlos sind, werden sozusagen den Platz der Stufen einnehmen und die Ewigkeit des LEBENS enthüllen, wo der Irrtum komplett ausgeschlossen ist. Und dann – sagt sie – „wird der Gedanke den göttlichen unendlichen Kalkulus akzeptieren" (vgl. *W & G* 520, aus dem Engl.). Der Kalkulus ist die in allen Richtungen mögliche Verbindung der Ideen unter- und miteinander. Dadurch definiert sich der wahre Mensch als Bewusstsein, als „zusammengesetzte Idee" und zugleich als GOTTES Bild und Gleichnis.

In unserem irdischen Dasein erscheint uns eine solche Geistigkeit als ungeheuer fern, aber wir sollten bestimmt nicht „alles hinschmeißen", nur weil wir „die Taube auf dem Dach" noch nicht in der Hand halten. Der „Spatz in der Hand" sollte uns Mut machen und Zuversicht geben, denn ein „Körnlein der Christlichen Wissenschaft tut Wunder für die Sterblichen, so allmächtig ist WAHRHEIT; …" (*W & G* 449) Allerdings sollten wir im Bemühen, die Christliche Wissenschaft zu verstehen, nicht nachlassen, damit wir nicht zurückgeworfen werden, „… man muß sich aber mehr von der Christlichen Wissenschaft aneignen, um im Gutestun beharren zu können."

Es ist die besondere und hoffnungsfrohe Eigenheit der Christlichen Wissenschaft, daß auch ein bei weitem nicht vollständiges Verständnis dieser Lehre nicht bloß einen Wissenszuwachs darstellt, wie es sich üblicherweise bei all den anderen Bereichen menschlichen Wissens verhält, sondern daß dieses Verständnis Auswirkungen hat. Auswirkungen auf unser Befinden, unser Denken, unsere körperliche Verfassung, auf unsere soziale Stellung, unseren Umgang mit Menschen, auf eigentlich alles, was unser Menschtum ausmacht. Diese Wirkung, die unserem veränderten Bewußtsein entstammt, trägt in der Christlichen Wissenschaft den Namen „CHRISTUS".

Dritter Teil

Ein Gegenargument

Immer wieder, wenn in Gesprächen das Für und Wider der Christlichen Wissenschaft zum Thema wurde und die Grundlagen erfragt und hinterfragt wurden, kam ein Argument auf, das mich selbst lange Zeit umgetrieben hatte und das ich daher nur zu gut verstand. Es ist die Überlegung, daß alle Kenntnisse, die wir über Gott, das Prinzip, das Universum und den Menschen beziehen, aus einem Buch stammen, das eine Person geschrieben hat. Was berechtigt uns, *darin* ein solch gewaltiges Fundamentum zu sehen, daß wir überzeugt sein können, nunmehr alle absolute Wahrheit über Gott – falls es ihn gibt – und die Welt zu haben? Immerhin gibt es eine Vielzahl von anderen und andersgearteten Büchern, die exakt den gleichen Anspruch stellen. Den Zweifler zum Verstummen zu bringen, indem man ihm entgegenhält, es handele sich um das inspirierte Wort Gottes, dem zu widersprechen unanständig sei, ist als Argument unzulässig, weil es in Teufelskreismanier *voraussetzt*, daß man sich mental bereits innerhalb der Lehre befindet. Dabei berührt es den Außenstehenden natürlich nicht, weil dieses Argument lediglich Teil jener Lehre ist, die er ja bezweifelt.

Im übrigen ist es sehr erhellend, sich einmal die historischen Konsequenzen anzusehen, die diese logisch-irrtümliche Argumentationsweise nach sich gezogen hat.

Treffen zwei Vertreter aufeinander, die unterschiedlichen Lehren anhängen, die beide den Anspruch auf letztgültige Wahrheit erheben, so argumentiert jeder „von innen heraus", d. h. auf der Basis seines eigenen unhinterfragten Konstrukts. Der andere ist dann jeweils ein Ketzer oder ein Ungläubiger oder ein Heide, auf jeden Fall ein Verblendeter, dem gern nur noch sündige oder böse Eigenschaften angehängt werden. Dieses Schema findet sich regelmäßig in Religionskriegen. Im Christentum waren so die Kreuzzüge motiviert, aber auch die Sachsenbekehrungen mit dem Schwert unter Karl dem Großen. Dazu gehörte auch die Vernichtung von Abweichlern, Ketzern und Teufelsbuhlen, Hexen und Zauberern. In modernerer Zeit lässt sich nur so die chronische Unversöhnlichkeit der Islamisten gegenüber den Ungläubigen oder der Konflikt zwischen Israelis und Palästinensern verstehen.

Die Argumentation „von innen" wurde aber auch auf Kontrahenten angewandt, die selbst kein eigenes „inneres Konstrukt" ins Feld führten und bloß Zweifel an der Richtigkeit der Lehre ihres Gegenübers hatten. So wurde während der Inquisition eine Unschuldsbeteuerung des Angeklagten dahingehend umgedeutet, daß der Angeklagte damit ja die von Gott verliehene Unfehlbarkeit des Inquisitors – der ja die Schuld behauptete – leugnete. Damit machte er sich noch schuldiger, und die Logikfalle schnappte *immer* zuungunsten des Angeklagten zu. Oder die berüchtigten Gottesurteile, wenn auf konventionelle Art, d. h. wegen Fehlens eines Geständnisses trotz hochnotpeinlicher Nachhilfe, keine Überführung möglich war! Dann musste Gott entscheiden: Versank bei der sogenannten „Wasserprobe" der zugebundene Sack mit dem Angeklagten im Wasser, dann war seine Unschuld bewiesen, weil Gott den Delinquenten zu sich genommen hatte. Gelang unvorhergesehen eine Rettung, dann nur durch die Hilfe des Teufels. Das bewies die Schuld, und das Opfer wurde verbrannt.

Wir sollten eines gelernt haben: Kritische Reserviertheit gegenüber jeder, ich wiederhole, jeder Religion oder Weltanschauung muss grundsätzlich erlaubt und *legitim* sein. Diesem Grundsatz unterliegt auch eine heilige Kuh wie die Ehe, die Kirche, die Demokratie oder die Marktwirtschaft. Ihre bevorzugte Etablierung muss in jedem Fall immer nur *plausibel* gemacht werden und darf nie durch Dogma durchgesetzt werden.

Was hat nun die Christliche Wissenschaft aufzuweisen, wenn jemand „von außen" seine Bedenken hat und rundweg sagt: Was geht mich eine Frau Eddy und das von ihr geschriebene Buch an? Zu entgegnen, sie sei von Gott inspiriert, kann allenfalls im internen Kreis ihrer Anhängerschaft gelten; nach „außen" gerichtet wäre dergleichen unanständig. Es bleibt einzig das Argument der Plausibilität.

Die Naturwissenschaftler haben es einfacher: Sie brauchen sich kaum jemals auf ein Buch zu beziehen, sondern sie können die Natur (deren

Erkenntnis über die Sinnesorgane abläuft), unsere Sinneswahrnehmung (die allerdings wiederum Teil jener Natur ist) und rationales Denken (das sie zumeist ebenfalls der physiologischen Natur zurechnen) anführen. Das klappt eigentlich immer, tiefer muss selten geschürft werden, eine Rechtfertigung erübrigt sich.

Ein Buch als Grundlage ist dagegen immer problematisch, weil Menschen (wie du und ich) es geschrieben haben, und – was gehen die mich an. Vergessen wir dennoch nicht: Die komplette christliche, jüdische und islamische Theologie beruht jeweils auf einem Buch! Praktisch jede der großen Religionen beruht auf den Worten in einem Buch! Ganze Gesellschaftsstrukturen, man denke an den Kommunismus oder die Industriestaatlichkeit seit Adam Smith, berufen sich auf Bücher! Also ist es doch nicht von vornherein schandbar, sich auf ein Buch zu gründen, das jemand geschrieben hat. Wenn man sich mit wem auch immer unterhält, dann stellt sich regelmäßig heraus, daß jener andere sein Leben nach diesem Theoretiker, jenem Psychologen, einem weiteren Philosophen, Politiker, Lehrer oder Weisen, bzw. deren in Buchform niedergelegten Lehren, ausrichtet.

Und noch etwas kommt hinzu, wenn unser Kritiker nicht einsehen möchte, warum er sich mit dem Buch von Frau Eddy befassen soll. Es werden illustrierte Unterhaltungsartikel, Bestsellerromane und Kriminalgeschichten ohne Ende geschrieben, gedruckt und gekauft, und zwar von Millionen von Menschen, die dafür endlose Stunden im Genuß ihrer illusionären Welten verbringen. Und niemand fragt, wofür das gut sein soll. Sodann: Ganze Universitätsfakultäten leben auf Kosten der Steuerzahler davon, daß sie die in Büchern niedergelegten Gedanken von Schriftstellern, Malern, Philosophen und Staatsmännern studieren, ihre Beziehungen, Einflüsse und Auswirkungen untersuchen. Die angefertigten Dissertationen, Habilitationen, Artikel und Buchreihen werden wiederum Gegenstand philologischer und historischer Untersuchungen mit neuen Diplomarbeiten, Dissertationen usw. Das ist hier nicht abwertend gemeint, weil ja auch gute und hilfreiche Gedanken in dieser akademischen Abteilung entwickelt worden sind und weil allein schon die bloße Unterhaltung durch Krimis etc. in der ersten Abteilung auch ihre Berechtigung hat. Aber es muß erlaubt sein zurückzufragen, wofür *das* alles gut sein soll, wenn jemand die Beschäftigung mit einem speziellen Buch nur deshalb ablehnt, weil das ja doch für nichts gut sei oder weil es nicht sofort wie ein Krimi oder eine Reisebeschreibung verstanden wird.

Man werde sich darüber bewußt, daß *Wissenschaft und Gesundheit* von Mary Baker Eddy ein Buch ist, das verspricht, eine tiefergehende Erklärung unserer Erkenntnisvorgänge zu liefern als die Naturwissenschaft, die ja die Natur über *eine* Ausformung dieser selben Natur, nämlich die organische Sinneswahrnehmung, erklären will; ein Buch, das unser Menschsein auf eine Weise neu definiert, daß wir vielleicht unsere Probleme mit dem eigenen Körper gesünder lösen können; ein Buch, das in Aussicht stellt, daß wir die Organisation unserer sozialen und politischen Ordnung mit Gerechtigkeit und individuellem Erfülltsein zumindest vergleichsweise befriedigender gestalten können. Zu guter Letzt kann die in dem genannten Buch niedergelegte Lehre gar nicht anders als friedlich und ohne Vorwurf gegen denjenigen sein, der sie verwirft, denn sie unterstellt nie einer *Person* Uneinsichtigkeit oder Böswilligkeit, sondern immer nur dem unpersönlichen sterblichen Gemüt. „Heilige Kriege", Verfolgungen, Kreuzzüge, Missionarstum, ja sogar eine „Heilsarmee", die Probleme nach Art von Almosen materiell lösen will (vgl. oben S. 125), sind in der korrekt verstandenen Christlichen Wissenschaft undenkbar.

Zugestanden, es mag alles nicht eintreten, weil die Verfasserin sich geirrt hat. Solche Irrtümer hat es immer gegeben, aber warum sollte es ausgeschlossen sein, daß sich der Versuch lohnt? Wir haben für den Fall, daß wir nicht schon weltanschaulich festgelegt sind oder Zweifel an unserer bisherigen Anschauung hegen, die einmalige Gelegenheit, sofern uns die in Aussicht gestellten Früchte zusagen, uns auf ein Buch einzulassen, das vielleicht wirklich heilsam für die Menschheit ist. Zumindest bevor wir sagen, alles sei doch Unsinn, sollten wir sehen, wie weit wir damit kommen, wie zutreffend die vorausgesagten Effekte sind und wie groß der Nutzen ist, den wir daraus ziehen. Wenn nichts an Einsicht oder Gewinn herauskommt, gut so, dann mag man das Buch beiseite legen, niemand wird einen Vorwurf oder Verdacht äußern, und die Zeit war nicht in höherem Maße vertan als die nach der Lektüre eines Krimis.

Monotheismus

Mit dem letzten Wort des Zweiten Teils, CHRISTUS, richtete sich unser Blick auf diese zweite Wirkungsweise GOTTES, auf den CHRISTUS, nachdem die erste, das WORT, unsere Frage ‚Was ist GOTT?' zunächst einmal beantwortet hatte. Wir sahen, wie das WORT, beginnend mit GEMÜT, dem ersten Hereinbrechen des göttlichen Lichts, und endend mit LIEBE, der vollständigen Erkenntnis des vollkommenen göttlichen Seins, uns schrittweise höher geführt und unserem Bewusstsein das Verständnis der Natur des einen Seins nähergebracht hat. Und nun – so heißt es provisorisch – kommt nach dem WORT der CHRISTUS. Schaut man in der Literatur nach, so erfahren wir, der CHRISTUS sei der Selbstausdruck GOTTES, die Übereinstimmung GOTTES mit dem Menschen, er sei zwingend, er sei unbeeinflussbar, er wirke erlösend, errettend und heilend, er sei die Übersetzung zum Menschen, die Botschaft GOTTES an die Menschen, und vieles mehr.

Es ist gut, bevor man sich an die Verständnisarbeit macht, sich gewissermaßen zurückzulehnen und eine Grundsatzfeststellung sorgfältig zu überdenken, die, wenn man sie einigermaßen abgeklärt hat, unser Verständnis deutlich erleichtert. Es geht um die Aussage, es gebe nur *ein* Sein, nur *einen* GOTT, das *Eine*, kurz, es geht um den Begriff des Monotheismus.

Die meisten Menschen befinden sich in einer Bewußtseinshaltung, wie wir sie beim Volk der Israeliten im Alten Testament kennengelernt haben. Und wenn ich nicht aufpasse, überrasche auch ich mich bei dieser Haltung, einer Haltung, die ich als Kind ganz selbstverständlich hatte und die mir in der Konfirmandenstunde und bei allen kirchlichen Predigten, Schriften und Kommentaren nahegelegt wurde. Es ist die Vorstellung, daß wir Menschen sozusagen hier (auf der Erde) sind und Gott dort (im Himmel) ist. Zwischen beiden bestehen ausgiebige Kontakte und Verbindungen, die je nach Religion, Konfession oder Privatauffassung recht unterschiedlich sein können. Die Israeliten schlossen immer wieder einen Bund mit Gott (Jahwe oder Zebaoth, aber nicht Elohim), der jeweils darauf hinauslief, Gott als den *einen* Gott zu verehren und dafür unter Gottes

Schutz zu stehen. Aber die Israeliten hielten sich nicht durchgehend an die Abmachung, so daß Gott sie daraufhin bestrafte und sie in die Hand der Feinde fallen ließ, bis sie sich besannen und zur alten Abmachung zurückkehrten. Das ist grob gesagt der Inhalt des biblischen Buchs der Richter. Monotheismus in dieser Version besagt, daß er, Gott, es nicht mag, wenn er Kollegen hat oder wenn man solche vermutet.

Die Herkunft dieser Vorstellung ist leicht einzusehen. Der Mensch bildet sich Gott nach seinem Bilde als eine Art Übermensch, der all unsere mentalen Eigenschaften hat, nur eben viel größer, länger, stärker usw. Man verlängert gewissermaßen unser Weltbild nach oben und sieht dort mehr oder weniger das, was man hier unten auch sieht. Da wir hier Liebe und Eifersucht, Großzügigkeit und Neid, Freimütigkeit und Hinterlist, Hass, Heuchelei, Ehrgeiz usw. kennen, gibt es all das „dort" zunächst auch, vor allem natürlich die Partner und Gegner, ohne die all jene Emotionen nicht funktionieren würden. So haben wir zuerst die polytheistischen Religionen, und die Götter sitzen oben auf dem Olymp, lieben und hassen und zeugen Kinder untereinander, kommen zu uns herab, mischen sich tatkräftig in alles ein und so weiter. Der israelitische Monotheismus bleibt grundsätzlich bei dieser Vorstellung, nimmt jedoch alle Mitgötter weg und lässt einen – auf dem Berg Horeb (2 Mos 3,1) – übrig, der aber weiterhin wie ein ehrgeiziger und eifersüchtiger Chef auftritt und nichts mehr fürchtet als die Rückkehr seiner Mitarbeiter. Sollten seine Anbefohlenen sich auf Flirts mit den Vertriebenen einlassen, erfahren sie die geballte Wut ihres Herrn. Wir hier unten halten uns also treu an die Ein-Gott-Vorschrift, leben unser Leben gut oder schlecht, heilig oder sündig, gesund oder krank, hoffen auf Hilfe von oben, wenn wir eine Krankmeldung abgeben, denn – jeder Pfarrer und jedes Familienmitglied kann es bezeugen – wir beten immer nur zu dem *einen* Gott und nicht zu Allah, Zeus, Baal oder Wotan.

Diese Art von Monotheismus scheint genau besehen auch heute noch gängige Praxis zu sein; sie teilt das Universum in ein „Duoversum" auf, Gott da – wir hier, und bitte schön, nur Gott und keine Götter. Der Dualismus kehrt erhobenen Hauptes heim in unser Bewusstsein.

Der Monotheismus aber, den Jesus im Neuen Testament einführte und den Mary Baker Eddy unter unsäglichen Mühen und mit sehr begrenztem Erfolg zu vermitteln suchte, ist schlechterdings etwas ganz, ganz anderes.

Eine Darlegung des wahren Monotheismus ist eigentlich nicht möglich, weil sich unsere sprachlichen Mittel gänzlich von unserer dualistischen Welt-, Lebens- und Erlebenssicht ableiten. Jesus benutzte Parabeln, die kaum verstanden wurden, M. B. Eddy legt das Seinssystem dar und greift laufend auf „Wiedergutmachungsvokabeln" zurück, die das, was sie zuvor dem Anschein nach fragmentarisch, in getrennten Einzelteilen, als der Sache nach zusammengehörend, aber begrifflich als zweierlei beschrieb, weil es sich anders eben nicht beschreiben lässt, wieder rückgängig machen sollen. So spricht sie von der unendlichen Widerspiegelung aller Ideen, denn die Ideen sind eben nicht „hier oder da"; sie spricht vom unendlichen Kalkulus, der jene Widerspiegelung „durchführt"; sie spricht von der Allgegenwart und dem Alles-in-allem; sie sagt ausdrücklich „PRINZIP und seine Idee ist eins" (*W & G* 465); sie unterscheidet zwar sieben Begriffe für GOTT, die aber *Synonyme* sind; ebenso die vier Wirkungsweisen, WORT, CHRISTUS, CHRISTUSTUM, WISSENSCHAFT, die eigentlich – wie alle anderen sprachlichen „Krücken" – Zugeständnisse an unser menschliches Begriffsvermögen sind; „die sieben Tage" sind letztlich „Zahlen der [einen] Unendlichkeit". Wirklich vorstellen können wir uns dieses Eine sicherlich nicht, deshalb müssen wir darüber nach*denken* und es uns logisch klarmachen.

Für Jesus war dieses Eine so klar geworden, daß er sagen konnte: „Ich und der Vater sind eins" (Joh 10,30). Und prompt geriet er in den Augen der Juden, die in alttestamentlicher Art Gott als Riesenbild des Menschen verstanden, in den Verdacht der Gotteslästerung, der Hybris, der frevelhaften Selbstüberhöhung. Dabei berief sich Jesus bei *allen* seinen Werken und Worten immer nur auf das *eine* PRINZIP, den *einen* Vater, von dem er – wie alles andere auch – nur ein Teil war. Nein, falsch: mit dem er eins war.

Wenn wir das, was wir bei den Ausführungen zum WORT GOTTES, also bei den sieben Synonymen mitsamt Ideen, als ein und nur ein vollkommenes geistiges Konzept auffassen, das wir – weil geistig – sozusagen in einen

Stecknadelkopf mit dem Radius Null hineinkomprimieren und diesen einen Stecknadelkopf zu unendlich vielen Stecknadelköpfen reproduziert als Substanz von allem, also von allen Objekten und dem Raum dazwischen, ansehen, dann beginnen wir, einen Begriff von Monotheismus zu entwickeln. Dann ist zwar noch nicht die durch unsere Unwissenheit und Irreleitung (durch die Sinne) hervorgerufene Verdrehung und Verkehrung dieses Seins aufgehoben, aber es erscheint nicht mehr verwunderlich, daß GOTT, dieses eine Sein, bis in die allerletzte Faser allen Geschehens hinein anwesend ist, also *wirkt*. Dieses „simple Seinsgeschehen" (der Leser bemerkt meine sprachlichen Bemühungen) tritt *uns* (!) als „göttliche Wirkungsweise" entgegen, die sich vielfältig äußern kann: als ein Eingreifen einer höheren Macht oder – je nach Ausgangslage – als Wunder oder als zwingende, sich selbst ausdrückende Gottheit oder als Übereinstimmung von Mensch und GOTT oder als Gottes Liebe oder – wenn wir unwissend auf der menschlich-dualistischen Sichtweise beharren – als Gottes Zorn und Strafe. Dieses Geschehen nennen *wir* (!) CHRISTUS, der in unser Dasein hineinzuwirken scheint. Vom Sein, von GOTT aus gesehen, ist alles hingegen das Ist-Sein, das unspektakulär lediglich „ist" und weder mein noch dein Wehwehchen kennt. Es „bürstet" einfach alles gerade, wenn wir im Verständnis unsere Besserwisserei ablegen können. Dieses Sein, dieser GOTT, bemerkt nicht einmal unsere Vielgötterei, seien es Baal oder unsere Anbetung der Medizin oder unsere Vergötterung unseres persönlichen Ruhms oder unser Tanz um das goldene Materie-Kalb. Stellen sich durch unsere Abkehr vom (echten) Monotheismus Unglück, Leiden und Krankheit ein, dann nicht wegen eines erzürnten GOTTES, sondern wegen unseres Ignorierens des einen wahren Seins. Sollten wir die Misere ihm, GOTT, zuschreiben, dann weiß er nichts davon, weil er nur das eine – *sein* – Sein kennt, weil er nur in der geistigen Wirklichkeit allwissend ist.

Versuchen wir, diesen echten Monotheismus nicht aus den Augen zu verlieren, wenn wir uns jetzt wieder der für uns notwendigen partitiven Betrachtung des CHRISTUS zuwenden, die uns jenen detaillierten Einblick gibt, den wir für ein vertrauensvolles Verständnis brauchen.

Der CHRISTUS[53]

Vielleicht denkt der eine oder andere Leser nicht mehr daran, was der Christus ist und meint, die Rede sei hier von Jesus „Christus". Im Lehrbuch macht M. B. Eddy den Unterschied zwischen Jesus und CHRISTUS eindrücklich klar (vgl. *W & G* 333 f.) und beschreibt die zeitlos ewige Gegenwart und Ausdruckskraft GOTTES, die zum menschlichen Bewusstsein und damit zum Menschen kommt, als CHRISTUS. Dieses unpersönliche konstante Wirken im Sein kann von Menschen in unterschiedlicher Intensität widergespiegelt werden. Moses, Elia und andere hatten bis zu einem gewissen Grad dieses Wirken demonstriert. Jesus hat die höchste Stufe erreicht und wurde daher von Petrus als (hebr.) der Messias oder (griech.) der Christus, d. h. der Gesalbte, der Erlöser, identifiziert (vgl. Mt 16,15–17). Der Ausdruck „Gottes Sohn" besagt, daß der Mensch Jesus eben nicht Gott ist, sondern durch sein Bewusstsein die unverfälschte Idee GOTTES in idealer Form darstellt. Und nur als CHRISTUS konnte Jesus sagen: „Ehe denn Abraham ward, bin ich" (Joh 8,58).

Wie sollen wir uns vorstellen können, daß GOTT sich für uns erkennbar „ausdrückt", sei es durch Jesus oder durch wen oder was auch immer? Und Jesus selbst erklärte ja, daß er kein Einzelfall sein muss, sondern daß „wer an mich glaubt, der wird die Werke auch tun, die ich tue, und wird größere als diese tun" (Joh 14,12). „Wer an mich glaubt": Wieder müssen wir verstehen, daß er von sich als CHRISTUS spricht und nicht als Jesus. Wir brauchen also das CHRISTUS-Gemüt und nicht eigentlich den Mann aus Nazareth. Hätte man dies verstanden, wäre der Welt viel Unheil erspart geblieben. All die Jesus-Kulte und Jesus-Bräute, die Exorzismen im Namen des Herrn Jesus, der Antisemitismus, der sich gegen die „Jesus-Mörder" richtet, die Reliquien-, Wundmal- und Epiphanien-Geschäftigkeit, die Vergötterung und Vergötzung einer Person, die unendlichen „christologischen" Diskussionen um die wahre Natur des Jesus Christus. Dabei ist der „Sohn GOTTES" etwas ganz Einfaches:

---

53 Auch hier werden an gegebener Stelle mit der bekannten Hervorhebung Ideen eingeführt, die für den CHRISTUS kennzeichnend sind. Dabei gibt es durchaus Überschneidungen mit dem WORT.

Jedem ist die Möglichkeit gegeben, die Natur des CHRISTUS in seinem eigenen Leben, so weitgehend es sein Verständnis erlaubt, auszudrücken, indem er die WAHRHEIT versteht und lebt. Und auch diese Erkenntnis wird nicht erst durch M. B. Eddy in die Welt gebracht; die Bibel sagt es unüberhörbar: „Meine Lieben, wir sind nun Gottes Kinder" (1. Joh 3,2). Man kann wohl mit einigem Recht sagen, daß Mary Baker Eddy die erste gewesen ist, die radikal und konsequent mit dieser Frohen Botschaft (gr./lat. evangelium) ernst gemacht hat.

Zurück zu unserer Frage, wie wir uns das Sich-Ausdrücken GOTTES vorstellen sollen. Da im Reich GOTTES, bestehend aus PRINZIP und seinen Ideen, keine Prozesse in unserem zeitlichen Sinne ablaufen, greifen wir auf die schon mehrfach verwendete Analogie zur Arithmetik zurück: Für den menschlichen oder maschinellen Rechner ist das Addieren mehrerer Summanden, z. B. 7 + 4 + 18, ein zeitlicher Vorgang; das Ergebnis aber, die Zahl 29, enthält von Anbeginn an bereits diese Summe neben unendlich vielen anderen Additionen gleichen Ergebnisses. Es wäre unsinnig, die 29 erst verwenden zu wollen, nachdem eine oder mehrere Additionen durchgeführt worden sind. So wie sowohl die Addition als auch die Summe gleich ewig sind, so ist sowohl PRINZIP als auch „die Operation zur Idee hin" als auch die Idee selbst gleich ewig; nur ist die Operation keine Addition, sondern – wie M. B. Eddy sagt – eine *„translation"*, eine Übersetzung.[54]

Die CHRISTUS-Übersetzung

Diese Übersetzung findet der Leser im Lehrbuch auf den Seiten 115 und 116 in tabellarischer Form. Ein kleiner Kommentar bietet sich vor allem für den Erstleser an, weil der plötzliche Anblick von den dort befindlichen *zwei* Übersetzungen verwirren könnte. Später, auf der Seite 152

---

54 Eine Übersetzung gibt einen gleichen Inhalt in einer anderen Form – zumeist im Kontext Sprache – wieder; das Erscheinungs*bild* verändert sich. So gesehen ist der Begriff „Übertragung" in den Lehrbuchübersetzungen irreführend, denn eine Übertragung *verschiebt* einen Inhalt.

dieses Buches, findet der Leser die Übersetzungen in verändertem Layout wieder; ich glaube, damit wird die Intention der Aussage graphisch etwas anschaulicher gemacht.

Als erstes zeigt M. B. Eddy die „Wissenschaftliche Übersetzung des unsterblichen GEMÜTS".[55] Anfangs- und Ausgangspunkt ist GOTT, PRINZIP, Endpunkt die Idee, also das, was sich unserem Bewusstsein zeigt und was wir von GOTT verstehen können. Denn das sagt M. B. Eddy immer wieder: GOTT als Ganzes ist für den Menschen nicht begreifbar. Was er aber begreifen kann, sind GOTTES Ideen, die so übersetzt in unendlichen Varianten und Ausformungen individuell zu ihm kommen. GOTT erscheint – wie bereits beim WORT – als sieben Synonyme, jedoch in einer Anordnung, die den Übersetzungs„vorgang" symbolisiert:

Die CHRISTUS-Ordnung (Erste Übersetzung)

„Göttliches PRINZIP, LEBEN, WAHRHEIT, LIEBE, SEELE, GEIST, GEMÜT" (*W & G* 115).

„Göttlich" ist wichtig, um den Gedanken auszuschließen, daß etwa der Mensch übersetze, daß sein Bewusstsein beteiligt sei, daß es an ihm liege, wenn übersetzt wird, daß er etwas in Gang setzen könne oder daß er etwas verhindern könne. Nach dem Start bei PRINZIP „durchläuft" die Übersetzung die zweite Stufe, das Bild und Gleichnis GOTTES, den einen geistigen vollkommenen Menschen (nicht *die* Menschen), denn dessen Idee soll ja zu unserem Bewusstsein in Form unendlicher Ideen kommen. Dann werden sie auf der dritten und letzten Stufe „der unmittelbare Ge-

---

55 Das zentrale Thema der CHRISTUS-Übersetzung ist mehrfach in der Literatur dargestellt worden. Als große Verständnishilfen nenne ich: Max Kappeler *Die sieben Synonyme für GOTT*, S. 195–209; ders. *Die vier geistigen Bewusstseinsebenen* (Der CHRISTUS erscheint hier immer wieder auf den verschiedenen Ebenen); ders. *Die Wissenschaft der Bibel. Das 1. und 2. Buch von den Königen* (London 1951), S. 65–75; ders. *Die CHRISTUS-Idee* (London 1968); Marguerite Steiner *Die CHRISTUS-Übersetzung* (Kappeler-Institut, Zürich, Berlin 1984).

genstand des Verständnisses" und – so können wir ergänzen – sind in der Lage, als CHRISTUS ihre wohltuende und heilende Wirkung auszuüben.

Die Funktion der Synonyme hat Max Kappeler so umrissen (ich verkürze)[56]:

PRINZIP, allumfassend, einzig und seinem Wesen nach LEBEN, WAHRHEIT, LIEBE, ist das einzige, das sich betätigt, und zwar als **Vater, Sohn** und **Mutter**. In unserem Bewusstsein bewirkt dies ein Denken, das „**fundamental, gebieterisch, systematisch, wissenschaftlich**" ist.

LEBEN, seine **Vaterschaft** ausführend, **versorgt, erhält, unterstützt** und bringt so dem Gedanken „**Inspiration, Fülle, Vermehrung, Erhöhung**".

WAHRHEIT als **Sohn** GOTTES übersetzt sich in die Form von **Bewusstsein** und kommt als „die göttliche **Manifestation** GOTTES, die zum Fleisch [zum materiellen Denken] kommt, um den fleischgewordenen Irrtum zu zerstören" (*W & G* 583).

LIEBE, die **Mutter**, ist nie unausgedrückt. So übersetzt sie sich zum Menschen als Erfüllung, **Erlösung, Ruhe** und **Frieden**.

SEELE ist eine Art Schaltstelle, wo gewissermaßen die **Übersetzung** stattfindet, indem das Wesen des PRINZIPS – LEBEN, WAHRHEIT, LIEBE – in die für den Menschen verständliche Form, nämlich in „unmittelbar" verständliche Ideen, gebracht wird. Die Ideen bewirken, daß die falschen menschlichen Annahmen durch sie, die Ideen, **ersetzt** oder **ausgetauscht** werden.

GEIST erstellt **Ordnungen**. Die Ideen werden „sinnvoll verteilt", d. h., sie werden nach Bedarf vervielfältigt (**diversifiziert**), in Kategorien aufgeteilt (**klassifiziert**) und dem jeweiligen Einzelbewusstsein zugeordnet (**individualisiert**).

GEMÜT stattet jede Idee mit seiner **Intelligenz** und **Macht** aus und macht sie manifest im Bewusstsein des Menschen, der sich so als eine Idee von GEMÜT erkennt, als die **Manifestation** von **Weisheit, Intelligenz, Kraft, Tätigkeit** usw.

Überschauen wir die Übersetzung „mit einem Blick", so sehen wir den Ideen-Pfeil von GOTT, PRINZIP, aus zum menschlichen Bewusstsein

---

56 Vgl. Kappeler *Könige*, S. 74 f.

fliegen, um dort zweierlei zu bewirken: Zum einen erhellt sich unser Bewusstsein als Verständnis GOTTES, der Ideen, des wahren geistigen Menschen, des Universums; zum anderen wird der „fleischgewordene Irrtum" aus menschlicher Sicht zerstört, wir erfahren Heilung, gewinnen Lebensfreude, bewegen uns in glücklichen Beziehungen.

Zweite Übersetzung

Aber wie geht dieses CHRISTUS-Wirken *vom Menschen aus* gesehen vor sich? Dazu hat M. B. Eddy die zweite, die „Wissenschaftliche Übersetzung des sterblichen Gemüts", hinzugefügt. Bei dieser Übersetzung spielt Zeit durchaus eine Rolle, denn es laufen Dinge in *unserem* Bewusstsein ab, die mal längere, mal kürzere Zeit beanspruchen. Dabei ist es wichtig zu sehen, daß nicht erst die eine und dann die andere Übersetzung komplett abgeschlossen wird, sondern daß beide in dem Sinne gleichzeitig sind, daß jede sukzessive Veränderung in unserem Gemüt (*2. Übersetzung*) das Ergebnis der laufend tätigen ersten Übersetzung ist. Ohne jene erste Übersetzung würde die zweite überhaupt nicht stattfinden. Das heißt, eine Umwandlung zum Guten geht nur über den CHRISTUS und nie über unsere eigene Anstrengung. Doch davon später mehr.

Die zweite Übersetzung erstreckt sich über drei Grade, dessen erster die reine Materialität, das „Physische", ist. Aus der Sicht des einzigen GEISTES handelt es sich um das, was M. B. Eddy im Randtitel vermerkt: Unwirklichkeit. Und die Qualität ist das genaue Gegenteil des GEISTES, des Guten: Verderbtheit. M. B. Eddy zählt eine ganze Reihe von Verderbtheiten auf, zu denen neben Neid, Hinterlist, Hass und Rache auch auf den ersten Blick erstaunliche Eigenschaften gehören wie Furcht, Krankheit und Tod. Unser Erstaunen liegt an unserem moralischen Denken. Im System der Christlichen Wissenschaft sind aber Furcht und Krankheit, aber auch Tod, Gegebenheiten, Irrtümer des sterblichen Gemüts, die nie und unter keinen Umständen einen Platz im geistigen Ideenreich haben. Das heißt, auch sie können durch Ideen ausgetauscht werden. Furcht kann zu **Furchtlosigkeit**, Krankheit zu **Gesundheit** umgewandelt werden; allgemein gesagt: Unwirklichkeit (also das substantielle Nichts) wird zu **Wirklichkeit** (zum geistigen Etwas). So steht es bei M. B. Eddy in den Randtiteln. Bei Tod fällt es uns schwer, ihn als Irrtum einzustufen, aber jetzt gleiten wir wieder ab in materielle Anschauungen, wo der Tod selbstverständlich seine Realität hat. Man wird doch nicht glauben, daß Jesus, wenn er so häufig vom ewigen Leben spricht, unser Lungen-Magen-Darm-Dasein im Sinn gehabt hat. Nein, es ist die Idee von LEBEN, die die ewige Existenzform des geistigen wahren Menschen als Idee ausmacht.

Der zweite Grad wird von M. B. Eddy als „moralisch" bezeichnet und gehört zu den „Übergangseigenschaften" (Randtitel), d. h., sie werden von den beiden Nachbargraden geprägt, beeinflusst oder abgelenkt. Wenn man die gegebenen Beispiele – Menschlichkeit, Ehrlichkeit, Nächstenliebe u. a. – liest, verwundern wir uns zunächst, denn sind das nicht all jene Qualitäten, nach denen zu streben wir angehalten sind? Natürlich sind sie den Eigenschaften der Verderbtheit vorzuziehen, jedoch bergen sie auch Probleme, solange ihre Herkunft nicht PRINZIP ist.

Wenn wir nämlich lediglich einen menschlichen Moralkodex befolgen, wechseln jene Werte je nach Geographie, Kulturkreis oder Epoche. Inzest oder Euthanasie sind hier verboten, dort erlaubt und anderswo erwünscht; was Raserei auf den Straßen oder Alkohol am Steuer ist, hängt von meiner Adresse ab; Ehebruch oder Homosexualität ist in einem Land lebensgefährlich, in einem anderen ist man „in".

Aber die Problematik geht weiter: Nehmen wir aus Gründen der Erziehung, der Religion oder allgemeiner Mitmenschlichkeit die Haltung des Gutmenschen an, so laufen wir Gefahr, wegen unserer rosagefärbten Sichtweise Opfer aller möglichen Halunken zu werden; wir leihen jedem Schurken Geld, wir fallen auf Heiratsschwindler herein, Schmeichler werden nicht oder folgenlos durchschaut, Ehrgeizlinge benutzen uns für ihre Zwecke.

Und noch weiter geht die Problematik: Wir erliegen der Versuchung, uns für gut zu halten, weil wir dem Bettler Almosen geben, weil wir für hungerleidende Kinder spenden, weil wir auf der Benefizgala – womöglich im Fernsehen übertragen – ein kleines Vermögen zurücklassen oder eine Wohltätigkeitsstiftung gründen.

Und immer noch ist die Problematik nicht am Ende: Sind wir religiös und denken in Kategorien des Alten Testaments, dann können wir die feste Überzeugung entwickeln, Gott würde uns aufgrund unserer guten Werke erspähen und uns – was wir heimlich anstreben, was aber Gott vielleicht nicht recht durchschaut – einen Platz im Himmel freihalten. Wir kennen solche fromm und bescheiden dreinblickenden Märtyrer, Dulder und Würdenträger; Jesus wird auf Gemälden zumeist so dargestellt, obwohl er ganz im Gegenteil den Irrtum immer in aller Schärfe und in unzweideutiger Diktion als Schlangen und Otternbrut rügte (vgl. Mt 23) oder eben zu nichts machte, das heißt zerstörte, das heißt zurückübersetzte, das heißt heilte.

Nein, wahre Menschlichkeit, unverführbare Ehrlichkeit, hintergedankenfreie Nächstenliebe usw. entstehen erst, wenn wir den dritten Grad betreten, den M. B. Eddy „geistig" nennt und dessen Modus die „Wirklichkeit" (Randtitel) ist. Jetzt wirkt nicht mehr das sterbliche Gemüt, sondern das unsterbliche GEMÜT, von PRINZIP „kommend". Die umwandelnde Tätigkeit der Ideen bringt etwas hervor, wirkt schöpferisch, so daß das Produkt in der durch Ideen modifizierten WORT-Ordnung beschrieben wird. Es ist das göttliche Ideenbewusstsein des geistigen Menschen, den der erste Schöpfungsbericht am sechsten Tag von WAHRHEIT eingeführt hat: **Weisheit** (GEMÜT), **Reinheit** (GEIST), **geistiges Verständnis** (SEELE), **geistige Kraft** (PRINZIP), **Liebe** (LEBEN), **Gesundheit** (WAHRHEIT), **Heiligkeit** (LIEBE). Und M. B. Eddy fährt fort: „Im dritten Grad verschwindet das sterbliche Gemüt, und der Mensch als GOTTES Bild erscheint."

Jetzt ist Moral etwas völlig anderes. Jetzt beruht sie auf Verständnis der geistigen Wirklichkeit, einem Verständnis, das sowohl in der ersten als auch in der zweiten Übersetzung den jeweiligen Abschluss bildet – weil es ein und dasselbe Verständnis ist – und damit zum überragenden Vehikel der CHRISTUS-Übersetzung wird. An diesem Punkt ist man „gut", weil man *verstanden* hat, daß dies die Wirklichkeit ist, weil man *versteht*, daß eine Zurschaustellung lediglich sterblicher Klamauk ist, weil es gar keinen größeren „Lohn" gibt als dieses Verständnis.

Auf der folgenden Seite nun die von mir umarrangierte Präsentation der zwei Übersetzungen, wobei jeweils in Pfeilrichtung gelesen werden muss. Die beiden rechten Spalten stammen nicht von M. B. Eddy. Sie wurden von mir zugefügt, die Pfeile aus lesetechnischer Notwendigkeit, die äußere Spalte aus der Absicht, dem Leser eine kleine Zusatzverständnishilfe anzubieten.

Wissenschaftliche Übersetzung des unsterblichen GEMÜTS

Göttliche Synonyme	GOTT: Göttliches PRINZIP, LEBEN, WAHRHEIT, LIEBE, SEELE, GEIST, GEMÜT.		Tatsächlichkeit
Göttliches Bild	Mensch: GOTTES geistige Idee, individuell, vollkommen, ewig.		simultan
Göttliche Widerspiegelung	Idee: Ein Bild im GEMÜT; der unmittelbare Gegenstand des Verständnisses. — *Webster*.		ewig
Wirklichkeit	*Dritter Grad:* Verständnis. Im dritten Grad verschwindet das sterbliche Gemüt, und der Mensch als GOTTES Bild erscheint. **Geistig. Weisheit, Reinheit, geistiges Verständnis, geistige Kraft, Liebe, Gesundheit, Heiligkeit.**		
Übergangseigenschaften	*Zweiter Grad:* Böse Annahmen dabei zu verschwinden. **Moralisch.** Menschlichkeit, Ehrlichkeit, Herzenswärme, Mitgefühl, Hoffnung, Glaube, Sanftmut, Mäßigkeit	Unser Weg des Lebens	
Unwirklichkeit	*Erster Grad:* Verderbtheit. **Physisch.** Böse Annahmen, Leidenschaften und Gelüste, Furcht, verderbter Wille, Selbstrechtfertigung, Stolz, Neid, Hinterlist, Hass, Rache, Sünde, Siechtum, Krankheit, Tod.		

Wissenschaftliche Übersetzung des sterblichen Gemüts

Antworten auf Verständnisfragen

Im Verständnis der CHRISTUS-Ordnung und der zwei Übersetzungen ist alles implizit vorhanden, was wir über den CHRISTUS wissen müssen. Dennoch wird es dem Leser ebenso ergehen, wie es mir erging und bei Gelegenheit immer noch ergeht: Versuchen wir im einzelnen Detail eine klare Vorstellung vom CHRISTUS-Geschehen zu bekommen, so bleiben Fragen des öfteren offen. Bei der Auswahl der Fragen orientiere ich mich an meiner eigenen Erfahrung, an den Fragen, die ich mir selbst lange gestellt habe; bei den Antworten versuche ich mein Bestes.

Hat es einen besonderen Grund, den Textfluss jetzt durch Fragen und Antworten zu ersetzen?
Ja, es gibt zwei Gründe. Würden alle Klarstellungen, die zu einem detaillierten Verständnis des CHRISTUS gehören, während der Darlegung der beiden Übersetzungen gegeben werden, so wäre diese Darlegung an vielen Stellen so „dickbauchig", daß der Überblick verlorenginge, und das Verständnis würde eher erschwert. Der Grund ist also didaktischer und methodischer Natur. Aus den gleichen Überlegungen heraus wurde bereits bei der Darlegung des WORTES „gesplittet": Bei GEMÜT, GEIST, SEELE wurde zunächst nur über jene Ideen gesprochen, die im absoluten Sein – Kategorie (A) – und in positiver Beziehung zum Menschen standen – Kategorie (B). Erst danach kam Kategorie (C), die sieben Schöpfungstage, hinzu, später, nach PRINZIP, der zweite Schöpfungsbericht – Kategorie (D) –, der dann rückwirkend auf die vorhergehenden Synonyme angewandt wurde. Natürlich hätten (A) bis (D) von Anfang an gezeigt werden können, doch wenn zu viele Kategorien *auf einmal* neu kennengelernt und angewendet werden, entstehen Verwirrung und Verunsicherung durch Mangel an Orientierung. Wir sind nun einmal darauf angewiesen, unsere Kenntnis peu à peu zu erweitern. Lassen Sie mich an dieser Stelle verraten, daß es in der Christlichen Wissenschaft neben den sieben Synonymen und den vier Wirkungsweisen noch eine dritte Großkategorie gibt, die zwar bisher inexplizit in die Darlegungen eingeflossen ist, von der aber erst später explizit kurz die Rede sein soll, wenn die zwei ersten vertrauter geworden sind (u. S. 230 ff.).

Der zweite Grund, hier mit Fragen und Antworten zu arbeiten, ist der, daß durch die quasi isolierten Abschnitte größere Freiheiten bei der Textstrukturierung möglich sind und leichter ein- und zugefügt werden kann.

Wenn Ideen immer vollzählig und simultan vorhanden sind und wenn sie Irrtümer aufheben, warum benötigt dann die zweite Übersetzung Zeit; warum keine schlagartige Komplettheilung?

    M. B. Eddy schreibt: „Wenn GEIST oder die Macht der göttlichen LIEBE für die Wahrheit zeugt, dann ist dies das Ultimatum, der wissenschaftliche Weg, und die Heilung erfolgt augenblicklich" (*W & G* 411). Wenn wir an die Saulus-Paulus-Erfahrung und an die „Wunder", die Jesus und M. B Eddy vollbrachten, denken, dann ist sicher, daß solche Heilungen möglich sind. Aber nach aller Kenntnis ist dies nicht der laufende Normalfall. Bei der Heilung heben spezifische Wahrheiten spezifische Irrtümer auf, so wie 2 + 3 = 5 den Irrtum 2 + 3 = 6 aufhebt. Dieser spezifische Irrtum 2 + 3 = 6 wird aber nicht durch eine beliebige andere Wahrheit, etwa 3 + 4 = 7, aufgehoben. Und da unsere Krankheits- und Leidensbilder immer eher komplex, d. h. unter Beteiligung vieler unterschiedlich zäher Irrtümer, daherkommen, ist zumeist Zeit nötig. Zum einen gibt es eine Art Irrtumshierarchie, d. h. Hauptirrtümer und abgeleitete Irrtümer, die erst nach Überwindung des Hauptirrtums weichen können; zum anderen hat das sterbliche Gemüt, unsere Mentalität, den eigenartigen Wesenszug, einmal eroberte Stellungen nicht so leicht aufzugeben. Sehen wir eindeutige Fehler immer gleich ein und stellen sie ab?

    Ein Beispiel: Jemand leidet an Bluthochdruck. Der Grund soll sein, daß er am Arbeitsplatz Stress hat. Warum hat er diesen Arbeitsplatz? Weil er hofft, dort viel Geld zu verdienen und Karriere zu machen. Was reizt ihn an der Karriere? Das Ansehen, das er vor anderen hat. Warum ist ihm dies wichtig? Weil nach seinem Menschenbild der Nächste nicht Mitmensch, sondern Konkurrent ist. Hören wir hier auf. Es ist klar, daß eine medizinische Kur mit blutdrucksenkenden Mitteln keine Heilung herbeiführt; aber auch die Erkenntnis des Stresses nützt isoliert wenig, auch wenn stressfördernde Einzelaktionen als Irrtum erkannt und unterlassen werden. Es muss der Hauptirrtum (falsches Menschenbild) aufgelöst werden. Doch der ist meistens so unerkennbar in unsere „Normalität" integriert, daß wir ihn gar nicht identifizieren, keine Beziehung zum Symptom erkennen und überhaupt nicht auf den Gedanken kommen, dort etwas zu ändern. Einzig der CHRISTUS, das Verständnis der „wahren Wirklichkeit", hilft weiter. Im Grunde meinte Jesus genau dies, das Verkennen der Wirklichkeit, das Vorbeischießen am Ziel, also die Sünde, als er dem von ihm geheilten Kranken am Teich Bethesda sagte: „Siehe, du bist gesund geworden; sündige hinfort nicht mehr, daß dir nicht etwas Ärgeres widerfahre (Joh 5,14).

Wie soll ich mir den grundsätzlichen Heilungsablauf durch den CHRISTUS *vorstellen? Wie kommt eine Wahrheit zu der irrtümlichen Annahme und hebt sie auf?*

Bei Doorly und Kappeler werden bei dieser Frage regelmäßig die auf M. B. Eddy zurückgehenden Begriffe „Analysieren, Aufdecken, Auflösen"[57] des Irrtums durch die WAHRHEIT gebraucht. Dabei ist zu bedenken, daß M. B. Eddy bezüglich der „Auflösung" der irrtümlichen Annahmen (auf denen ja alle Krankheiten und Disharmonien beruhen), ganz unterschiedliche Vokabeln je nach Intention gebraucht. Danach tut CHRISTUS, WAHRHEIT u. a. folgendes: Er zerstört den Irrtum, vernichtet, vertreibt, beseitigt, besiegt, überwindet ihn, rottet, löscht ihn aus usw. Das ist aber nur die menschliche Sichtweise, die das Verschwinden des Irrtums so erlebt. Von GOTT aus findet natürlich kein Kampf zwischen WAHRHEIT und Irrtum statt, weil WAHRHEIT ihn als ein Nichts, als Illusion des sterblichen Denkens ohne Substanz, gar nicht kennt. WAHRHEIT ist einfach da, und das hat für uns Folgen. Der Irrtum „weicht" nicht wirklich, sondern er erweist sich durch die Ausbreitung der Ideen als *nichts*. $2 + 3 = 6$ hat keinerlei arithmetische Substanz, die der Wahrheit $2 + 3 = 5$ Widerstand entgegensetzen könnte. Also kein Kampf, kein Ringen, einfach ein Verschwinden von etwas, das ohnehin nie wirklich da war. Unter diesem Blickwinkel verstehen wir, wenn es an anderen Stellen heißt, der

---

[57] Analyze—uncover—annihilate; vgl. *Retrospection and Introspection (Rückblick und Einblick)* (Boston 1934), S. 30.

Irrtum vernichte sich selbst, oder er werde in Ideen „rückübersetzt", oder er „löse sich auf".

Mit diesem Begriff von Auflösung im Kopf betrachten wir zunächst das „Analysieren" des Irrtums: Als neulich mein Computer sein Antivirenprogramm updatete, erschienen verschiedene Statusangaben, die den Stand des Update-Vorgangs beschrieben. Zuerst hieß es „Überprüfung von Dateiversionen". Also das komplette neue Antivirprogramm „betrachtete" das vorhandene alte. So könnte man sich die alle Wahrheiten enthaltende WAHRHEIT bildlich vorstellen, wie sie über dem Teppich des Irrtums schwebt und Abweichungen von ihrem eigenen Wesen ausmachen lässt, nämlich durch die spezifischen Wahrheit*en*. Jede Einzelwahrheit stolpert gewissermaßen über die ihr entsprechende „Abwesenheit" oder Verzerrung. Das sind dann die jeweiligen Irrtümer.[58] Das entspräche in unserem Vergleich dem Statusbericht: „Downloadet und kopiert die neuen Dateien", das heißt für uns, die Wahrheiten decken den Irrtum oder die Irrtümer auf. Schließlich kommt die „Auflösung", d. h., die Wahrheiten nehmen den Platz der substanzlosen Irrtümer ein, so wie man ein Loch ausfüllt. Der Computer sagt an dieser Stelle „Startet die relevanten Anwendungen". Der Irrtum hat sich so selbst zerstört. Jedes „Zerstören", „Vernichten", „Auflösen" des Irrtums und die damit verbundene Heilung oder Problemlösung ist immer ein Rückübersetzen des Irrtums in Ideen, also der Vorgang der Zweiten Übersetzung, die die erste Übersetzung zwingend als parallelen, übergeordneten Vorgang voraussetzt. Denken wir noch schnell an das Beispiel Licht – Dunkelheit. Auch die Dunkelheit hat wegen ihrer mangelnden Substanz keine Möglichkeit zum Kampf, obwohl sie „zerstört" wird.

Wenn der Irrtum so problemlos verpufft, warum werden wir ihn dann nicht los?

Weil wir nicht *verstehen*, weil wir ihn in den meisten Fällen behalten

---

58 „Ein geistiges Verständnis registriert jeden Mangel an Übereinstimmung zwischen dem Menschen und dem göttlichen GEMÜT und kann so den spezifischen Irrtum erkennen." M. Kappeler *Die Entwicklung der christlich-wissenschaftlichen Idee und Praxis* (London 1968), S. 65.

wollen, weil Ruhm, Ansehen, Macht, Geld, Einfluss, Ehrgeiz, Selbstgerechtigkeit und Narzissmus, das Ego eben, zu lustvoll sind. Davon will sich das sterbliche Gemüt nur ungern trennen und nimmt die Kollateralschäden billigend oder unwissend in Kauf.

Gibt es eine Art Systematik jener Schäden?
Max Kappeler hat in seinem Buch *Die sieben Synonyme für* GOTT die CHRISTUS-Ordnung sehr anschaulich dargelegt und betont, wie in dieser Ordnung der Aspekt der Macht oder Potenz im Vordergrund steht und wie sich dies bei jedem einzelnen Synonym auswirkt. Dabei unterscheidet er den Standpunkt von GOTT aus und vom Menschen aus. Ohne dies jedesmal eigens zu kennzeichnen, haben wir die Erscheinungsformen jedes Synonyms in der CHRISTUS-Ordnung bereits irgendwie erwähnt. Zum Beispiel die ordnende Macht des GEISTES, die sich im Menschlichen als reinigende, diversifizierende, klassifizierende und individualisierende Macht auswirkt, oder die Manifestationskraft von GEMÜT, die sich menschlich als Erleuchtungskraft mit korrigierender, führender und heilender Wirkung kundtut. Dabei wurde stillschweigend unterstellt, daß der Mensch jeweils gewillt ist, diese Wirkungen geschehen zu lassen.

Aber eigentlich häufiger ist der Fall, daß der Mensch statt dessen Widerstand leistet und auf seinen Annahmen beharrt. Dann erscheint ihm die CHRISTUS-Übersetzung als äußerst unangenehm, weil der CHRISTUS in Unkenntnis der Irrtümer natürlich wirkt und wirkt und (sozusagen) nie lockerlässt; das, was er kennt, ist er selbst, PRINZIP und Idee, „Start und Ziel". Die Folge für uns ist, daß das CHRISTUS-Bemühen, uns zu erlösen, nie nachlässt; es scheint *uns*, CHRISTUS wolle uns unter keinen Umständen im Irrtum belassen. Er scheint uns laufend mahnen zu wollen, doch endlich zu erwachen, wo wir uns doch im gegensätzlichen Zustand von GEMÜT, GEIST, SEELE, PRINZIP, LEBEN, WAHRHEIT, LIEBE, also im „Nebel", im Bösen, im Unglück, im Egoismus, in der Stagnation, in der Krankheit, in der Furcht befinden. Wenn wir diese Zustände den Synonymen in der CHRISTUS-Ordnung zuordnen, erhalten wir in Kappelers Aufstellung (vgl. *Synonyme* S. 209) die dortige rechte Spalte, die unsere „widerspenstige" Reaktion auf den CHRISTUS enthält und die hier kurz zusammengefasst sei:

Bei PRINZIP erfahren wir durch unser häufiges Scheitern, daß seine Macht gebieterisch und nicht zu umgehen ist, was schließlich dazu führt, daß wir vor der göttlichen Autorität die Knie beugen müssen.

Bei LEBEN erleben wir die nicht zu unterdrückende, alles überflutende Vitalität, die trotz unserer Bremsversuche und unserer matten Perspektiven immer neues Leben entstehen lässt.

Bei WAHRHEIT müssen wir erkennen, daß ihre Tätigkeit als durchschlagende Macht zermalmend auf unsere liebgewordenen Irrtümer wirkt, so daß wir an einen „Zorn Gottes" oder an einen übelwollenden Gott denken könnten.

Bei LIEBE geht es nicht mehr um die Zerstörung des Irrtums, sondern um unsere zwingende Erlösung, was uns irgendwann vom Irrtum wegreißen muss.

Bei SEELE stemmen wir uns gegen ihre Umwandlungskraft, die uns zu Glück und Befriedigung führen will. Also sehen wir uns durch den CHRISTUS, der uns nicht in den Fängen der Sünde, des Falschen, verhaftet lassen kann und will, seelisch und körperlich leiden. Ohne den CHRISTUS gäbe es das Leiden zwar nicht, aber wir als ganze Person und nicht bloß die falschen Details unseres Daseins würden dann das Schicksal der Selbstzerstörung erleiden.

Bei GEIST stehen wir in einem zermürbenden Widerstreit der Gegensätze, der dem Dualismus entspringt und die einzige wahre Natur des GEISTES nicht anerkennt. Verurteilt, beide Seiten des Dualismus mit Substanz zu versehen, stecken wir mitten im Kampf des GEISTES wider das Fleisch mit allen Frustrationen und Mißlichkeiten. Diesen Zustand nannte M. B. Eddy Chemikalisation, wo die Idee auf die angeblich wirkliche Illusion aus dem Reich der materiellen Verderbtheit trifft.

Bei GEMÜT zieht das sterbliche Gemüt aus den leidvollen Erfahrungen von SEELE und GEIST den falschen Schluss, der tierische Magnetismus, also eine reale böse Kraft, sei am Werk und manifestiere sich in den Symptomen. Verkennt man aus Unwissenheit den dahinterstehenden CHRISTUS und kämpft dagegen an, so könnte man *diesen* Impuls eigentlich als tierischen Magnetismus bezeichnen, und ein Scheitern wird unvermeidlich.

Was ist denn nun zu tun, wenn man das segensreiche Wirken des CHRISTUS *erfahren möchte?*

Wie es die beiden Übersetzungen an ihrem jeweiligen Ende sagen: Zum Punkt von Verständnis gelangen. Dann wissen wir nämlich, daß wir der CHRISTUS-Macht nicht ausweichen können und wir uns daher ihren Forderungen unterstellen müssen. Das läßt sich näher ausführen:

Natur und Wesen des Seins läßt sich über die Selbstoffenbarung GOTTES, über das WORT, zunächst erlernen, daß wir einen Begriff von den Ideen erhalten. Ist unser Bewusstsein liebevoll damit befaßt, prägt das unser Bewußtsein und schließlich unser Sein. Dadurch machen wir uns willig, das Wirken des CHRISTUS zu akzeptieren, der dann auf seine Weise mit unseren Irrtümern umgeht. M. B. Eddy vergleicht diesen Zustand mit einer Fensterscheibe, durch die das Licht GOTTES fällt (*W & G* 295); an uns liegt es, sie durchsichtig zu halten. Das heißt, alle verunreinigenden Elemente des materiellen Denkens müssen an der Tür unseres Bewußtseins zurückgewiesen werden.

Wenn wir uns vor Augen halten, daß wir als sterbliche Adamsmenschen in absolut keiner Weise auf GOTT, PRINZIP und seine Ideen einwirken können, dann sehen wir sofort ein, was wir dauernd falsch machen: Im allgemeinen behindern wir fortgesetzt den CHRISTUS unwissentlich und unwillentlich durch *unser* Eingreifen. *Wir* meinen zu wissen, *welches* Problem gelöst werden muss; wir schreiben vor, *wie* die Lösung auszusehen hat, *wann* sie eintreten und *wo* genau heilend operiert werden soll. Was *wir* vielleicht als Problem ansehen, ist möglicherweise Folge einer ganz anderen Nichtübereinstimmung mit dem wahren Menschen, oder es ist überhaupt kein Problem und erscheint uns nur als solches, weil wir ein falsches Lebenskonzept leben. Unsere Heilungsbemühungen wären dann nicht nur vergebens, sondern sogar kontraproduktiv. *Wir* entwerfen gern „Lösungsstrategien" und suchen für diesen Zweck sogar Seminare auf, *wir* denken uns „vertrauensbildende Maßnahmen" aus und wundern uns, wenn diese Schüsse durchschaut werden und nach hinten losgehen. Psychotherapeuten wenden auf uns eine ihrer tausenden Behandlungsmethoden an, die *sie* zufällig studiert haben, und am Ende von zwei bis zehn Jahren haben wir vielleicht bloß einen neuen Namen, den wir uns geben zu müssen glauben. Im Grunde verhalten wir uns so – ich greife wieder mal zur Arithmetik –, als ob wir bei der Rechenoperation 17^5 sagten: Ich akzeptiere das Ergebnis nur, wenn es zweimal die 6 enthält.

Dabei ist nur CHRISTUS, WAHRHEIT der richtige Diagnostiker und Therapeut. „WAHRHEIT entschleiert den Irrtum durch ihre ewigen Gesetze. WAHRHEIT veranlaßt die Sünde, sich zu verraten", und: „Laß WAHRHEIT den Irrtum in GOTTES eigener Weise aufdecken und zerstören, und laß die menschliche Gerechtigkeit die göttliche nachahmen" (*W & G* 542).

Was uns zu tun bleibt, ist wenig (einerseits) und viel (andererseits): Wir können getrost unsere Eingriffe in die Symptome unterlassen, „positives Denken" ist unser unbefriedigender sterblicher Vorsatz, den der CHRISTUS wahrscheinlich zermalmt, eine pharmazeutische Maßnahme ist von zweifelhaftem Wert nicht wegen der möglichen Nebenwirkungen, sondern wegen der Placebo-Basis, die mit mentalem Selbstbetrug gleichzusetzen ist und nie heilt, sondern allenfalls zeitweilig Symptome kuriert, denn sie glaubt, mit GEIST und Mentalität nichts zu tun zu haben.

Nein, unsere Aufgabe liegt woanders: Wir müssen den mitunter beschwerlichen schmalen Pfad des geistigen Verständnisses, den Weg vom Sinn zur SEELE – wie M. B. Eddy sagt – gehen, damit wir die Arbeitsweise GOTTES verstehen. Überdenken wir immer wieder hingebungsvoll die *eine* unendliche WAHRHEIT und wissen wir, daß sie auf ihre Weise ihre unfehlbare Arbeit tut und vertrauen wir ihr ohne Vorbehalte, dann tun wir viel, dann – so nennt es die Christliche Wissenschaft – beten wir.

„So geben wir die eitle Anstrengung auf, das Göttliche in unserem Leben auszudrücken, und sind vielmehr bereit, im Menschen die unendliche Idee zum Ausdruck bringen zu lassen."

„Wann immer irgendwelche Art von Unvollkommenheit uns bedrängt, sei es Krankheit, Mangel, Niedergeschlagenheit, Eifersucht usw., so liegt die Lösung darin, unserem Verständnis von der All-Wirksamkeit der CHRISTUS-Idee zu vertrauen."

„Beherbergen wir Ideen, so übersteigt es unsere Vorstellungen, was sie im Menschlichen alles zu vollbringen vermögen."[59]

---

[59] Max Kappeler *Die* CHRISTUS-*Idee* (op. cit.), die drei Zitate S. 28–30.

Die zweite Übersetzung, die die Annahmen in Ideen übersetzt, heißt auch „Rückübersetzung". Wie soll ein Nichts rückübersetzt werden? Klingt das nicht doch ziemlich dualistisch?

Ja, es *klingt* dualistisch, wie praktisch alles im Bereich der menschlichen Annahmen. Das, was wir sinnlich wahrnehmen und entsprechend sprachlich wiedergeben, ist immer dualistischer Natur, auch wenn es bei genauem Hinsehen eine Täuschung ist. Denken wir zurück: Wir können es beim besten Willen nicht verhindern, Dunkelheit und Kälte wahrzunehmen und sie sprachlich als ein Etwas erscheinen zu lassen, obwohl eine Substanz von beiden nicht existiert.[60] Stellen wir uns einen dunklen Raum vor, in den durch langsames Öffnen der Jalousien immer mehr Licht einfällt. Niemand würde Anstoß nehmen, wenn man sagt, die Dunkelheit weiche, werde vertrieben oder – allerdings unüblich – „übersetze sich" oder werde umgewandelt in Licht. Bei Annahmen und Ideen ist das vergleichbar: Die Annahmen sind für *uns* ausgesprochen wirklich, Ideen wissen nichts davon, wie Licht nichts von Dunkelheit weiß.

Füllen nun Ideen allmählich unser Bewusstsein, so nimmt es allmählich Ideencharakter an; nichts aus Sicht der Ideen wird vertrieben oder „übersetzt". Ganz anders in *unserem* menschlichen Empfinden: Die uns bekannten (oder unbewußten) Annahmen geben sich gewissermaßen auf, weil an ihrer Statt Ideen sind. Die materiellen Folgen unserer Annahmen wie Krankheitssymptome, Leiden, Unglück, Mangel etc. geben sich in Wahrheit ebenso auf, aber jenes Verschwinden übersetzt sich und tritt in *unserer* Wahrnehmung als eine materielle Verbesserung auf. Daher wird ja häufig fälschlicherweise angenommen, GEIST, GOTT trete in die Materien ein und verbessere sie oder wirke wie ein Medikament auf den Schmerz. Anders gesagt: Die spezifische Idee kommt zu uns in unser Bewusstsein und hat einen heilenden Effekt nicht *auf* den Schmerz (z. B.),

---

60 Johannes beginnt sein Evangelium mit der „merkwürdigen" Feststellung: „Alle Dinge sind durch [das Wort] gemacht, und ohne dasselbe ist nichts gemacht, was gemacht ist" (Joh 1,3). Wozu der Zusatz „was gemacht ist"? Weil eben nur die Substanz gemacht ist und nicht deren Abwesenheit. Wenn Licht erschaffen wird, dann wird nicht noch zusätzlich Dunkelheit erschaffen. Johannes muss um den geistigen Monismus gewußt haben.

sondern *trotz* des Schmerzes. Also trotz „Vorhandenseins" des „unwirklichen" Schmerzes breitet sich die wirkliche Idee aus. So wirkt GEIST nicht durch die Materie oder in der Materie, sondern *trotz* der Materie, trotz der bösen Annahmen, trotz ... (*siehe 2. Übersetzung, erster Grad*). Und weil die vermehrte Präsenz von Ideen in unserem Bewusstsein weniger Annahmen oder Irrtümern Raum lässt und weil die „verdrängten" Annahmen samt materiellen Folgen verschwinden und weil uns dieses Verschwinden als ein verbesserter materieller Zustand vorkommt, besteht die scheindualistische Aussage, die Annahmen des sterblichen Gemüts werden in Ideen des unsterblichen GEMÜTS „rückübersetzt".

Max Kappeler hat in seinem Buch *Die sieben Synonyme für Gott* im Kapitel „Der dimensionale Charakter der Synonyme für Gott" (S. 235–280) auch die CHRISTUS-Dimension aufgeführt und für jedes Synonym aufgelistet, „wie es im Bereich seines vermeintlichen Gegenteils wirkt" bzw. wie es rückübersetzt. Es kann nicht schaden, wenn ich alle diese CHRISTUS-Ideen aus menschlicher Sicht hier wiedergebe.

GEMÜT: kontrolliert, reguliert, Medizin, heilt, errettet, korrigiert.

GEIST: lässt keine Vermischung zu, Scheidelinie, abtrennen, ausscheiden, führt den Kampf, Sauerteig, Alchemie, Chemikalisation, Krise.

SEELE: Meister, das Größere kontrolliert das Geringere, weist zurecht, weist zurück, kehrt um, wandelt um, Auferstehung, stellt wieder her, führt vom Sinn zur SEELE, tauscht ein.

PRINZIP: verzeiht nie, demonstriert, beweist, löst Probleme.

LEBEN: überwindet den Tod, Mangel usw., erhebt über ..., erhöht, erneuert, ununterdrückbar, Durchbrecher, unaufhaltbar.

WAHRHEIT: entschleiert Irrtum, deckt Irrtum auf, verneint Irrtum, neutralisiert Irrtum, arbeitet Nichtsheit des Irrtums aus, richtet Irrtum, setzt sich durch, zerstört Irrtum, vertreibt, beraubt, vernichtet, beseitigt, verzehrt, überwindet, besiegt Irrtum, rottet Irrtum aus, löscht Irrtum aus, treibt Irrtum aus, Befreierin, Siegerin, Heiler, Erlöser, Heilmittel, Umwandlungsmittel.

LIEBE: Ultimatum, züchtigt, erzwingt Erlösung, vergibt alles, universales Lösungsmittel, endgültige Lösung, hebt Irrtum auf, macht Irrtum schadlos, füllt jedes Vakuum, volle Kompensation, volles Entgelt, schützt, tröstet; für LIEBE: kein Irrtum, kein Ankläger, kein Streit, ist alles möglich; augenblickliche Heilung, Erlösung.

Einige Ideen kamen hier noch nicht oder unzulänglich erklärt vor. Was ist die Bedeutung bei GEIST von „führt den Kampf" und „Sauerteig"; bei SEELE von „Meister" und „das Größere kontrolliert das Geringere"; bei PRINZIP: „verzeiht nie", obwohl LIEBE „alles vergibt"; und warum ist LIEBE „volle Kompensation"?

Diese „Hinführung zur Christlichen Wissenschaft" ist in hohem Maße unvollständig, weil sozusagen durch den eher holprigen Vorgarten (*Erster Teil*) nur bis zum offenen Hauseingang geführt wird mit einem begrenzten Blick auf das gröbere Mobiliar im Gebäude.

GEIST führt den Kampf gegen unsere widerspenstigen materiellen Annahmen; wir sollten außer Verständnis keine strategischen Ambitionen haben. Der Sauerteig ist ein biblisches Symbol und steht für die stetige Ersetzung der Annahmen durch Ideen, wodurch letztere sich ausbreiten.

In der Herrschaft des GEISTES ist SEELE unser Meister über den materiellen Sinn und den menschlichen Willen (vgl. *W & G* 9). Und wir sollten es „SEELE überlassen, den falschen Augenschein der Sinne zu meistern und die Ansprüche der SEELE durchzusetzen gegenüber Sterblichkeit und Krankheit" (*W & G* 395, aus dem Engl.). Insofern ist SEELE das Größere, und was sie meistert, ist das Kleinere oder Geringere: „Die Wissenschaft enthüllt, daß GEIST, SEELE nicht im Körper und daß GOTT nicht im Menschen ist, sondern vom Menschen widergespiegelt wird. Das Größere kann nicht im Kleineren enthalten sein" (*W & G* 467). In dieser Bedeutung wird auch die seit der Antike vorherrschende Überzeugung als falsche Annahme entlarvt, daß nämlich im gesunden Körper eine gesunde Seele wohne – *mens sana in corpore sano* –, daß also vom Zustand des Körpers unser seelisches Befinden abhinge. Heute wissen wir, daß es sich genau umgekehrt verhält: *corpus sanum in mente sana*.

Dass PRINZIP nie verzeiht, besagt lediglich, daß PRINZIP nie den Irrtum neben seiner Idee zulässt, daß es nie fünf mal gerade sein lässt. Die prinzipliche Methode der Verzeihung ist Auslöschen, Rückübersetzen des Irrtums. Man sollte daher nie glauben, GOTT würde „ein Auge zudrücken"; auch bei inbrünstigstem Bittgebet (das es ja in der Christlichen Wissenschaft nicht gibt) ist GOTT absolut taub, hellhörig werden höchstens einige der anthropomorphen Götter.

Anders bei LIEBE: Hat WAHRHEIT den Irrtum, die Sünde, beseitigt, so ist die Sünde absolut vergeben, kein Nachtragen, kein Ankläger, keine Vorhaltungen; die Sünde ist nicht mehr, sie hat ihren eigentlichen Existenzmodus der Unwirklichkeit auch für uns wieder eingenommen, weil sie in WAHRHEIT nie war. Und alle Sorgen, aller Kummer, alles Leiden, das uns während der Irrtumsregentschaft bedrückte, wird voll aufgewogen, kompensiert durch den nun einsetzenden Seelenfrieden, die Ruhe, Erfüllung, Vollkommenheit der LIEBE.

Nach all den Darlegungen über den CHRISTUS bleibt an materieller Ursache und Wirkung eigentlich nichts übrig. Aber es gibt doch unheilbare Erbkrankheiten, die im genetischen Erbgut begründet sind.

Hier spricht die Christliche Wissenschaft von kollektiven oder auch universalen Annahmen, die wegen ihrer „Normalität" nie in Zweifel gezogen werden. Es wäre doch denkbar, daß sich in Draculand Kinder herausmendeln, die gegen die „Vampirbisse" immun sind oder die mit sichtbaren Bißstellen geboren werden *aufgrund ihrer Gene!* Gene sind doch neben Warzen und organischen Zellen auch Materie. Und wenn die Mentalität letztlich den Körper komplett beherrscht, warum dann nicht auch die Gene? Und den Charakter? Und die Familienähnlichkeit? Und die Angewohnheiten? Das ist gar nichts Verwunderliches; eine Art mentaler Ansteckung, die sich auf den Körper auswirkt.

Die Biologen, Mediziner usw. gestehen heute dem Mentalen durchaus Einfluß auf den Körper zu. Aber warum sollen denn nicht beide Faktoren ungefähr gleichberechtigt Verantwortung tragen?

Da spricht wieder unsere Sinneswahrnehmung. Der große Vorteil der einzig geistigen Ursächlichkeit durch GEMÜT (die dann auch verfälscht auftreten kann) ist doch die absolut klare kategoriale Ordnung: GEMÜT → Ideen → vielfach diversifizierte oder subsumierte Ideen → Gegenteile → Materie → kranke Materie. Man stelle sich vor, man ginge gleichberechtigt von *allen* materiellen Erscheinungen aus, von kranken *und* gesunden Körpern, von Krieg *und* Frieden, von klugen *und* dummen Geistern, von fallenden *und* aufsteigenden Dingen usw. usw., dann hätten wir absolute Unordnung, Chaos. Es wäre das gleiche, als wenn man richtige *und* falsche Rechnungen gleichberechtigt ernst nähme, um sich ein Bild von der Arithmetik zu machen. John W. Doorly bringt es christlich-wissenschaftlich auf den Punkt: „Gesundheit hat immer mit WAHRHEIT zu tun, und Gesundheit bedeutet im Grunde wahres Menschtum. Gesundheit ist kein physischer Zustand; es bedeutet in Wirklichkeit Ganzheit oder Harmonie in allem, und sie ist ein Bewußtseinszustand" (*Praxis ...* S. 162).

Was sind „subsumierte Ideen"?

Zum Beispiel die Idee „Gesundheit". Zuerst haben wir in der obersten Kategorie etwa „gesunde Mentalität", „gesunde Regierung", „gesunde Beziehungen", „gesunder Körper". „Gesunde Beziehungen" unterteilen sich in gesunde Beziehungen „in der Familie", „am Arbeitsplatz", „im Verein". Gesunde Beziehungen am Arbeitsplatz heißt gesunde Beziehungen „zum Chef", „zur Sekretärin", „zum Hausmeister" und so weiter (nach Kappeler, *4 Ebenen,* S. 128).

Es gibt keine Bittgebete in der Christlichen Wissenschaft? Aber „beten" und „bitten" sind doch sprachlich eng verwandt, und nicht nur im Deutschen: to pray; prier.

Aber was besagt denn die etymologische Beziehung? Daß seit Jahrhunderten oder gar Jahrtausenden die Menschheit kaum einen Unterschied zwischen beiden gemacht hat. Ich frage zurück: Warum soll nicht ein uralter Universalirrtum vorliegen können? Was gemacht wurde und wird, ist folgendes: Der Betende unterbreitet dem, was er Gott nennt, seine Mängel und Wünsche und bittet darum, Gott möge gnädig seine Mängel beseitigen und seine Wünsche erfüllen. Als besonders wirksam wird gern angenommen, wenn man laut und demutsvoll fleht, den Blick senkt oder gen Himmel erhebt, die Hände faltet und auf die Knie oder bäuchlings auf den Boden sinkt.

Schon ein solcher Ritus läßt stark an die Unterwürfigkeitsgebärden denken, die weltlichen und kirchlichen Autoritäten entgegengebracht werden, wenn man etwas bekommen möchte, und wir sehen natürlich, daß hier wieder die anthropomorphe Vorstellung von einem vermutlich willkürlich agierenden Überpapa am Werk ist. Der Betende hofft auf Mitleid oder Wohlwollen, ist sich aber nicht sicher; deshalb die rituellen Gesten, die die Glaubwürdigkeit seiner Selbstverkleinerung erhöhen sollen. Je intensiver die Gesten, desto näher liegt der Verdacht, daß der Bittsteller völlig abweichende Empfindungen hegt und vielleicht im nächsten Augenblick Frau und Kinder verprügelt, Kanonen segnet oder sich an den Meßdiener heranmacht.

All diese Charakteristika sind in der Christlichen Wissenschaft undenkbar. Allein der angedeutete Versuch zu denken, GOTT, das die sieben Synonyme und die unendlichen Ideen umfassende PRINZIP, das exklusiv geistig, allgegenwärtig und unparteiisch nur sich seiner selbst bewusst ist und weder die Person noch deren Mangel oder Leiden kennt, weder die gefalteten Hände sieht noch die artikulierten Wörter hört, könne Wert auf geneigte Häupter und liturgische Arrangements legen, ist aberwitzig. Wir wissen doch: GOTT, WAHRHEIT wirkt nur über seine Wahrheiten, die als Ideen zum Bewusstsein des Menschen kommen. Diese Wahrheiten sind unendlich, d. h., sie sind von vornherein – da geistig und an keinen Ort gebunden – bereits „da". Jede einzelne Wahrheit ist die Antwort auf eine spezifische Frage, die Lösung eines spezifischen Problems, die Heilung einer spezifischen Krankheit. So verstehen wir die zentrale Feststellung in der Christlichen Wissenschaft, daß die Antwort *vor* der Frage anwesend ist.

GOTT darauf hinweisen zu wollen, welches Problem gelöst werden soll, oder gar, was er im einzelnen unternehmen müsse, oder noch abwegiger, wen er zu bevorzugen, wen zu verderben habe, ist redundantes Bemühen, weil er nichts von alledem versteht. Aus seiner Sicht ist seine Arbeit längst getan; seine Vollkommenheit liegt überall vor und bereit. Es bleibt uns nichts anderes zu tun übrig, als seine Wahrheiten, seine Ideen in unser Bewußtsein einzulassen, d. h. ihnen nicht dauernd unwissend den Zugang zu verwehren. Wenn daher der Christliche Wissenschaftler betet, dann bittet er nicht, dann *versteht* er GOTT, dann *weiß* er, daß GOTT immer nur das Beste für alle im Auge hat, daß er unaufgefordert alles dafür tut, daß er niemanden auch nicht für einen Augenblick vergißt und daß wir im Grunde schon alles erhalten haben, was wir brauchen, wenn wir CHRISTUS-gemäß, also in Ideen, also gut, leben. Das meint M. B. Eddy, wenn sie sagt: „Sich das Bemühen angewöhnt haben, immer gut zu sein, ist Beten ohne Unterlaß" (*W & G* 4, aus dem Engl.). Da unser benötigtes Verständnis der „guten" Ideen immer mehr vertieft werden kann, denn was wir verstehen wollen, ist unendlich, ist auch unser Beten ohne Begrenzung.

Darf ich bei Krankheit oder anderen Mißgeschicken nie Anstrengungen machen, nie aktiv um eine Lösung bemüht sein?

Die Christliche Wissenschaft ist kein Verein von Fanatikern, doch wir müssen aufpassen: Wenn wir uns vertrauensvoll an den CHRISTUS wenden, uns ihm unterstellen, heißt das ja nicht zwangsläufig, daß ein Wunder ohne unser Zutun passiert. Die CHRISTUS-Lösung kann auch darin bestehen – und das ist sogar meist der Fall –, daß uns durch Eingebung eine spezifische Tätigkeit imperativ klar wird, die es auszuführen gilt – andernfalls wollen *wir* ja wieder bestimmen –, oder es geschehen einfach unvermutet Dinge, die unser Problem lösen. Es kann aber auch sein, daß das Leiden, die Schmerzen sehr groß sind oder daß wir unverzüglich drohendes Unheil abwenden müssen, wir aber unbewußt den Zugang der rettenden (und wie immer bereits wartenden) Idee blockieren. Es ist doch nicht Sinn der Christlichen Wissenschaft zu leiden. Natürlich können wir dann materielle Hilfsmittel benutzen, einen Arzt aufsuchen. Je nachdem, wie weit wir geistig sind, wird der eine früher, der andere später und der dritte überhaupt nicht zu solchen Hilfen greifen. Es wäre vermessen und völlig gegen den Geist der Christlichen Wissenschaft, hier Vorschriften zu machen. Auf jeden Fall sollten wir bestrebt sein, unser Verständnis kontinuierlich zu vertiefen, dann verliert diese Fragestellung immer mehr an Brisanz. „Sollten Christliche Wissenschaftler jemals von anderen Wissenschaftlern keine Hilfe empfangen […], so wird GOTT sie dennoch zum rechten Gebrauch der zeitabhängigen [*materiellen*] und ewigen Mittel führen" (*W & G* 444, aus dem Engl.).

Scheint ein Symptom dauerhaft nicht zu vergehen, ist das für viele ein Grund zu sagen, die Christliche Wissenschaft sei ein Irrweg. Nach meiner Erfahrung scheinen etliche auf einen solchen Mißerfolg geradezu zu warten, um dann mit der Keule auszuholen. Nach mehreren Versuchungen in dieser Richtung bin ich jetzt aber fest überzeugt, daß ein ständiger Mißerfolg sozusagen durch die Rechnung 5 + 7 = 13 entsteht, was nicht das Versagen der Arithmetik ist, sondern mein eigenes, d. h., daß bei Fortdauer der Probleme mein Verständnis des CHRISTUS und der WAHRHEIT eben noch lückenhaft, unvollkommen, oberflächlich oder rein intellektuell ist.

Beim Thema Leiden oder Unglück in der Welt ist es doch so, daß in den seltensten Fällen materielle Manipulationen den Fall klären. Gebe ich an der Haustür Almosen, dann mag sich der Empfänger freuen, aber die Misere wird nicht beseitigt, im Gegenteil, ich erkenne den Irrtum als wirklich an, und im schlimmsten Fall riskiere ich durch meine moralische Freundlichkeit, daß kurz darauf bei mir eingebrochen wird. Es ist wie bei einem Alkoholiker, dem ich Geld oder Schnaps gebe: Er sinkt tiefer. Oder man sehe sich die „Entwicklungshilfe" über den IWF (Internationaler Währungsfonds) an: die Länder rutschen immer tiefer in die Schuldenfalle und verarmen, oder das Geld versandet in einer korrupten Nomenklatura. Unsere gutgemeinte Moral ist nur allzuhäufig blind gegen die „physische Verderbtheit". Es ist doch typisch, daß das moralisch Gute gegenüber dem Bösen praktisch immer den kürzeren zieht und als „loser" an der Welt verzweifelt.

Kain, der Repräsentant des Physischen, brachte seinen Bruder Abel, den Repräsentanten des Moralischen, um. Erst Seth, der Repräsentant des Geistigen, hatte unendliche Nachkommenschaft, aus der letztlich auch Jesus erwuchs. Kains Nachkommen starben nach der siebten Generation mit Lamech aus: die auf der siebenten Stufe vollendete Selbstvernichtung des Irrtums; Abel hatte keine Nachkommen: das klägliche Ende des Moralischen; Seth: GEIST, die Vielfalt des LEBENS (vgl. 1 Mos 4,17–5,32).[61]

---

61 Die Kain-Abel-Erzählung gehört zum Irrtum des 2. Schöpfungsberichts. Die Deutung der hier gegebenen Genealogie stammt von Max Kappeler. Siehe *Die Wissenschaft der Bibel. Das erste Buch Mose* (op. cit.), S. 46–50.

Wir müssen die Lehre ernst nehmen, daß wir aus eigener sterblicher Kraft entweder die Lage verschlimmern oder, wenn nicht, dem Geistigen zumindest keinen Schritt näherkommen. Jesus: „Der Sohn kann nichts von sich selber tun, sondern nur, was er sieht den Vater tun" (Joh 5,19). Und von M. B. Eddy ein Rat für unser Verhalten bei Missgeschick: „Es ist gut, in Krankheit [*oder Mangel, Unglück etc.*] gelassen zu sein [*das ist der erste Schritt weg vom ersten Grad der Verderbtheit*]; hoffnungsvoll zu sein ist noch besser [*2. Grad, Übergangseigenschaften*]; aber zu verstehen, daß Krankheit nicht wirklich ist und daß WAHRHEIT deren scheinbare Wirklichkeit zerstören kann, ist das Beste von allem, denn dieses Verständnis ist das allgemeine und vollkommene Heilmittel [*3. Grad, geistig, Verständnis*]" (*W & G* 393 f.). Nicht Glaube, sondern immer wieder Verständnis! Das bringt die Christliche Wissenschaft auf Abstand zu der Phalanx von lautstarken Religionen.

Wenn man christlich-wissenschaftliche Heilungen, also die Rückübersetzungen, als „Verständnisheilungen" bezeichnen wollte, was wären dann „Glaubensheilungen"?

So ganz beziehungslos sind die beiden Arten nicht, denn beide arbeiten mittels unseres Bewusstseins, das wir uns dreifunktional[62] denken müssen. Im „oberen" Extrem denken wir uns die Einflüsse durch das göttliche oder unsterbliche GEMÜT, die Ideen. Bestünde das menschliche Bewußtsein nur daraus, dann wären wir vollständig vergeistigt, wir wären der Ideal-Mensch, ausschließlich GOTTES Widerspiegelung, sein Bild und Gleichnis. Die Christliche Wissenschaft erklärt so die Himmelfahrt Jesu, sein materielles Verschwinden in GEIST. Das andere „untere" Extrem besteht nur aus den Annahmen, den Irrtümern, den Verdrehungen, Verhinderungen und Abwesenheiten der Ideen, den unwirklichen Illusionen, den Scheinentitäten, die zusammengefaßt das sterbliche Gemüt ausmachen. Bestünde das menschliche Bewußtsein nur daraus, dann wäre der Mensch rein physisch, verderbt, unwirklich, eine Kain-Adam-Persönlichkeit.

Beide Extreme kommen wohl in unserer Erfahrung nicht vor. Was wir

---

62 Das hat nichts mit der Freudschen Unterteilung in das Über-Ich, das Ego und das Unbewusste zu tun.

kennen und erleben, sind die jeweils unterschiedlichen Anteilsmengen der Extreme „in der Mitte". Das ist dann das menschliche Gemüt.[63]

Bei den durch die erste Übersetzung bewirkten Rückübersetzungen verschiebt sich die Anteiligkeit zugunsten der Ideen. Jede Heilung, jede Problemlösung, jede „Erleuchtung" ist in unserem Bewusstsein ein Ideenzuwachs, der im gleichen Verhältnis die „paßgenauen", gegenteiligen Annahmen des sterblichen Gemüts zum Verschwinden bringt. Dieser Ideenzuwachs stellt sich unserer Wahrnehmung als verbesserter materieller Zustand dar. Er ist aber – wie schon gesagt – in Wirklichkeit keine Verbesserung, sondern ein *Abnehmen* der Materialität. Im Rahmen der christlich-wissenschaftlichen Systematik erscheint ein „Zustand, der weniger verderbt oder weniger physisch ist, das heißt weniger unwissend (GEMÜT), weniger materiell (GEIST), weniger sündig (SEELE), weniger persönlich (PRINZIP), weniger sterblich (LEBEN), weniger ungesund (WAHRHEIT), weniger unvollkommen (LIEBE)."[64]

Bei unserer Placebo-Diskussion im Ersten Teil sprachen wir von der menschlichen Mentalität, von der komplett die Körperlichkeit abhängt: Jedes körperliche Leiden, jede Gesundung, alles geschieht aufgrund und durch unsere Mentalität, bewußt, unbewußt, individuell, kollektiv. Wegen dieser ausschließlichen Wirkungsrichtung von Mentalität zum Körper hin nannten wir das Phänomen „Mentalistik".

Der mentale Vorgang, in dem Illusionen des sterblichen Gemüts durch Ideen des unsterblichen GEMÜTS ersetzt werden, ist die „Verständnisheilung", der Wunsch und das Ziel des Christlichen Wissenschaftlers.

Die „Glaubensheilung" ist strenggenommen und im weitesten Sinne jede andere Art von Heilung, auch die allopathische, homöopathische und psychotherapeutische, denn im Abschnitt über die Placebo-Wirkung sahen wir, daß für eine Heilung immer der Glaube an das heilende Vehikel nötig ist, eben

---

[63] Die Termini stammen von M. B. Eddy. Dieses Bewußtseinsmodell hat Kappeler mehrfach dargelegt, z. B. im *Synonym-Kurs* GEMÜT (MP3, CD A-2, Lektion 5).

[64] Kappeler *Die Kleinen Propheten im Lichte der Christlichen Wissenschaft* (London 1980), S. 29. Diese kompakte Darstellung der CHRISTUS-Übersetzung (S. 27–32) ist wegen ihrer konzentrierten Klarheit sehr zu empfehlen.

auch der *Glaube* an die Wirkung materieller Mittel. Bei der Glaubensheilung im engeren Sinn nimmt man die grob materiell sichtbaren Elemente des Vorgangs heraus und arbeitet mit „verbesserten" Annahmen des menschlichen Gemüts. Anstelle von Ideen ersetzen nun solche Annahmen aus den Übergangseigenschaften (*Zweiter Grad*) die kranken oder verderbten Annahmen des sterblichen Gemüts. Ist der Glaube stark genug, tritt ein verbesserter Zustand durchaus ein. Solche Annahmen können sein das Vertrauen in den Arzt oder Therapeuten, der Glaube an Astrologie, der Zuspruch eines guten Freundes, aber auch der Glaube an einen anthropomorphen Gott, der sich mitleidsvoll und besorgt um meine Mißlichkeit kümmert.

Als John W. Doorly über Jahre durch die Lande reiste und christlich-wissenschaftliche Vorträge hielt, stellte er mit großem Erschrecken fest, daß praktisch alle Heilungen, die ihm berichtet wurden, Glaubensheilungen waren. Daraufhin beendete er seine Reisetätigkeit und widmete sich ausschließlich der Erforschung der Christlichen Wissenschaft, um deren *Wissenschaft* herauszufinden. M. B. Eddy erkannte bereits die Gefahr, die durch jene Glaubensheilungen für die Wissenschaft des Heilens entstand, weil nämlich dadurch über den Kanal des sterblichen Gemüts unerkannt *Annahmen* Zugang in die Heilpraxis finden und sie lahmlegen würden.[65] Überhaupt ist es in der Christlichen Wissenschaft ein gewisses Problem, daß man sie oder ihre Praktiker ziemlich oft nur als Arztersatz benutzt. Es soll schnell eine Heilung herbeigeführt werden, aber nichts darf sich ansonsten verändern, der Praktiker wird zum Medizinmann degradiert und läßt sich degradieren. In der Schweiz soll es sogar eine Versicherung geben, die die Honorare von „Ausübern" akzeptiert und zahlt.

Glaubensheilungen sind im übrigen selten dauerhaft: Da sie auf Annahmen – wenn auch verbesserten – beruhen, ist der körperliche Zustand den gleichen Wechseln unterworfen wie die Annahmen selbst, die ja Übergangseigenschaften haben. Hinzu kommt, daß durch Glaubensheilungen in erster Linie nur Symptome erfasst werden, der Hauptirrtum bleibt zumeist versteckt und sucht sich dann neue Symptome oder rezidiviert.

Es sei noch angeführt, daß „Glaubensheilungen" auch nach „unten"

---

65 Diese Befürchtung ist Thema ihres Artikels „Glaubensheilung" in *Rückblick und Einblick* (Boston 1934), S. 54–55.

praktiziert werden, also als Mittel zur Verschlechterung des Zustands dienen können. Das wären dann die Schwarze Magie, gewisse Formen des Hypnotismus und Mesmerismus, Furcht vor Krankheit, die Überzeugung, Krankheit gehöre unvermeidlich zum Leben; Angst vor dem Tod, self-fulfilling prophecies und die Malpraxis. Christlich-wissenschaftliche Heilungen hingegen können ihrer innersten Natur nach nie „nach unten" gerichtet sein.

Die Idee manifestiert sich bei der CHRISTUS-*Ordnung beim Punkt* GEMÜT. *Beim* WORT *manifestiert sich die Idee als „Licht" auch bei* GEMÜT, *aber gleich zu Anfang. Müsste die Darlegung der Synonyme nicht mit dem* CHRISTUS *beginnen, damit wir einen verstehbaren Begriff von „Idee" haben?*

Es stimmt, die Idee kommt immer zu uns über den CHRISTUS, den Ausdrucksimpuls GOTTES. Um nun aber den CHRISTUS und die „Bewegungsrichtung" der Ideen zu verstehen, brauchen wir einen Begriff vom Ausgangspunkt, PRINZIP. Das WORT ist ja die Selbstoffenbarung GOTTES, durch die die Frage „Was ist GOTT?" beantwortet wird. Auch wenn bei der ersten Stufe von GEMÜT zunächst einmal die Natur des aufleuchtenden Lichts, also der Idee, im Bewusstsein ungeklärt bleibt, so erschließt sie sich doch bei den folgenden sechs Stufen. Insofern steht das WORT für das *Suchen*, man wird gewissermaßen nach oben geführt. Doorly prägte hierfür den symbolisch zu verstehenden Begriff des *aufsteigenden* Weges. Beim CHRISTUS stehen wir sozusagen oben (PRINZIP) und steigen wieder hinab zum menschlichen Bewusstsein, also ein *absteigender* Weg. GOTT wurde gefunden, und wir können ihn über die Ideen „erleben". Somit steht der CHRISTUS für das *Finden*. Es ist für das menschliche Bewusstsein sicher befriedigender, zunächst zu wissen, worum es überhaupt geht, also was GOTT *ist*, bevor es mit den göttlichen Übersetzungen (CHRISTUS) „konfrontiert" wird.

Das englische „translate" erscheint mit seinen morphologischen Varianten 16mal im Lehrbuch. Außer auf Seite 115 und 116, wo die beiden Übersetzungen dargelegt werden, kommt es nur noch einmal auf Seite 209 in exakt dieser geistigen Bedeutung vor. Ist das nicht erstaunlich bei der zentralen Stellung, die dieses Thema einnimmt?

Ja, das könnte man meinen. Doch „übersetzen" ist nur ein sprachliches *Wort*. Hat man die Übersetzung verstanden, dann sieht man, daß die Übersetzung *der Sache nach* permanent vorkommt, bei all den Wirkungen, die der CHRISTUS positiv wie anscheinend negativ auf den Menschen ausübt (vgl. oben S. 147 ff.).

Auch in der Bibel erscheint die Übersetzung! Allerdings als Parabel: Im Johannesevangelium wird in 3,1–13 von dem Pharisäer Nikodemus erzählt, der heimlich zu Jesus kommt und im Grunde wissen will, was zu tun sei, um so zu sein wie Jesus. Jesus spricht von Neugeburt, was der materiell denkende Nikodemus natürlich nicht versteht. Jesus meint die geistige Neugeburt, die nichts anderes ist als das Ergebnis unserer ersten und zweiten Übersetzung: „Niemand fährt gen Himmel [2. Übers.], denn der vom Himmel herniedergekommen ist [1. Übers.], nämlich des Menschen Sohn" (Joh 1,13).[66]

Die christlichen Kirchen lehren übereinstimmend, Jesus oder Christus habe durch seinen Kreuzestod die Menschheit erlöst, weil er für sie gestorben sei, weil er unsere Sünden auf sich genommen habe. Kann das sein?

Das kann nicht sein und ist auch nicht so. Zunächst einmal: CHRISTUS kann überhaupt nicht sterben und er weiß gar nicht, was Tod ist. Und Jesus hat sein materielles Dasein abgelegt, wie jeder von uns das auch getan hat oder tun wird. Eine materielle Unsterblichkeit wäre über kurz oder lang das Ende unseres Planeten.

Daß Jesus unsere Sünden übernommen habe, ist *eine* Variante eines menschlichen Traums, der einfach zu schön wäre. Wir erkennen diesen archaischen Traum heute in der Absolution der katholischen Kirche, wo ein zertifizierter Kleriker ermächtigt ist, nach der Beichte die Sünden zu entfernen, ohne sie aber selber zu übernehmen. Oder man zahlt in den Ablaßbeutel, und die Sünden machen im Himmel keinen Ärger mehr.

---

66 Diesen Bezug hat Max Kappeler erkannt. Vgl. „Wissenschaftliche Geburtshilfe", Beilage zur *Information* Nr. 21 (Kappeler-Institut, Berlin 1978), S. 3–8.

Warum eigentlich all die Sündentilgungsriten, wenn Jesus doch schon alle auf sich genommen hat? Im Alten Testament war man handfester: Um die Kinder Israels von allen Unreinheiten und Sünden zu befreien, wurden sie einem Bock aufgeladen, den man dann als Sündenbock in die Wüste jagte (vgl. 3 Mos 16,20–22).

Wie soll die Sündenumschichtung vor sich gehen? Weder geistig noch mental, einzig annäherungsweise materiell durch Wiedergutmachungszahlungen lässt sich ein solcher Mechanismus konstruieren. Soll der makellose Rechenlehrer sagen, wenn der Schüler sich verrechnet: Ich nehme den Fehler auf mich und leide dafür? Ich glaube, man hat nie nach der pathetischen Apparatur gefragt, die einen solchen Sündentransfer ermöglicht. Oder eine solche Frage wird im religiösen Kontext als unanständig oder sakrilegisch überhört.

Es entspricht ganz einfach der urmenschlichen Wunschmentalität, ein anderer möge mir abnehmen, was ich nur selbst bereinigen kann. Es hilft nichts: Wir müssen die Vergebung selbst erarbeiten, indem wir durch das geistige „Verständnis, das das Böse als unwirklich austreibt" (*W & G* 497), die Rückübersetzung der Sünde in Idee durch den CHRISTUS herbeiführen und daraufhin unsere Umwandlung (Besserung) geschehen lassen und dadurch Vergebung erlangen.

Jesus war unser Beispielgeber, unser Wegweiser. Er veranschaulichte durch sein Wirken und seine Worte den CHRISTUS, die unabsehbaren Möglichkeiten, die die CHRISTUS-Übersetzung in sich trägt. Er sagte: „Folget mir nach", was bedeutet: „Nehmt das CHRISTUS-Gemüt an, dann hat der Fürst dieser Welt (*die Sünde*) nichts an euch" (vgl. Joh 14,30). „Ich bin der Weg und die Wahrheit" (Joh 14,6), und „der Geist der Wahrheit […] wird euch in alle Wahrheit leiten" (Joh 16,13), und ihr „werdet die Wahrheit erkennen, und die Wahrheit wird euch frei machen" (Joh 8,32). Sein Übernehmen unserer Sünden lässt sich nur symbolisch verstehen: Wenn wir der WAHRHEIT nachfolgen, dann sind wir genau wie Jesus frei von Sünde. Jedem Leser lege ich ans Herz, das wunderschöne zweite, das Jesus-Kapitel im Lehrbuch von M. B. Eddy, „Versöhnung und Abendmahl", zu lesen (*W & G* 18–55).

Vierter Teil

Vorläufiger Standort

Da in diesem Teil Dinge besprochen werden, die für die meisten „Neuankömmlinge" von allergrößtem Interesse sind, das Heilen, Korrigieren und Sich-Befreien von Krankheit und Disharmonie, ist es besonders wichtig, eine mögliche Isolierung dieser Thematik zu vermeiden, indem der Standort des Themas, d. h. seine Einbettung in das System, hervorgehoben wird.

Der ganze Erste Teil handelte so gut wie überhaupt nicht von der Christlichen Wissenschaft. Er legte die uns vertraute materielle und mentale Welt so dar, daß der Leser sie zunächst als vollkommen selbstverständlich und akzeptabel ansehen musste. Aus verschiedenen Richtungen kamen dann Überlegungen zu diesen Phänomenen ins Spiel, die anfangs behutsam, dann aber massiv die uns so stabil erscheinende Selbstverständlichkeit ins Wanken brachten und bringen sollten. Es waren hauptsächlich die Begriffe *Sinneswahrnehmung, Dualismus, Krankheit* und *Materie*, die nicht mehr in gewohnter Geläufigkeit ihren Platz beanspruchten. Dadurch konnten wir uns einer geistigen Sichtweise des Menschseins und des Universums nähern, die die Christliche Wissenschaft unternommen hat und die kaum so ohne weiteres plausibel gemacht werden kann. Wenn man die doch sehr fundamentalen Unstimmigkeiten und Unebenheiten in unserer üblichen Weltsicht einsieht, kann man leichter eine andere Weltsicht in Betracht ziehen, die jene Mängel zu erklären verspricht.

Im Zweiten Teil wurde der Leser, von den biblischen Schöpfungstagen ausgehend, mit der geistigen Beschaffenheit des Universums und des Menschen bekannt gemacht, was im Grunde eine Selbstoffenbarung Gottes darstellt. Es ist der allumfassende Begriff Gott, der sich über sieben Stufen, die sieben Synonyme Gemüt, Geist, Seele, Prinzip, Leben, Wahrheit und Liebe, dem Bewusstsein des Menschen offenbart. Dieser aus sich selbst bestehende, geistige, ewige und vollkommene Gott ist allgegenwärtig; es ist nicht möglich, von ihm getrennt zu sein, auch wenn wir es nicht zu bemerken glauben. Verstehen kann man ihn durch die *Ideen*, die als göttliche Identitäten ihn widerspiegeln und so unserem Bewußtsein zugänglich sind. Aller Anfang, alle Ursache geht immer nur von GOTT aus, und wenn wir darüber in Unwissenheit sind, erleben wir uns und das Universum nicht mehr geistig, sondern materiell, und die Vollkommenheit des GEISTES zeigt sich uns materiell und fehlerhaft.

Eigentlich hätte die Darstellung in diesem Buch auch diesen Weg „von oben", von GOTT, also den absteigenden Weg, nehmen sollen, aber das läßt das menschliche Gemüt nicht so ohne weiteres mit sich machen; das sage ich aus eigener Erfahrung. Wir können uns trösten, M. B. Eddy, Doorly und Kappeler nahmen die gleichen Rücksichten. Der fortgeschrittenere Leser kann diese Umkehrung leicht selbst vornehmen und von GOTT ausgehend über die Ideen, deren Akzeptanz oder Zurückweisung durch unser Bewusstsein zum wahren Menschtum bzw. seiner mentalen und materiellen Verkehrung gelangen.

Nachdem nun ein Begriff von GOTT vorlag, befaßte sich der Dritte Teil mit der Ausdruckseigenschaft, der Ausdruckswilligkeit und -fähigkeit GOTTES. Dieser Aspekt nennt sich CHRISTUS und erreicht das menschliche Bewusstsein durch die verstandenen Ideen GOTTES. Gäbe es den CHRISTUS nicht, wäre GOTT unausgedrückt, dem Menschen als ewig ferne Unerkennbarkeit verborgen. Der göttliche Selbstausdruck realisiert sich über die CHRISTUS-Übersetzung, die der Mensch über eine Zweiteilung, 1. & 2. Übersetzung, verstehen kann, einmal von GOTT, PRINZIP zur Idee hin und einmal – gleichzeitig – vom unwirklichen Irrtum der menschlichen Annahme zurück zur Idee.

Den göttlichen Selbstausdruck erfahren wir normalerweise in der Mehrzahl von Idee, also in individuellen Ide*en*. Die Frage, die sich jetzt erhebt, ergibt sich beinahe zwanglos: Wie sieht ein solches Ideen-Universum aus; wie können wir von unserem in WAHRHEIT unwirklichen, irdischen, sterblichen, materiellen Standort aus an diesem Universum teilhaben, bzw. wie erscheint das Universum, wenn wir nicht teilhaben, sei es aus Unwissenheit, sei es aus Verweigerung, sei es aus Unfähigkeit, von unserer materialistischen Haltung abzulassen?

Diese ganze Thematik ist Inhalt der dritten Wirkungsweise GOTTES, des CHRISTUSTUMS.[67]

Das CHRISTUSTUM unternimmt es, den Begriff des *Einen* (GOTT, Universum, Idee Mensch) mit unserer Vorstellung des *Vielen* (Menschen, Gedanken, Objekte) in Einklang zu bringen. Wir können uns dem CHRISTUSTUM daher auch „aufsteigend" nähern und in einem ersten Schritt erkennen, daß alles in unserer Welt Ausdruck ist entweder von geistigen, göttlichen Ideen oder von deren Verkennung, Verdrehung und vermeintlicher Abwesenheit. Das führt im zweiten Schritt sogleich zur Beschäftigung mit den Ideen selbst und ihrer Seinsweise. Im dritten Schritt sehen wir die Herkunft *aller* Ideen aus dem *einen* PRINZIP, GOTT, und der gesuchte Einklang liegt grundsätzlich vor.

Auf das System bezogen, ist es allerdings vorzuziehen, den „absteigenden" Weg zu wählen und der Bewegungsrichtung, vom PRINZIP zur Idee, zu folgen.

Die CHRISTUSTUM-Ordnung

Wir kennen die WORT-Ordnung, die uns das Sein offenbart vom ersten Einbrechen der Idee (Licht, GEMÜT) über sieben Stufen (Synonyme) bis zur ewig währenden vollendeten Vollkommenheit (Ruhe, LIEBE). Die CHRISTUS-Ordnung geht von diesem Sein als PRINZIP aus und zeigt, wie es sich wiederum siebenfach bis zum Punkt der individuellen Idee von GEMÜT ins menschliche Bewusstsein übersetzt. Wie existieren die so „entstandenen" Ideen? Arbeitet jede für sich ohne Kenntnis der Aktivitäten der anderen Ideen, oder kommen sie sich gar ins Gehege, bilden

---

[67] Im Original *Christianity*, ein Begriff, der in der deutschen Übersetzung durchgehend mit *Christentum* wiedergegeben wird. Dennoch unterscheidet M. B. Eddy meist zwischen ebendieser Wirkungsweise und dem geschichtlichen Begriff des Christentums als Christenheit. Sie gebraucht dann z. B. *Christendom* oder *Christian era*. Zur eindeutigen Unterscheidung führte Kappeler die Übersetzung CHRISTUSTUM ein, wenn die christlich-wissenschaftlich definierte Wirkungsweise GOTTES gemeint ist.

sie eine Demokratie oder ein Reich? Das beantwortet die CHRISTUSTUM-Ordnung. Sie findet sich im Glossarium des Lehrbuchs, Seite 587, unter dem Stichwort „GOTT":

„Der große ICH BIN; der alles-Wissende, alles-Sehende, alles-Wirkende, all-Weise, all-Liebende und ewige; PRINZIP; GEMÜT; SEELE; GEIST; LEBEN; WAHRHEIT; LIEBE; alle Substanz; Intelligenz" (aus dem Engl.).

Das Glossarium zeigt die geistige und damit ursprüngliche Bedeutung biblischer Begriffe (vgl. *W & G* 579). Sein Anliegen ist die Zurückführung des anscheinend materiellen (in dem Buch der Bibel dargestellten) Universums in das geistige Universum der Ideen. Daher die Attribute, die mit „all" beginnen und auf die göttliche Allgegenwart im ganzen Universum hinweisen.[68]

Die ersten beiden Synonyme PRINZIP und GEMÜT greifen den gesamten CHRISTUS wieder auf (dortiges erstes und letztes Synonym) und geben von den vorhandenen Ideen die Erklärung ab, daß PRINZIP ihr alleiniger Ursprung ist, nicht etwa das menschliche Denken, und daß sie einzig im Dienste des PRINZIPS stehen. GEMÜT, das alles in Ideen erschafft und Alles-in-allem ist (s. o. S. 79), bildet somit *ein* Universum, das Ideen-Universum oder Ideen-Reich.

Ein menschliches Reich, ein Imperium, fällt regelmäßig auseinander, weil die Teile nur pro forma und aufgrund politischer Gewalt *ein* Prinzip haben, aber in Wirklichkeit nach Autonomie und Sezession streben.

Anders das Ideen-Reich: Durch SEELE ist jede Einzelidee mit PRINZIP identifiziert, wodurch die Qualität jeder Idee zugleich die Qualität des unendlich Einen ist und das Reich ohne Zwang zusammenhält. Der Zusammenhalt wird durch GEIST weiter verstärkt: Die über PRINZIP kooperierenden Ideen verbinden sich miteinander und spiegeln sich gegenseitig

---

68 In dieser Darlegung des CHRISTUSTUMS mache ich recht freien Gebrauch folgender Werke: Kappeler *Die sieben Synonyme für* GOTT (op. cit.), S. 210–223 und 250–276; ders. *Einführung in die Wissenschaft ...* (op. cit.), S. 59–72 und 134–151; ders. *Die vier geistigen Bewusstseinsebenen* (op. cit.), darin die mit CHRISTUSTUM ausgewiesenen Stellen; ders. *Die Entwicklung der christlich-wissenschaftlichen Idee und Praxis* (op. cit.), S. 61–75.

wider, so daß jede Idee die Qualität jeder anderen Idee mit ausdrückt. Wir erleben zwar jede Idee als individuelles geistiges Ereignis, sind aber damit sofort in den unendlichen Kontext des Prinzips integriert und erleben nach Bedarf jede Vollkommenheit, jede Segnung, die jedes Synonym und jede Idee bereithält.

Durch die ersten vier Synonyme der Christustum-Ordnung Prinzip, Gemüt, Seele, Geist erhalten wir einen Begriff von der einzigartigen Beschaffenheit des Ideen-Reiches; durch die drei folgenden Leben, Wahrheit und Liebe erfahren wir, worin das prinzipliche Wirken der Ideen im Einzelfall und insgesamt besteht. So zeigt die Christustum-Ordnung, was sie als Ganzes erzeugt, was die Ideen erschaffen (Gemüt), entfalten (Geist), unveränderlich bewahren (Seele), demonstrieren (Prinzip), wie sie versorgen, stützen, erheben (Leben), wie sie Herrschaft, Ganzheit und Gesundheit aufrichten (Wahrheit), wie sie alles grenzenlos und liebevoll segnen und erfüllen (Liebe). Diese eben gemachte Aufzählung steht in der Wort-Ordnung, weil es um ein Erzeugen, Erschaffen, eine Schöpfung geht.

So steht das Synonym Leben für die Vaterschaft der Idee, die alle anderen unterstützt und sich von allen anderen unterstützen lässt. „Dies ergibt ein in sich geschlossenes Universum eines gegenseitigen ungeteilten Bevaterns."[69] Bei Wahrheit beansprucht und bejaht jede Idee für sich und die anderen alles, was der Vater hat; die Sohnschaft der Idee. Die Mutterschaft der Idee bei Liebe besagt, daß jede Idee jede Idee willkommen heißt, ihre Vollkommenheit akzeptiert, voraussetzt und als erfüllt voraussieht.

Bis hierher haben wir das Ideen-Reich sozusagen in seiner kompletten Dimension betrachtet, seine unendliche Gewaltigkeit erscheint aber unserem Bewußtsein nur portionsweise, je nach Willigkeit des Irrtums, sich selbst aufzugeben und den Platz zu räumen. Da Ideen – wie immer wieder betont – über das *Bewußtsein* in Erscheinung treten, weder vom Gehirn noch von irgendeinem materiellen Ding stammen, und weil sie – bejaht bzw. verneint – unser Denken, Fühlen und Handeln und dadurch in

---

[69] Kappeler *Die sieben Synonyme ...* (op. cit.), S. 217.

weiterer Konsequenz die Qualität unserer Umwelt bestimmen, hat das Ideen-Reich in erster Linie mit dem menschlichen Gemüt zu tun, wo es die sterblichen Annahmen nach und nach verdrängen kann. Der sukzessive Prozess der Besitzergreifung unseres Bewußtseins durch Ideen ist de facto eine Angleichung an den Ideen-Standard, an den wahren geistigen Menschen als Bild und Gleichnis GOTTES.

Die Idee Mensch

Wenn eine Annäherung oder „Angleichung" (Ausdruck Kappelers) ermöglicht werden soll, muss das Ziel klar und deutlich erkannt sein. Was der Mensch als Idee ist, soll nun konzentriert umrissen werden.

Alle Welt schaut sich in unserer Welt um, sieht sich und Artgenossen und bildet sich seinen Begriff vom Menschen, vom Menschtum oder gar von der Menschlichkeit. Diese Art von Induktion kann zu recht unterschiedlichen Ergebnissen führen, je nachdem, wo, wann, in welcher und wie großer Auswahl vorgegangen wird. Wollte man sich einen Begriff von einem Automobil machen, dann hilft einem der Besuch eines Schrottplatzes wenig, ebenso das Studium der TÜV-bedürftigen Exemplare, die herumfahren.

Der vollkommene Begriff ergibt sich erst durch die rein mentalen Konzepte der Maschinenbauer, Designer und Karosseriebauer, wobei deren auf Papier gezeichnete Entwürfe bereits eine erste imperfekte Vermaterialisierung darstellen. Ähnlich bei einem Haus, bei dem höchstens die Pläne des Architekten und des Statikers perfekt sind, aber kein materiell vorliegendes Einzelgebäude. Oder man denke an die Arithmetik, von der man sich einen Begriff machen will über die Rechenhefte eines Grundschülers oder die Kalkulationen eines Obsthändlers am Marktstand.

Das Prinzip obiger Vergleiche trifft auch auf den Menschen zu: Weder die Leichenhalle noch das anatomische Institut noch das Krankenhaus noch die „TÜV-fälligen" Zweibeiner um uns herum oder in anderen Kulturen mit ihren Riten, Sitten und Gebräuchen vermitteln uns den Begriff „des Menschen". So wie wir das klare Regelwerk der Arithmetik brauchen, so brauchen wir den nicht von der Empirie hergeleiteten Begriff Mensch. Akzeptieren wir die Definition des wahren Menschen als Bild und Gleichnis GOTTES, so müssen wir etwas von GOTT verstehen, um den Menschen zu verstehen[70], die Idee Mensch, den „unmittelbaren Gegenstand des Verständnisses" (s. o. S. 151 f.), nicht den Gegenstand der Sinneswahrnehmung. Vollendetes CHRISTUSTUM ist in unserer schematischen Darstellung der CHRISTUS-Übersetzung (s. o. S. 152) identisch mit der jeweiligen Endstufe beider Übersetzungen, dem zentralen, rechteckig umrahmten Bezirk. Dort steht die eine Idee Mensch, die sich in unendlich individuellen Ausdrucksformen manifestiert, in unendlich individuellem Wirken, in unendlich individuellem Bewußtsein. „Menschtum [oder CHRISTUSTUM] ist die unendliche Manifestation des einen CHRISTUS-Menschen" (Kappeler *Der eine Mensch*, S. 24).

M. B. Eddy benutzt, um den wahren Menschen zu beschreiben, den Ausdruck „Widerspiegelung", wobei das Objekt vor dem Spiegel GOTT darstellen soll, der Spiegel wäre der CHRISTUS und das Bild im Spiegel der Mensch. Als wichtiges *Tertium comparationis* dient der Spiegel, der zwar immer irgendwie ein Bild liefert, aber nur bei ganz glattem Schliff ein *Gleichnis* liefert. Nehmen wir keine reine CHRISTUS-Haltung ein, entsteht ein Zerrbild des unverändert vollkommenen Objekts vor dem Spiegel. Des weiteren muß bewußt gesehen werden, daß das Bild im Spiegel exakt jede Bewegung, jeden Ausdruck des realen Objekts mitmacht und absolut nichts aus sich selber tun kann. So kann der Mensch die Vollkommenheit nicht selbst erreichen, er kann sie nur widerspiegeln, denn Vollkommenheit ist einzig GOTT. „Der Sohn kann nichts von sich selber tun, sondern nur, was er sieht den Vater tun; und was dieser tut, das tut gleicherweise auch der Sohn" (Joh 5,19). „Wir wissen vom Menschen als dem wahren göttlichen Bild und Gleichnis nicht mehr, als wir von GOTT wissen" (*W & G* 258).[71]

Mit GOTT, durch die sieben Synonyme definiert, und Mensch, durch

---

70 Diese Erkenntnis*richtung* übersetzt sich weiter „nach unten": „Wer unfähig ist, SEELE zu erklären, sollte weise sein und die Erklärung des Körpers nicht unternehmen" (*W & G* 200).

71 Vgl. die Darstellung Kappelers in *Einführung …* (op. cit.), S. 68 ff. Zusätzlich aus der großen Menge von Darstellungen: M. B. Eddy *W & G* 475, ihre

den Vergleich der Widerspiegelung grundsätzlich dargestellt, können wir nun einen Begriff von der Idee Mensch bilden: Als Idee von GEMÜT drückt sie u. a. Macht, Intelligenz, Weisheit, Führung, Kreativität und Heilkraft aus. Durch GEIST ist die Idee Mensch Substanz, Verständnis, Entfaltung, Reinheit, Stärke, das Gute. Bei SEELE ist ihr Sündlosigkeit, Unbegrenztheit, geistiges Verständnis, Bestimmtheit, Sicherheit, Glück, Schönheit und Selbstlosigkeit zu eigen. Als Idee von PRINZIP ist Mensch unpersönlich, harmonisch, treu, ehrlich; er demonstriert geistige Kraft, Autorität, Denken in Kategorien und System. Die Idee Mensch ist wie LEBEN unsterblich, ewig, unzerstörbar, spontan, inspiriert, versorgt mit Fülle und Originalität und voller Liebe für das geistige Sein. Als Idee von WAHRHEIT drückt Mensch göttliches Bewußtsein seiner selbst aus, er ist frei von Irrtum und Fehlern, er ist gesund und ganz, unbeirrbar und zur Herrschaft befähigt. In LIEBE ist die Idee Mensch vollkommen, unerschöpflich, unparteiisch, heilig, allumfassend, ruhig und in Frieden.[72]

Man kann es nicht oft genug sagen: Die eben gegebene Beschreibung gibt nicht den sterblichen Adam wieder, sondern die *Idee* Mensch, das Konzept, den geistigen Entwurf, der qualitativ mit GOTT identisch ist. „Qualitativ", weil Mensch GOTT im Ausdruck ist, nicht das Ganze GOTTES. Hier darf man nicht oberflächlich die Begriffe durcheinanderbringen. Mensch als Idee ist ebenso geistig wie GOTT, untrennbar mit GOTT verbunden, obwohl der Vergleich der Widerspiegelung fälschlich eine Distanz zwischen beiden suggerieren könnte. Die Idee ist räumlich nicht lokalisierbar, also allgegenwärtig, sie ist, da sie alle Ideen widerspiegelt, die zusammengesetzte Idee GOTTES, die Zusammenfassung aller Ideen, männlich *und* weiblich. Da sie nichts mit dem Menschen als Person, dem sterblichen materiellen Menschen, zu tun hat, ist jene groteske Verdrehung undenkbar, die in der Menschheitsgeschichte immer wieder leidvoll gemacht worden ist und die in der Überzeugung und Äußerung einer Person, ‚Ich bin Gott', zum Ausdruck kommt. Außerdem verstehen wir endlich jene Bibelstelle, die für viele Menschen wegen der darin enthal-

---

Antwort auf die Frage. „Was ist der Mensch?"; Kappeler *Der eine Mensch* (London 1980); Doorly *Praxis ...* (op. cit.).

72 Nach Kappeler *Der eine Mensch* (op. cit.), S. 16 f.

tenen „unerreichbaren Forderung" ein zum Teil dramatisches Problem ist: „Darum sollt ihr vollkommen sein, gleichwie euer Vater im Himmel vollkommen ist" (Mt 5,48). Das „sollt" ist natürlich nicht als moralische Handlungsanweisung an den Sterblichen zu verstehen, sondern als eine Art Zustandsbeschreibung im Sinne von „… solltet ihr eigentlich …".

Die Idee Mensch im Menschlichen

Wenn wir den Standpunkt unserer menschlichen Sichtweise einnehmen und beginnen, uns klarzumachen, was das Verständnis der Idee Mensch für uns bedeutet, sofern wir sie als Ideal ansehen und uns ihr angleichen, dann richtet die Idee Mensch in uns die CHRISTUS-Haltung auf, und wir bewegen uns auf ein gelebtes CHRISTUSTUM zu. Aus unserer Perspektive erscheint ein solches Leben als verbessertes Menschentum, als menschlicheres Miteinander, ja als erhöhte „Lebensqualität".[73]

In der nun folgenden Synonymreihe in der CHRISTUSTUM-Ordnung erscheint zu jedem Synonym im 1. Besprechungsabschnitt das Extrem des geistigen Ideals, im 2. Abschnitt das andere Extrem der totalen Verzerrung oder Ignoranz. In unserer realen Existenz erleben wir allerdings immer nur Grade von Übergangsformen.

PRINZIP

1. Wir hören auf, in unseren Überlegungen und Aktivitäten immer nur uns als Person in den Mittelpunkt zu stellen. Wir überlassen es statt dessen PRINZIP, auf unser Bewußtsein zu wirken und uns mit allen Einsich-

---

73 Die weiter unten aufgeführten Ideen (**Fettdruck**), die in den CHRISTUSTUM-Bereich gehören, stammen weitestgehend aus dem Kapitel „Der dimensionale Charakter der Synonyme" in Kappelers *Die sieben Synonyme für* GOTT (op. cit.). Von den dort gegebenen jeweils sieben Dimensionen eines jeden Synonyms handelt es sich vorzugsweise um die sechste Rubrik, betitelt: „Welche höhere Haltung bewirkt es [das Synonym] im Menschlichen?"

ten zu versorgen, die wir brauchen. Wir erkennen, daß wir nicht isoliert unsere Interessen auf Kosten aller anderen verfolgen können, sondern daß gerade durch das Wohl der anderen auch mein Wohl gefördert wird. Dies ist eine **prinzipliche Haltung**. Mit dieser Haltung wird es keinen Anlass geben, unehrlich oder hinterlistig zu agieren, weil solche Handlungsweisen immer durch die Fixierung auf das Eigeninteresse motiviert sind. Wir entwickeln ohne moralischen Vorsatz und ohne es uns sonderlich vorzunehmen spontane **Ehrlichkeit**. Erkennen wir die unfehlbare Autorität des PRINZIPS, so wird uns **Gehorsam** dem PRINZIP gegenüber leicht fallen, und wir werden uns in aller Selbstverständlichkeit an die prinziplichen Aufträge halten, ihnen **Treue** entgegenbringen. Unser Denken wird nicht wahllos hier- und dorthin springen, sondern **diszipliniert**, d. h. kategorial und **wissenschaftlich** zu Werke gehen. Da wir das harmonische Wirken innerhalb des Ideen-Reiches verstehen, brauchen wir keine Strategien zur Herbeiführung von Harmonie und tragen durch unser spontanes Verhalten zur allseitigen **Harmonie** bei und begrüßen jede Art von Kooperation da, wo sie sinnvoll ist. Da keine Impulse des Sich-profilieren-Wollens die Prinziplichkeit stören und so die Zusammenarbeit in Richtung und Ergebnis verfälschen, ist kooperativer Erfolg sicher. Blindes „team working" wird ebenso beiseite gelassen wie hoffnungsloses Organisieren von auseinanderstrebenden Kräften. Wir freuen uns an der **geistigen Kraft**, an unserem machtvollen Eingreifen in die Welt, das immer **nur das Gute bewirkt**.

2. Verstehen wir nicht, daß die Idee Mensch mit PRINZIP identisch ist, dann haben wir nichts anderes im Sinn als unser persönliches Ich; wir sind von einem Personen-Universum umgeben, durch kleinste Animositäten aus dem Gleichgewicht geworfen, gekränkt oder beleidigt, weil andere Personen mich nicht „respektieren". Andererseits setzen wir uns wo immer möglich in Pose, arbeiten an unserem „Image", streben ohne Rücksicht das Gewinnerpodest an und sind überschwenglich entzückt, wenn wir andere glauben machen können, wir seien die Größten. Eine solche Egozentrik lässt praktisch keinen Raum für **gerechtes** Wirken, denn die Interessen anderer zählen wenig oder nichts. Willkür folgt auf dem Fuß mit leicht zu erregender Neigung zu Betrügereien und Arroganz. Der eigene Ruhm, der dazu nötige Ehrgeiz und ein maßloser Karrierismus können den Inhalt eines ganzen Lebens bilden.

In klinisch-pathologischer Form kann sich daraus Megalomanie oder Verfolgungswahn entwickeln. Die Jagd nach Erfolg und die Sucht nach Aufblähung des Egos beruht nicht auf Prinzip und seiner zielsicheren Regierung, sondern auf seiner Verkennung und damit auf Theorien, Hypothesen, Spekulationen, Strategien, Schachzügen und Plänen, die, von Menschen ersonnen, laufend wechseln, sich als falsch erweisen, schädliche Wirkungen zeitigen, aber finanziellen Profit versprechen oder abwerfen. Organisationen ersetzen das System und vor allem die Autorität von Prinzip, so daß der Verein, die Partei oder die Kirche zum allmächtigen Lebensbekenntnis werden können. Sein größtes Glück findet er, wenn sein Konterfei in öffentlichen Räumen oder auf Wahlplakaten prangt. Hängt der prinzipferne Mensch einer Religion an, so ist das Ritual wichtiger als die Lebensführung, und sein Gott ist ein anthropomorpher, monströser Chef.

Gemüt

1. Stellen wir Prinzip in den Mittelpunkt unseres Seins, wird es immer befremdlicher, in Annahmen des sterblichen Gemüts, die ihrem Wesen nach persönlich sind, zu denken. Wir **denken in Ideen**. Durch das „Licht" des Gemüts kommt zu uns jene **Weisheit**, die uns unbeirrt am Geistigen festhalten lässt und in uns **wahres Verlangen** nach weiterem Verständnis aufkommen lässt. Dieser Zustand ist gemeint, wenn in der ersten Seligpreisung die Rede ist von denen, „die da **geistlich arm** sind" (Mt 5,3). Ohne Vorbehalte, offen und **unvoreingenommen** sind wir bereit, uns Gott **zuzuwenden**, als **williger Schüler** zu **lernen** und zu **studieren**. Unsere intellektuellen Fähigkeiten werden gestärkt, wir **folgern logisch** und sind nicht durch materielle Annahmen besetzt, sondern bewegen uns in **göttlichen Gedanken**. Wir öffnen uns dem **Einfluss** des Gemüts, lassen uns widerstandslos führen und nehmen Gemüt als unsere **Medizin** an. Als der durch den Christus übersetzte Ausdruck Gottes haben wir das Christus-Gemüt, das uns befähigt, **mutig** und **unerschrocken** zu **handeln**. Menschliche Würdenträger können uns wenig durch ihr Amt beeindrucken oder gar in Angst versetzen, da die einzige Autorität Prinzip ist mit seinen Ideen des Gemüts.

2. Lassen wir die Ideen nicht in unser Bewusstsein ein, denken wir in persönlichen Annahmen, Meinungen und Überzeugungen mit all den Folgen, die das sterbliche Gemüt bereithält. Ausgangspunkt unserer häufig unausgeglichenen Tätigkeit ist unser menschlicher Wille und nicht die Führung durch GEMÜT. Wir wenden uns wechselnden Vorstellungen von der Welt zu, vertrauen der zufällig bei uns herrschenden Schulweisheit, begnügen uns mit Halbwissen, das zur Förderung unseres Ansehens überzeugend vorgetragen wird. Grundlage ist die verbreitete Annahme, Geist und Intelligenz seien in der Materie, das Gehirn sei Sitz und Quelle der menschlichen Geistigkeit. Von dort rührt der Glaube her, pharmazeutische Arzneimittel könnten psychische oder mentale Störungen heilen. Überhaupt genießt die Schulmedizin, die von sich glaubt, überwiegend mit materiellen Methoden Heilungen herbeiführen zu können, vollstes Vertrauen, und alles, was nichtmateriell arbeitet, gerät in den Verdacht, „Psychogelaber" oder wirkungsloses Gutmenschentum zu sein. Andererseits wird ohne weiteres angenommen, das Gemüt einzelner Personen könne Macht und Einfluss auf andere Gemüter ausüben, oder es etabliere sich in der Familien- oder Nationalatmosphäre als Fluch und Verdammnis. So leiden bestimmte Familienmitglieder über Generationen an schrecklichen Krankheiten oder Schicksalen, die Hugenotten tragen tief im Inneren den Bannfluch der katholischen Kirche mit sich fort. Dabei wären all diese Symptome des tierischen Magnetismus oder Mesmerismus nichts als Luftblasen, wenn man erkennen könnte, daß GEMÜT der einzige Einfluss auf uns ist. Da der Schöpfungsbericht nur materiell gedacht und verstanden wird, stehen sich die Kreationisten und die atheistischen oder agnostizistischen Darwinisten wie zwei Kampfhunde über einem imaginären Knochen gegenüber.

SEELE

1. Haben wir uns bei PRINZIP von einem Personen-Universum frei gemacht, so heißt das bei SEELE, daß unser wahres Menschtum keine selbstischen Interessen kennt, **selbstfrei** ist. Da im CHRISTUSTUM die Funktion von SEELE darin besteht, jede Idee mit PRINZIP zu identifizieren,

erhalten (oder haben) alle Ideen das **eine prinzipliche Interesse;** es gibt keine Interessenkonflikte mehr. Unterstellen wir unser Ego dem einen göttlichen Ego, so hat das zwei Wirkungen: Auf der einen Seite entwickeln wir wahre **Demut,** die Unterordnung unter SEELE, und **Selbstverleugnung** oder **Selbstlosigkeit** im allerwörtlichsten Sinne, wobei die moralische Selbstlosigkeit (*2. Grad*) als Übergangsstütze dienen mag. Auf der anderen Seite erreicht uns die Unveränderlichkeit der SEELE als innere Sicherheit, die uns **Zutrauen** gibt, unseren Weg vom Sinn zur SEELE mit **Entschlossenheit** und **Beständigkeit** zu gehen. Dies strahlt auf alle Lebensbereiche aus. Gerade durch die Demut sind wir in der Lage, geistige Positionen selbstsicher und entschieden zu vertreten. Sollten wir durch unser Abweichen von der Mehrheitsmeinung sozialen Unfrieden oder kollegiale Disharmonie befürchten, so können wir sicher sein, daß gerade und genau das Gegenteil der Fall sein wird. Wir klammern uns weniger an ichbezogene Begriffsbildungen und können mit **geistigem Verständnis** die diversen Ereignisse und Phänomene **neu benennen** bzw. identifizieren. Dieser Prozeß tut uns ungemein gut: Wir erleben in ungewohnter Intensität innere **Ausgeglichenheit, Wohlbefinden,** ja sogar körperliche **Schönheit** und **Anmut.**

2. Verstehen wir SEELE nicht, können wir uns nur mit unserer Person, unserem Körper identifizieren. Wir vermuten dann *in* jedem Körper eine andere Seele, glauben somit an das Konzept von vielen Seelen, die jede für sich egoistisch und selbstbezogen das ihre sucht. Natürlich wird so der sterbliche Mensch das Maß aller Dinge. Entsprechend den Irrungen, Wandlungen und Vergänglichkeiten aller materiellen Identifizierungen ist der Adam wandelbar, schwankend, unausgeglichen, beeinfluß- und verführbar, mitunter schwermütig und ästhetisch abstoßend. Da ihm der eigene Vorteil auch auf Kosten anderer ausgesprochen und *unausgesprochen* wichtig ist, dürfen wir keine Verläßlichkeit und keine klare prinzipliche Bestimmtheit voraussetzen; er trägt sozusagen den Dolch im Gewande, schmeichelt, intrigiert, läßt fallen und sticht zu. In allen Spielarten der Sünde fühlt er sich heimisch, die in WAHRHEIT unwirkliche Illusion des tierischen Magnetismus verschärft er zur unumwundenen Malpraxis, zum inbrünstigen Wunsch, dem anderen möge alles Schlechte

widerfahren. Er selbst gibt sich unschuldig, hilfsbereit und harmlos und strebt möglicherweise nach hohen, einflußreichen Ämtern. Da er sein Ich mit seinem Körper identifiziert, glaubt er natürlich nur, was ihm die Sinneswahrnehmungen sagen, Schmerz, Leid und Krankheit sind ihm in gleicher Weise Wirklichkeiten wie Lust, Rausch und Gier, sein Vertrauen hat die Pharmazie, die Körperhygiene und das Skalpell. Sollte er sich in die Religion verirren, so ist sein Gott ein belohnender und strafender, eifersüchtig äugender, peitschen- und zuckerbrotschwingender Vorgesetzter. Es kann aber auch sein, daß sich sein Gott – wie er selbst – in allen umgrenzten Körperlichkeiten versteckt und pantheistische Qualitäten annimmt.

Geist

1. Die Angleichung an Geist bringt eine **geistige Gesinnung** mit sich, das heißt das Aufgeben materialistischer Neigungen, so daß unser Bewußtsein Substanz nur im Geistigen sieht und so die große Idee der **Reinheit** widerspiegelt. Damit erwerben wir ein fundamentales **Unterscheidungsvermögen**, das keine Vermischung von Geistigem und Materiellem gestattet: Wir praktizieren wahren Monotheismus, haben nur *einen* Gott und **verlassen** uns **kompromißlos** auf den einen Geist. So wissen wir in jeder Situation, wem oder was wir uns **zuwenden** müssen und von wem oder was wir uns **abwenden** müssen. Anders gesagt, wir wissen, wem unsere **geistige Zuneigung** gilt, und können **richtige Prioritäten** setzen. Nicht immer fällt es uns leicht, das Ablegen der Materialität durchzuhalten, und so machen wir Phasen des **Ringens** und **Trauerns** durch. „Selig sind, die da Leid tragen; denn sie sollen getröstet werden" (2. Seligpreisung, Mt 5,4). Aber wenn sich die **Geduld** lohnt und wir mit **Vergeistigung** „getröstet" werden, dann freuen wir uns mit **Dankbarkeit** über die neugewonnene Wirklichkeit. Durch seine paradigmatische Unmaterialität kennt Geist keine Begrenzung, keine Endlichkeit, keine Räumlichkeit und ist so imstande, alles Göttliche in vollem Umfang, immer und überall **widerzuspiegeln**.

2. Werden mehrere Spiegel mosaikartig in alle Richtungen zusammengeklebt, gibt es keine einheitliche Widerspiegelung mehr, nur eine verzerrte: Das Aufteilen in viele Geister, ein Grundirrtum unseres sterblichen Denkens, verhindert die Widerspiegelung des einen GEISTES. Wir wähnen uns als materielle Wesenheiten in einem materiellen Universum, das sich recht und schlecht aus isolierten, fragmentarischen Elementen zusammenrauft und in dem materielle Bestrebungen laufend auf- und gegeneinanderprallen. Als Substanz erkennen wir ausschließlich oder dominant nur die Materie an; wir vermischen spiritualistisch praktisch alles. Geist lebt in der Materie, wird also vermaterialisiert, aber auch die Materie wird verfeinstofflicht in Geist. Geist erhält eine „Haut", trifft sich mit Kumpanen hier oder dort, ignoriert oder respektiert materielle Hindernisse und stellt *connections* mit verstorbenen bzw. ja noch wabernden Geistern her. Was sich Spiritualismus nennt, ist im Grunde „grober Materialismus" (*W & G* 75); er fußt auf dem Dualismus, ist also engstens mit unserem sinnlichen Wahrnehmen verbunden. So ist es nur konsequent, wenn uns Substanz und Nicht-Substanz als zwei Entitäten überall umgeben: gut *und* böse, Gesundheit *und* Krankheit, Intelligenz *und* Dummheit, Heiligkeit *und* Sünde, Liebe *und* Haß, Sein *und* Nicht-Sein. Der den einen GEIST verkennende Zeitgenosse ist mental polytheistisch geprägt – nicht unbedingt im anthropologischen, religiösen Sinne –, aber in seiner persönlichen Lebensorientierung. Er vergöttert menschlich, beruflich, freizeitlich dieses *und* jenes *und* alles mögliche.

LEBEN

1. LEBEN im WORT ist ja rein geistig, ewig, harmonisch und unerschöpflich. Im Prozeß der Angleichung bedeutet dies im CHRISTUSTUM zunächst einmal den Erwerb einer **höheren Lebensauffassung** mit **veredelten**, also geistigen, **Gedanken**, was das Streben in sich schließt, **über die Körperlichkeit emporzusteigen, den sterblichen Begriff von Leben abzulegen**. Dies ist ja unser Weg des LEBENS, und unsere Wanderschaft auf diesem Weg mag streckenweise beschwerlich sein, aber sie ist alles

andere als vergebens oder wertlos. Wir eignen uns „passiv" und „aktiv" die **Vaterschaft** des LEBENS an. Das heißt, daß LEBEN uns mit allem in aller **Fülle versorgt**; wir erhalten alles aus der Gnade heraus, die nicht nach den Verdiensten der Werke fragt. Und je mehr wir LEBEN verstehen, desto mehr erhalten wir. „Denn wer da hat, dem wird gegeben, daß er die Fülle habe; wer aber nicht hat, von dem wird auch genommen, was er hat" (Mt 13,12).[74] Aber das heißt auch, daß *wir* unerschöpflich versorgen, geben, „nähren" und „kleiden", ohne zu prüfen, ob der Empfänger es wert ist. Die fünfte Seligpreisung drückt dieses göttliche Schenken aus, wenn sie sagt: „Selig sind die Barmherzigen, denn sie werden Barmherzigkeit erlangen" (Mt 13,11). Dieses Geben ist Ausdruck der **Liebe**, die wir dem Geistigen gegenüber empfinden. Es muß aber gleich hier gesagt werden, daß wir diese geistige Freigebigkeit nicht mit der materiell getönten, moralischen Spendenvergabe verwechseln dürfen, die im allgemeinen die Lage nicht verbessert (s. o. S. 125), sondern daß die Gaben geistig sind, daß es die Ideen GOTTES sind, die wir weitergeben und die jegliche Notwendigkeit von Almosen überflüssig machen. Wir sollten uns hier auch darüber klarwerden, daß Geben und Bekommen engstens zusammenhängen; das eine wirkt auf das andere, und hören wir auf zu geben, LEBEN zu betätigen, so ist das wie ein inneres Verdorren, wir erfahren Mangel in uns und durch andere, die unendliche Fülle von Eingebung, **Neuheit** und **Vermehrung** des LEBENS erstarrt zu Routine, Engheit und Kleingeistigkeit.

2. Haben wir keinen Begriff vom LEBEN des CHRISTUSTUMS, so verharren wir mental bei einem materiellen und zum Tode führenden Begriff von Leben mit allen Jahrtausendirrtümern, die damit zusammenhängen: Das Leben sei ein immerwährender Kampf, *homo homini lupus*, Krankheit, Armut, *survival of the fittest*; Elend sei notwendiger Begleiter und der Tod das Ende des Lebens. Statt das aufbauende, unendlich versorgende, nie endende LEBEN zu verstehen, betreiben wir Destruktion der Umwelt

---

74 Es ist nicht zu begreifen, wie ein solcher Satz materiell als Ausbeutung mißverstanden werden kann, wo er – so aufgefaßt – drastisch der ganzen Atmosphäre des NT widerspricht und wo im Vers zuvor der Kontext eindeutig angegeben wird: „Euch ist's gegeben, daß ihr die Geheimnisse des Himmelreichs versteht, diesen aber [viel Volks] ist's nicht gegeben" (Mt 5,6).

bei gleichzeitiger Wegwerf- und Überproduktion von Lebensgütern und erzeugen Hunger und Unterversorgung in der Welt. „Beseelt" von der Angst, selbst nie genug zu haben, entwickeln wir um so mehr Gier und Geiz, je mehr wir haben, unsere Sorgen kreisen um die beherrschende Frage, was wir wann, wo, wie, von wem kriegen und wen wir am geschicktesten übervorteilen können. Wir häufen an und an und bemerken nicht, wie wir gleichzeitig verarmen. Wir meinen, unser bedürftiges Leben im Körper ängstlich behüten zu müssen, messen den Blutdruck, weil Blut ja Leben ist, geben Unsummen für die teuersten Diäten aus, strampeln uns im Fitneß-Studio und auf der Jogging-Strecke die Lunge aus dem Leibe und suchen Spezialisten auf, die angeblich unser Leben verlängern können. Wer LEBEN überhaupt nicht versteht und einzig im Fleisch Leben sieht, wer seinen Gedanken nie erhebt und nur am geistigen Ziel „vorbeischießt", also sündigt, der ist in WAHRHEIT, also geistig, tot, und wir können uns zu Recht fragen, wer eigentlich „töter" ist, der KZ-Wachmann oder sein erschlagenes Opfer.

WAHRHEIT

1. Beim CHRISTUS und seiner Übersetzung sahen wir, wie sie in ihrer Doppelfunktion (1. und 2. Übersetzung) trotz des Irrtums zum menschlichen Bewußtsein kommt und den Irrtum sich selbst vernichten läßt, indem die jeweilige Wahrheit seinen Platz einnimmt. Dieser Vorgang ist einerseits eine Heilung, er ist aber auch aus menschlicher Sicht ein Ausüben von Herrschaft über Irrtum, also über Krankheit, Sünde und Tod. Aus göttlicher Sicht realisiert sich lediglich das Ist-Sein der WAHRHEIT. So können wir sagen, daß im CHRISTUSTUM der Mensch **Herrschaft erlangt** über sich und über alles Irrtümliche, indem er **von der Wahrheit Besitz ergreift**, sie **bejaht**, sie **beansprucht** und sie über die Erlangung von **Gesundheit** und **Ganzheit** für sich nutzbar macht. WAHRHEIT, im WORT der Sohn GOTTES, übersetzt sich hier zur **Sohnschaft** der Idee Mensch. Er nimmt das Erbe des Vaters an und setzt es selber um. Er bleibt nicht länger von günstigen oder widrigen Umständen abhängig, von Meinun-

gen, Weltanschauungen und Therapien, sondern er läßt als wahre Idee der WAHRHEIT die WAHRHEIT tätig werden, die ihn mit ihren Wahrheiten in jeder Situation anerkennt und unterstützt. Er steht Wache am Tor seines Bewußtseins, **läßt alles Wahre durch, verneint alles Falsche**, verwehrt ihm den Zutritt und erhält sich so ein reines Bewußtsein. „Selig sind, die reines Herzens sind; denn sie werden GOTT schauen" (6. Seligpreisung, Mt 5,8). Als **Anhänger der Wahrheit** entwickelt der Mensch soziale Verantwortung, er ist selbst spontan **wahrhaftig** und **aufrichtig**, in sozialen Belangen **gerecht, rechtschaffen, menschlich** und **brüderlich**. Die WAHRHEIT ist ihm ein Fels, dem er unerschütterlich **vertraut**. Er weiß, daß der **Ideal-Mensch** männliche *und* weibliche Eigenschaften in sich vereint, forsch zupackt, aber auch hoffnungsvoll hegt und pflegt, daß, da als Medizin nur GEMÜT in Frage kommt, WAHRHEIT sein generelles **Heilmittel** ist und ihre Wahrheiten sein spezifisches Heilmittel sind. Durch sein Vertrauen mischt er sich nicht in die Vorgehensweise der WAHRHEIT ein und läßt sie ungestört ihr Werk des **Heilens, Umwandelns, Reinigens** und **Befreiens** vollbringen. „Laß WAHRHEIT den Irrtum in GOTTES eigener Weise aufdecken und zerstören, und laß die menschliche Gerechtigkeit die göttliche nachahmen" (*W & G* 542).

2. Versteht der Mensch die WAHRHEIT nicht, so kann er sie nicht nur nicht bejahen, sondern er verneint sie faktisch, indem er den Irrtum bejaht. Der wahre Mensch ist für ihn der Adamsmensch, sterblich, körperlich, sündig, krank. Da er die Befreiung durch WAHRHEIT nicht kennt, lebt er in der Knechtschaft seiner Annahmen, rechnet jederzeit mit Krankheit und Verfall, glaubt sich komplett in den Händen materieller, persönlicher und mentaler Mächte. Das Gute, die Gesundheit, sollte er sie an sich erfahren, sind ihm ein glücklicher Zufall, dem er zumeist keine lange Dauer zutraut. Von Mißtrauen geprägt, da er ja nur die persönlichen und egoistischen Seiten bei sich und anderen unterstellt, läßt er echte Freundlichkeit und Herzlichkeit nicht oder an falscher Stelle zu. Zu seinem tatsächlichen Unglück weiß er nichts von der rein mentalen Ursächlichkeit von Krankheit, vermutet materielle Ursachen, die er durch intensive Beschäftigung mit Ätiologie, Phänomenologie und Therapie ausschalten zu können glaubt. Statt dessen verstärkt er durch

den Placebo-Effekt die Symptomatik, zementiert die Krankheit weiter und versinkt in erneuter medizinischer „Forschung". Sollte er von einer Therapieform, die WAHRHEITS-fern ist, fest überzeugt sein, so mag er Linderung oder Symptombeseitigung erfahren, aber in der Regel auf Kosten von Rückfällen oder Symptomverschiebungen. Im sozialen Umgang setzt er die Lüge darwinistisch zu seinem Vorteil nach Belieben ein, akzeptiert menschliches Leid als „naturgegeben", arrangiert sich mit Ungerechtigkeit, Gewaltherrschaft und Verlogenheit, ist nach „allen Seiten offen", nur nicht in Richtung WAHRHEIT. Im Bereich der religiösen Philosophie neigt der eher gebildete WAHRHEITS-Fremde zu einem milden Atheismus, weil er über das Problem der Theodizee stolpert und sich keinen allmächtigen Gott vorstellen kann, der seiner Schöpfung nicht aus dem Elend heraushilft. Ohne Theodizee könnte er sich aber auch mit einem von der Kirche weniger dogmatisch gepredigten Gott arrangieren, denn er ist ja allseitig offen. Ein geistiger Monismus, den man verstehen oder mißverstehen kann, ist seinem sinnlich-materiell geprägten Bewußtsein reiner Unfug.

LIEBE

1. Bei LIEBE vollendet sich das CHRISTUSTUM als **erfülltes Menschtum** und demonstriert das Einssein des Universums durch das Wirken der unendlichen **Mutterschaft**, was sich für uns als ein einziges beständiges Bekommen und Geben ausdrückt: Wir werden von der göttlichen LIEBE überschüttet und fühlen uns **gehalten, geliebt, willkommen geheißen**, als ob alles geschehe, damit wir **geborgen** und **beschützt** und **nie verlassen** sind. Niemand ist von dieser universalen alleinschließenden LIEBE ausgeschlossen; es gibt keine Lieblingskinder und keine ungeliebten Außenseiter. Im Wohlgefühl solcher grenzenlosen und unpersönlichen LIEBE entwickeln wir unsererseits eine **liebevolle Einstellung** zum Mitmenschen und zum ganzen Universum. „Lasset uns lieben, denn er hat uns zuerst geliebt" (1. Joh 4,19). Wir **bemuttern** die Idee Mensch als GOTTES Idee, tun alles für sie, weil auch wir sie **akzeptieren** und **lieben**.

Die Idee Mensch, die wir im Grunde sind, verleiht uns **Mitgefühl** für den Nächsten, **Unparteilichkeit, Zuversicht, Geduld**, eine **verzeihende Haltung** und natürlichen **Optimismus**. Es gibt nichts, das wir hassen oder fürchten müßten. „Furcht ist nicht in der Liebe, sondern die völlige Liebe treibt die Furcht aus" (1. Joh 4,18). Auch äußerlich hinterläßt dieses **Mit-Gott-Sein** liebevolle Spuren in unserem Menschsein. Neben der körperlichen Gesundheit gewinnen wir durch unsere Entspanntheit **Anmut**, natürliche **Eleganz** und **Schönheit**. Dies ist wahres Immanuel (= Gott mit uns), und wir können es mit dem Ausdruck zusammenfassen, den M. B. Eddy als Höhepunkt der zweiten Übersetzung des sterblichen Gemüts im dritten Grad der Geistigkeit zurück zur Idee Mensch verwendet: **Heiligkeit**.

2. Sind wir mit der Idee Mensch nicht in Berührung, so kennen wir die göttliche Liebe nicht. Wir fühlen uns nicht gehalten und getragen, sondern sehen in unserem Leben keinen Sinn und kein Ziel; wir ruhen nicht im Wissen um den großen liebevollen Plan der Liebe und haben daher bei jeder Gelegenheit Angst vor der Zukunft und Furcht vor Unfall, Unglück, Leid und Einsamkeit. Die Perspektive ist nihilistisch, es bleibt nichts anderes, als sich in ein ungewisses, fatales Schicksal zu fügen. Die Leere des Daseins füllt uns mit Verdruß, Abneigung, Haß, Verurteilung und Strafe. So wie das Mißverstehen von Gemüt zum sterblichen Gemüt führt, von Geist zum lokalen zerebralen Geist, von Seele zu einer Seele im Körper, von Prinzip zu vielen gegenläufigen Prinzipien, von Leben zu organischem Leben mit Tod und Verfall, von Wahrheit zur Wahrheit durch die Sinneswahrnehmung, so führt das Mißverstehen von Liebe zu einer menschlichen Liebe, die besitzergreifend ist, die die einen bevorzugt, die anderen ausschließt. Väter haben Probleme, wenn die Tochter sexuell erwachsen wird, und Mütter legen ihr Spinnennetz über ihren pensionierten „Jungen", der, mental vergewaltigt, sein Kinderzimmer nie verlassen hat. Unsere Liebe kann zu purem Sex vermaterialisiert werden, von Kindesmißbrauch und Pornographie ganz zu schweigen. Schweigen wir auch zu den Themen Zuhälterei, Ehren- und Lustmord, Haremseunuchen, Gewalt in der Ehe, Sadismus, Zwangsheirat, Jungfrauenkult, Mädchenbeschneidung, Vergewaltigung, Zölibat, Teufelsbuhlschaft, geschändete Meßdiener und

gesteinigte Ehebrecherinnen. Was wir für Liebe halten, ist verantwortlich für Eifersucht, Rache und Familiendramen, ja für all jene Perversionen und Grausamkeiten, mit denen sich unsere Gerichte beschäftigen. Einst führte diese Liebe zum Kriegsschauplatz Troja, und durch die Jahrhunderte sorgte sie für Intrigen, Ehescheidungen und bisweilen für die Hinrichtung der Exfrau, wenn nicht schon zuvor das Gift oder der Dolch die Mißlichkeit lösten. Ist eine Ehe oder Freundschaft dennoch liebevoll, so muß man sehr ernsthaft vermuten, daß eine Portion göttlicher LIEBE beteiligt ist. Die Götter verhielten sich übrigens nicht anders als die Sterblichen, bekämpften, bestraften und verfolgten sich und hielten es kaum aus, wenn ihre Schöpfung glücklich oder glücklicher war als sie selbst. Neid, Mißgunst, Bosheit und Eifersucht herrschten „wie auf Erden, so im Himmel".

Die christlich-wissenschaftliche Behandlung

Außer den relativ wenigen Menschen, die in einem christlich-wissenschaftlichen Zuhause aufwachsen, kommen die meisten Menschen zur Christlichen Wissenschaft in der Hoffnung auf Heilung von einer Krankheit, auf Erlösung von einem Leiden, das in der konventionellen Medizin als unheilbar angesehen wird. Zuvor war man zum Arzt gegangen, weil dessen Tätigkeit ohne Schwierigkeit verstanden wird: Die krankhafte Erscheinung wird analysiert, eine Fehlfunktion, Übertätigkeit, Infektion oder abnorme Wucherung wird ausgemacht, ein intervenierendes Gegenmittel, ein Präparat, eine Injektion, ein operativer Eingriff werden verabreicht, so daß das Symptom verschwindet und die Natur die letzten Schritte der Ausheilung übernimmt. Im Prinzip wird gearbeitet wie in einer Reparaturwerkstatt, nur daß der Körper defekt ist. Ein anderes Vorgehen nutzt die Selbstheilungskräfte des Körpers, so daß lediglich allgemein kräftigende Mittel zur Unterstützung gegeben werden, verbunden mit hygienischen, diätetischen oder motorischen Empfehlungen, von denen man annimmt, daß der Körper sie für sein ordentliches Funktionieren benötigt. Tritt kein Erfolg ein und ist die Diagnose düster, dann erinnert man sich daran, daß es ja auch geheimnisvolle Heilungen gegeben hat, die wie ein Wunder ohne materielle Eingriffe geschehen sind, sei es in Fernost, sei es im afrikanischen Busch, aber auch hier bei diesem Heilpraktiker oder jenem Geistheiler, ja sogar in einer städtischen Klinik zur großen Verwunderung der Ärzte.

Kommt der Kontakt zur Christlichen Wissenschaft auf diesem Wege zustande, dann wird sie als Alternative zur bis dahin erfolglosen medizinischen Bemühung gesehen, und sie ist wiederum eine medizinische Alternative. Ein solches Kontaktmotiv ist überaus verständlich und wird auch akzeptiert, aber es wird ein grundsätzliches Problem dann, wenn es dabei bleibt. Denn das Heilungswerk, so sagt M. B. Eddy öfters, ist ein untergeordneter Aspekt der Christlichen Wissenschaft, der die Tür öffnen mag, der aber weiterführen muß zur allgemeinen Hebung des Menschengeschlechts. Erkennt man dies nicht, dann nützt langfristig keine Heilung wirklich, denn als „bessere Medizin" soll die Christliche Wissenschaft *unsere* Wünsche nach besserer Gesundheit, so wie wir sie uns vorstellen, erfüllen. Unter diesem Vorzeichen verliert sie bald ihre Wirkung, weil ihr Anliegen ein anderes ist: Die Christliche Wissenschaft unternimmt es, den Menschen das Verständnis des wahren Seins zu vermitteln, das dann das menschliche Bewußtsein in der Weise umwandelt, daß es für das Wirken von PRINZIP, GOTT empfänglich wird und sodann als mitfolgendes Zeichen auch bessere Gesundheit in allen menschlichen Bereichen entwickelt. Gesundheit steht somit am Ende einer Kette von Prozessen und bildet nicht den Anfang und dann Schluß.

Im Verlauf der vorliegenden Darlegung klang immer wieder an, daß *Verständnis* im Sinne von Einblick und Einsicht in einen Sachverhalt, nicht Verständnis im Sinne von Mitgefühl für die mißliche Lage eines Mitmenschen, der Hauptpunkt der Christlichen Wissenschaft ist. Es geht daher nicht um *Glaube* an eine göttliche Unbegreiflichkeit. Damit wird die Vermutung völlig ausgeschlossen, bei den Heilungen handele es sich um Wunder, wie das gern bei den von Jesus bewirkten Heilungen angenommen wird. Vielmehr handelt es sich um Geschehnisse, die im System der Christlichen Wissenschaft ihren genauen Platz haben und damit nach einer höheren Gesetzmäßigkeit erfolgen. In gleicher Weise muß Jesus sein Wirken gesehen haben, denn er führte alle seine Taten nicht auf eine persönliche Wunderfähigkeit zurück, sondern auf das allgegenwärtige Wirken des „Vaters", wie er sagt. Darüber hinaus war ihm völlig bewußt, daß sein Wirken keine einmalige Angelegenheit war, sondern daß andere Menschen „noch größere Taten" würden vollbringen können, sofern sie „in seinem Namen" handelten, d. h. sofern sie im gleichen Bewußtsein wie er die Welt interpretierten.

Damit wurde der erste Baustein für eine wissenschaftliche Erklärung und Nachfolge jenes Wirkens gelegt. Während der ersten Jahrhunderte konnte noch christlich geheilt werden, aber je mehr die Kirche staatsorganisiert wurde, um so mehr verlor sich diese Fähigkeit. Erst M. B. Eddy hat die christliche Methode wiederentdeckt. Wenn man ihr System mit den vielen diesbezüglichen Heilungsbeschreibungen im Neuen Testament vergleicht, liegt dies sehr nahe.[75]

Läßt man die Notwendigkeit des erforderlichen Bewußtseins, des CHRISTUS-Gemüts, unbeachtet, bewegt man sich in Gleisen der üblichen Symptombehebung, und alle Erfolge, die dennoch zuwege gebracht werden sollten, unterscheiden sich nicht von Glaubensheilungen mit den bekannten kurzlebigen Folgen. M. B. Eddy hatte ganz eindeutige Befürchtungen in dieser Richtung, und John W. Doorly erkannte die weite Verbreitung dieser mißbräuchlichen Betätigung. Würde man diese ganze Problematik unterschlagen und lediglich in die Welt hinausgehen und die „wunderbare" oder „großartige" oder „segensreiche" Heilmethode proklamieren, man würde der Menschheit keine wahre Wohltat bereiten.[76]

Welche Bedingungen müssen also erfüllt sein, bevor die Behandlungsmethode sinnvoll beschrieben werden kann und darf?

Im Lehrbuch der Christlichen Wissenschaft wird im 12. Kapitel „Die Betätigung der Christlichen Wissenschaft (*Christian Science Practice*)" großer Wert auf diese Frage gelegt: Es ist das besondere So-Sein des

---

75 Wer detaillierte Belege hierfür kennenlernen möchte, der sei auf John W. Doorly *Praxis der Christlichen Wissenschaft* (op. cit.) verwiesen. Heilungen von Jesus werden mit denen der Christlichen Wissenschaft verglichen und mit ihren Kriterien erklärt.

76 Leider hat das populäre Magazin der Bostoner Kirche (*The First Church of Christ, Scientist*), der *Herold der Christlichen Wissenschaft*, unübersehbare Tendenzen dieser Art.

Praktikers.[77] Es ist nicht möglich, alle Feinheiten dieses Themas in unserer Darlegung aufzuzeigen, aber der Hauptgesichtspunkt und die großen Linien sollen hier doch erwähnt werden, um den Leser vor einem Abgleiten in falsche Vorstellungen zu bewahren.

Es muß einsichtig werden, daß das Praktizieren der Christlichen Wissenschaft nicht als ein Beruf verstanden werden darf, den man in Seminaren durch fleißiges Studieren erlernen kann, weil der Intellekt, die Gedanken, die „Kompetenz" der Person kein Faktor in der Praxis sind. Wenn man das nämlich vermutet, befindet man sich im Bereich der menschlichen Annahmen, im „tierischen Magnetismus" in seiner wohlwollenden Variante, im Hypnotismus oder in den Glaubensheilungen, die – so sagt es M. B. Eddy – die Wahrheit annehmen, ohne sie zu verstehen. Der Praktiker besitzt keine zertifizierten Qualifikationen; er ist lediglich ein ernsthafter Christlicher Wissenschaftler, der sich selbst behandelt hat und noch weiter behandelt, der möglichst weitgehend das CHRISTUS-Gemüt hat, der die Wissenschaft nicht bloß kennt, sondern *lebt*. Lebt er sie nicht, dann mag er mit der Lehre konforme *Gedanken* haben, aber er besteht nicht aus einem *Ideen*-Bewußtsein. Denn was erlöst, heilt, korrigiert, sind immer nur Ideen, nie persönliche Gedanken. Daher ist es falsch zu glauben, der *Praktiker* XY könne einem helfen, oder er habe „starke Gedanken". Auf diesem Wege sind wir wieder bei den Glaubensheilungen. Helfen kann nur das göttliche GEMÜT (mit allen Ideen), und insofern ist GEMÜT auch der wahre Praktiker. Der Praktiker kann auch nicht die Ideen „zur Anwendung bringen", weil Ideen sich immer selbsttätig anwenden, aber er kann dazu beitragen, die bewußten und unbewußten Sperren wegzuräumen, die das ungehinderte

---

77 Das ganze Kapitel atmet eine kaum zu beschreibende Zugewandtheit und Menschenfreundlichkeit. Es ist John W. Doorly und Max Kappeler zu verdanken, die zugrunde liegende Struktur in ihren Kategorien herausgearbeitet zu haben. Das tut Doorly sehr detailliert in *Praxis der Christlichen Wissenschaft* (op. cit.); Kappeler fasst gut überschaubar die Struktur zusammen in *Die Struktur des Lehrbuches der Christlichen Wissenschaft – Unser Weg des Lebens* (London 1976), S. 189–218; des weiteren liefert eine Fülle von Information und Einsichten sein Tonbandkurs C1 *Der Aufbau des Lehrbuches der christlichen Wissenschaft*, dort das Kapitel 12.

Fließen der erlösenden Ideen beeinträchtigen. In allen Fragen von Krankheit und Disharmonie geht es immer nur um Bewußtsein, um dessen hinderliche Beschaffenheit, um die Irrtümer, die dort unerkannt Unheil wirken und die aufgedeckt und durch die jeweilige Wahrheit zu nichts gemacht werden sollen. Daher ist der wahre Patient auch nie die *Person* XY, sondern das sterbliche Gemüt, das offenkundig sein Bewußtsein prägt, sonst wäre er ja nicht krank, unglücklich oder leidend. Gelingt es, daß der CHRISTUS durch Übersetzung die irrtümlichen Annahmen des sterblichen Gemüts durch die Ideen des wahren Menschen ersetzt, ist der Patient geheilt.

Vom Patienten kann man zu Beginn noch keine tätige Mithilfe im christlich-wissenschaftlichen Sinne erwarten, daher ist es besonders wichtig, daß der Praktiker in absolut unbeirrbarer Festigkeit mit dem Bewußtsein des CHRISTUS übereinstimmt.[78] Im christlich-wissenschaftlichen Alltag geht es allerdings immer nur um einen Näherungsgrad an das Ideal. Selbst M. B. Eddy sagt: „Wenn sich die Verfasserin auch heute einigen Fortschritts erfreut, so steht sie dennoch als ein williger Jünger an der Himmelspforte und wartet auf das GEMÜT CHRISTI" (*W & G* IX). Aber andererseits: „Ein Körnlein der Christlichen Wissenschaft tut Wunder für die Sterblichen, so allmächtig ist WAHRHEIT" (*W & G* 449). Doch sollte es nicht bei dem Körnlein bleiben; sie fährt fort: „Man muß sich aber mehr von der Christlichen Wissenschaft aneignen, um im Gutestun beharren zu können." Zu einer Behandlung anderer und zur Selbstbehandlung gehören also in erster Linie – ich orientiere mich an der Kurzdarstellung in Kappelers *Die Struktur des Lehrbuches…*, S. 192–194 – sieben Charaktereigenschaften, die in der WORT-Ordnung von M. B. Eddy im 12. Kapitel ihres Lehrwerks gegeben werden:

Der Praktiker sieht mental nicht den Sünder oder Kranken, sondern immer nur die vollkommene Idee Mensch. Daher „gehört" die Krankheit, Verfehlung oder Sünde nicht eigentlich zu ihm, und er wird davon freigesprochen (GEMÜT).

---

78 Historisch interessant ist die Tatsache, daß die großen Abspaltungen, Schismen und „Ketzereien" in der Kirche fast immer darauf beruhen, daß die Abweichler die Übereinstimmung von Lehre und Praxis forderten, während die etablierte (katholische) Kirche die Nichtübereinstimmung als nicht hinderlich für die priesterliche Existenz ansah.

Der Praktiker ist selbst gut und rein, wodurch er das nötige Unterscheidungsvermögen besitzt, im anderen Gleiches zu erkennen, wo also auch der Patient die zu entfaltende Anlage zum Guten, Reinen, Gesunden „verborgen" hält (GEIST).

Der Praktiker hat sein eigenes persönliches Selbst hintangestellt und läßt sich von der Idee Mensch durchfluten, indem er sich mit ihr identifiziert. Damit hat er keine persönlichen Motive mehr (Eigenkompetenz, Ruhm etc.), sich dem Patienten zuzuwenden, sondern jene „selbstlose Liebe" (*W & G* 365), die mehr als alles andere zur Heilung beiträgt (SEELE).

Der Praktiker hat sich selbst „vergeben", d. h., er hat den Irrtum unpersönlich als Ausdruck des sterblichen Gemüts sehen können, das der CHRISTUS überwindet. Befreit vom Irrtum, erweckt er im Patienten neue Lebenskraft (PRINZIP).

Der Praktiker lebt in der Fülle, der unendlichen Neuheit des einen LEBENS und hat alle geistige Dürftigkeit und moralischen Übel abgelegt. Der Anblick kranker Annahmen schreckt ihn nicht, da er weiß, daß sie keine Existenz in LEBEN haben. So kann er die LEBENS-Fülle weitergeben (LEBEN).

Der Praktiker demonstriert wahres Menschtum, CHRISTUSTUM, durch „ein freundliches Wort", „seine christliche Ermutigung", durch die Beseitigung der Furcht des Patienten und nicht durch „Hekatomben überschwenglicher Theorien" (*W & G* 367). So öffnet er „den Kranken die Türen ihrer Gefängnisse" (366) (WAHRHEIT).

Der Praktiker sieht die universalen Segnungen der LIEBE in der gegenwärtigen Wirklichkeit erfüllt (LIEBE).

Wenn der Christliche Wissenschaftler seine eigene mentale Beschaffenheit in der beschriebenen Weise beibehält, dann hat er seine Erkenntnis der WAHRHEIT, die ja das heilende Moment in jeder Behandlung ist und die er nie verläßt oder in Zweifel zieht, nicht als „kalte" Technik oder Erkenntnis*methode* gelernt. Er weiß dann, daß er das Wirken der CHRISTUS-Übersetzung lediglich begleitet.

Im folgenden soll diese Begleitung ganz praktisch vorgestellt werden, um dann im letzten Kapitel dieses Vierten Teils kommentiert und mit Anmerkungen versehen zu werden. Diese „Begleitung" hat John W. Doorly zuerst formuliert, und Max Kappeler hat sie in seinem Buch *Die Entwicklung der christlich-wissenschaftlichen Idee und Praxis* (op. cit.), S. 61–75, nochmals unter dem Namen „Heilen durch Christliche Wissenschaft" dargeboten. Da eine Heilung erreicht, also „geschaffen" werden soll, erkennen wir wieder in Abwandlung die sieben Stufen der WORT-Ordnung:

1. (GEMÜT) Wir erinnern uns, daß Symptome einer Krankheit *Folge* einer mentalen Konfusion sind, die Illusion, Annahme, Irrtum für Wirklichkeit hält. Da kein Element innerhalb dieser Illusion in der Lage ist, die Illusion selbst zu zerstören, ergibt sich die erste große Regel, die ungemein schwer einzuhalten ist, weil sie aller schulmedizinischen Praxis diametral widerspricht. Der Praktiker und im Idealfall auch der Patient wendet sich gänzlich von der Symptomatik ab und stellt sie hinter sich, denn er weiß, daß die Verdrehung der Wahrheit (vermaterialisiert als Symptomatik) nichts über die Wahrheit aussagen und daher nichts zur Heilung beitragen kann. Da er Ideen „benötigt", kann er sich nur an GEMÜT wenden und nicht an das, was Ideen fernhält. „Der Christliche Wissenschafter sorgt am besten für seinen Körper, wenn er ihn möglichst aus seinen Gedanken ausschließt" (*W & G* 383).

Aber er wendet sich auch von der *Person* des Patienten ab, weil die „Persönlichkeit" nichts anderes als der Ausdruck des menschlichen Gemüts ist. Der Praktiker hat es also nur mit den Annahmen des sterblichen Gemüts zu tun, weder der Name der Person noch der Name der Krankheit spielt eine Rolle. Daher kümmerte sich Jesus bei seinen Behandlungen nie um die Namen des Patienten, der Krankheit und des erkrankten Organs.

Schließlich klammert sich auch der Praktiker als Person aus der Behandlung aus. Nicht er ist ja der Heiler, sondern GOTT, GEMÜT, WAHRHEIT. Jesus heilte immer nur als der CHRISTUS: „Der Vater aber, der in mir wohnt, der tut die Werke" (Joh 14,10); „Ich und der Vater sind eins" (Joh 10, 29); oder „Alles, was der Vater hat, das ist mein" (Joh 16,15); und M. B. Eddy: „Der beste Heiler macht sich selbst am wenigsten geltend und läßt so das göttliche GEMÜT, den einzigen Arzt, durch sich hindurchscheinen."[79]

---

[79] M. B. Eddy *Vermischte Schriften* (Boston 1957), S. 59; zitiert nach Kappeler *Die Entwicklung…* (op. cit.), S. 67.

2. (GEIST) Wir erinnern uns, daß das geistige Ideen-Reich die einzige Wirklichkeit ist und daß eine Vermischung mit Materie, also mit der Abwesenheit oder Verzerrung von GEIST, menschlicher, sterblicher Irrtum ist, der jedes Heilungsbemühen aus dem Bereich des Mentalen herausziehen und damit die Heilung verhindern würde. So ergibt sich konsequent die zweite Regel: Der Praktiker wendet sich dem göttlichen GEMÜT zu und läßt in seinem Bewußtsein die wahre Idee Mensch als GOTTES Bild und Gleichnis Gestalt annehmen. Auf diese Weise sieht er nicht mehr den Patienten, sondern er sieht den Menschen in der WAHRHEIT, wie GOTT ihn sieht, als zusammengesetzte Idee, die alle Qualitäten GOTTES widerspiegelt. Kappeler zitiert hier M. B. Eddy: „Jesus sah in der WISSENSCHAFT [d. h. im Verständnis des PRINZIPS, nicht in der Sinneswahrnehmung] den vollkommenen Menschen, der ihm da erschien, wo den Sterblichen der sündige, sterbliche Mensch erscheint" (*W & G* 476). Kappeler fährt fort: „In diesem wissenschaftlichen Verständnis liegt die Erlösungskraft, die Heilkraft." Und er zitiert die Fortsetzung der Aussage von M. B. Eddy: „In diesem vollkommenen Menschen sah der Erlöser GOTTES eigenes Gleichnis, und diese korrekte Anschauung vom Menschen heilte die Kranken" (*W & G* 477 und Kappeler *Die Entwicklung...*, S. 68). Wir sehen, daß wir im ersten Schritt von GEMÜT die falsche Tür, die von der WAHRHEIT wegführt, geschlossen haben und im zweiten Schritt von GEIST die richtige Tür, die die WAHRHEIT einläßt, geöffnet haben.

3. (SEELE) Wir erinnern uns, daß am dritten Tag der Schöpfung das Trockene erscheint, weil die Wasser auseinanderfließen, „sich an besondere Örter" sammeln. Klar umrissene Formationen legen die Identität fest. Im erhöhten Bewußtsein des Praktikers kommt jene spezifische Wahrheit zum Vorschein, die das Gegenstück zu dem zu behandelnden Irrtum darstellt. „Die spezifische Wahrheit über den zu behandelnden Irrtum identifiziert sich durch den SEELEN-Sinn." Und: „Es liegt in der Absicht der göttlichen LIEBE, den Menschen zu erlösen, und deshalb identifiziert LIEBE durch SEELE die erlösende Idee für jedes menschliche Bedürfnis" (Kappeler loc. cit. 69). Es wäre ein müßiges Unterfangen, Regeln oder Erfahrungssätze aufstellen zu wollen, *wie* oder *durch welche Technik* SEELE die benötigte Wahrheit herausfiltert: Ihre Möglichkeiten sind unerschöpflich, unendlich, unvorhersehbar und in jedem Fall originell. Eine plötzliche Inspiration, ein

unvermutetes Ereignis, eine neue Sichtweise in einer bekannten Angelegenheit, ein Brief, ein Radiokommentar oder einfach eine unumstößliche Gewißheit stellen sich ein. „Es geschieht einfach" (S. 69).

4. (PRINZIP) Wir erinnern uns, daß PRINZIP alle Ideen in einem harmonischen System vereint. So wie ein Musiker durch sein feines Harmoniegespür sofort jeden Mißton heraushört, weil der Mißton einem bestimmten Harmoniegesetz widerspricht, so offenbart sich dem geistigen Bewußtsein des Praktikers über die spezifische Wahrheit der exakt dazu passende Irrtum. „Jede Idee deckt ihre Nachäffung als eine Illusion auf. Dies ist die göttliche Diagnose, die alle anderen Diagnosen überflüssig macht" (S. 70). Und je reiner das Bewußtsein des Praktikers, desto deutlicher, unmittelbarer und treffsicherer die Diagnose. „Erkenne, was in deiner eigenen Mentalität ‚dem Gesalbten' unähnlich ist, und wirf es hinaus; dann wirst du den Irrtum im Gemüt deines Patienten, der seinen Körper krank macht, entdecken" (M. B. Eddy *Vermischte Schriften*, S. 355, aus dem Engl.). Wir verstehen jetzt, warum Jesus bei seinen Heilungen nie eine Anamnese seines Patienten erstellte, nicht einmal die Krankheit benannte und weder Heilkräuter, Diäten, noch gymnastische Übungen oder „Kuraufenthalte" verschrieb. Er wußte: „Was zum Munde eingeht, das macht den Menschen nicht unrein; sondern was zum Munde ausgeht, das macht den Menschen unrein" (Mt 15,11). Was also Inhalt des Bewußtseins ist, darauf – und nur darauf – kommt es an.

So wie der Musiker beim Hören des Mißtons spontan den Fehler „sieht", ohne sich zuerst die Harmoniegesetze klarmachen zu müssen, weil sie einfach in ihm vorhanden sind, so kann auch bei der Behandlung der Irrtum spontan „vor Augen stehen". Das ist aber nur möglich, wenn die „Harmoniegesetze" im Praktiker vorhanden sind und den Kontrasthintergrund bilden; andernfalls würde der Irrtum nicht als Irrtum auftauchen, sondern sich als Normalität unerkannt ins Bewußtsein einreihen.[80]

---

80 Kommt der Irrtum an die Oberfläche, ist das häufig mit einer zeitweiligen Zunahme seiner Folgen, d. h. mit einer Verschlimmerung des Symptoms, verbunden. M. B. Eddy nannte das „Chemikalisation". „Das, was ich *Chemikalisation* nenne, ist die Umwälzung, die entsteht, wenn die unsterbliche WAHRHEIT die irrige sterbliche Annahme zerstört. Die mentale Chemika-

5. (LEBEN) Wir erinnern uns, daß LEBEN die unerschöpfliche Dynamik der Ideen präsentiert, die durch den Kalkulus, das unendliche gegenseitige Sich-Widerspiegeln aller Ideen, jede Idee mit der Macht und Fülle jeder anderen Idee ausstattet. So macht sich der Praktiker all die Macht, die Fülle, das Wirkungsvermögen, die Allgegenwart, die Unumstößlichkeit, die Unzerstörbarkeit auch der bei SEELE gefundenen spezifischen Idee klar, die die Wahrheit über den zur Diskussion stehenden Irrtum darstellt. „So wird durch die Fülle der spezifischen Wahrheit der spezifische Irrtum kompensiert" (vgl. Kap. S. 70).

6. (WAHRHEIT) Wir erinnern uns, daß WAHRHEIT das wahre Menschtum beschreibt und daß die zweite CHRISTUS-Übersetzung den sterblichen Menschen aus seinen irrtümlichen Annahmen heraus zur Idee Mensch zurückübersetzt. Wird ein Irrtum durch eine Wahrheit kompensiert, so stellt das einen Schritt in Richtung wahres Menschtum dar. „Die Idee heilt; sie erlöst das menschliche Bewußtsein von seinem eigenen Mißverständnis" (Kap. S. 71) und bringt ihn näher an das Einssein der Idee Mensch mit seinem PRINZIP, das keine Krankheit, keine Disharmonie kennt, weil es selbst nur Gesundheit und Harmonie ist. „Das Weichen des falschen Begriffs zeigt sich für den menschlichen Gedanken als ein verbesserter materieller Zustand, was dann als Heilung [...] bezeichnet wird."(S. 72)

7. (LIEBE) Wir erinnern uns, daß LIEBE alles umfassend in einen Erlösungsplan einschließt und daß sie immer einen Ausdruck hat. „Ihr Heiligenschein ruht auf allem, das sie berührt" (frei nach *W & G* 248). Bei Kappeler heißt es: „Jede christlich-wissenschaftliche Behandlung segnet" (S. 72). Auch wenn sie durch ihr Wirken nicht unbedingt *unsere* persönlichen Wünsche erfüllt, so wirkt sie aber immer im Sinne ihres höheren Planes, der immer letztlich liebevoller ist, als wir es uns vorstellen können. „Die Auswirkungen einer wissenschaftlichen Behandlung dauern endlos

---

lisation bringt Sünde und Krankheit an die Oberfläche und zwingt die Unreinheiten zu vergehen, [...] (*W & G* 401). Dies erklärt auch das Phänomen, daß bei Erkenntnis einer Wahrheit, beim „Eindringen" einer Idee in die Mentalität, häufig ein psychisches Tief folgt. „Der Erklärung der WAHRHEIT folgt eine mentale Chemikalisation, und auf die Weise wird eine höhere Grundlage gewonnen" (*W & G* 453).

an, weil sie an der Natur des ewigen LEBENS teilhaben. Jesu Heilungen wirken noch heute nach" (Kappeler S. 72).

Schauen wir kurz zurück, so sehen wir, wie dieses siebenstufige Vorgehen in der WORT-Ordnung die zwei CHRISTUS-Übersetzungen in sich schließt, nämlich die Kappelerschen Schritte GEMÜT, GEIST, SEELE (Auftauchen der spezifischen Wahrheit), die die erste Übersetzung veranschaulichen (GOTT übersetzt sich von PRINZIP bis zum Punkt von Idee), und die Schritte PRINZIP, LEBEN, WAHRHEIT, LIEBE, die die zweite veranschaulichen, wobei PRINZIP (Aufdecken des Irrtums bei Kappeler) für den ersten Grad der *Unwirklichkeit* (Verderbtheit) steht, LEBEN (Ausstattung der Idee mit Fülle) für den zweiten Grad der *Übergangseigenschaften* und WAHRHEIT und LIEBE (bei Kappeler die Heilung) für den dritten Grad der *Wirklichkeit* (Verständnis) (vgl. oben ab S. 146).

Aber wir erkennen auch die drei Behandlungsabschnitte *analysieren, aufdecken, auflösen* wieder (s. o. S. 155 f.): GEMÜT und GEIST beschreiben das Analysieren mittels der WAHRHEIT; SEELE und PRINZIP zeigen uns, wie die Wahrheiten die Irrtümer aufdecken; LEBEN, WAHRHEIT und LIEBE lösen sie durch den Einsatz der Ideen auf.

Einige Anmerkungen

Auf den folgenden Seiten nehme ich mir die Freiheit, Überlegungen, Gedanken, Erfahrungen, Bedenken und Überzeugungen wiederzugeben, die mir im Lauf der Zeit untergekommen sind, die den Leser einerseits in einem möglichen überschwenglichen Enthusiasmus dämpfen mögen, die ihm aber andererseits auch Mut geben sollen, wenn er nicht gleich den Himmel auf Erden erlebt. Ich sage ganz ausdrücklich, daß meine subjektiven Wahrnehmungen keine Verbindlichkeit beanspruchen und daß andere Christliche Wissenschaftler sich vielleicht völlig anders äußern würden. Auch wird es mir nicht möglich sein, für alle Aussagen die nötigen Belege anzuführen, da ich nicht mehr trennen kann, was ich irgendwann einmal gehört oder gelesen habe, was eine eigene Erkenntnis durch Überlegung oder Erfahrung ist oder was eine persönliche Schlußfolgerung aus Darlegungen in anderen Quellen darstellt. Wenn die Erinnerung mich einigermaßen leitet, nenne ich aber wenigstens die ungefähre Herkunft.

Akzeptanz

Als M. B. Eddy das gewaltige Potential erkannte, das in dem von ihr wiederentdeckten System lag und das sie „Christliche Wissenschaft" genannt hatte, dachte sie, die Welt würde ihre Lehre sogleich und mit Freuden aufnehmen. Diesen Gedanken gab sie aber bald wieder auf, als sie erleben mußte, wie sie überwiegend auf große Zurückhaltung und offene Feindseligkeit stieß. Heute, nach fast 150 Jahren, scheint die Lage noch immer die gleiche zu sein, obwohl durch die Entwicklung der Physik und der psychosomatischen Abteilung der Medizin die Ausgangsposition günstiger sein sollte: Der Begriff der Materie hat viel von der selbstverständlichen Solidität verloren, die er zu Zeiten von Jesus und M. B. Eddy noch ganz unangefochten hatte; die Vorstellung vom Körper als einem rein mechanischen und chemikalischen Organverbund ist längst aufgeweicht, und dennoch ist es kaum möglich, einen Anhänger für diese Lehre zu gewinnen. An der Perspektive, die sie in Aussicht stellt – bessere Gesundheit, glücklichere Beziehungen und sicherere Versorgung – kann es natürlich nicht liegen, denn das zu erlangen, ist der einzige wirkliche Traum aller Menschen. Schon Jesus, der durch seine Heilungen unbezweifelbar und für jedermann beobachtbar demonstrierte, wozu die von ihm verkündete Lehre in der Lage war, wurde am Ende seines kurzen Lebens von praktisch allen Verehrern, die er phasenweise hatte, verlassen und traf auf eine geradezu haßerfüllte und gewalttätige Bereitschaft, ihn aus der Welt zu schaffen.

Ich glaube, der Grund liegt in den Voraussetzungen, die einfach erkannt und eingehalten werden *müssen*, die aber für das menschliche Denken so gut wie unannehmbar sind. Und dennoch: Ohne die Voraussetzungen wird die Lehre funktionsuntüchtig, und auch durch die nachfolgenden

Segnungen wird sie nicht geschmeidiger und leichter akzeptierbar. Die erst von Jesus und später von M. B. Eddy erneut aufgestellte Lehre ist ja dermaßen revolutionär und radikal, daß all die politischen Revolutionäre späterer Jahrhunderte, die völlig dem traditionellen und konservativen Bezugssystem verhaftet blieben und lediglich die politische Machtstruktur zu ihren Gunsten veränderten, wie harmlose Waisenknaben dastehen. Keiner jener Umstürzler verlangte, daß man der eigenen Sinneswahrnehmung nicht trauen sollte, daß der Mensch nicht das ist, was auf zwei Beinen vor einem steht, daß Krankheit ein Irrtum ist und daß ihre Kur darin besteht zu verstehen, daß sie nie bestanden hat.

Menschliches Bezugssystem

Bringt man alles auf einen Nenner, dann verlangen die Voraussetzungen, daß wir unseren Dualismus durchschauen und aufgeben. Hierin liegt nach wie vor das Haupthindernis. Der dualistisch denkende Normalbürger hält daran fest, als müsse er ansonsten alles aufgeben, was ihm lieb und teuer ist; die moderne Naturwissenschaft tendiert in vielen Bereichen gezwungenermaßen auch zu einem Monismus, doch der muß materiell sein; die Psychosomatik und die Psychotherapie bleiben beim Dualismus, wobei sie zum Spiritualismus neigen, der im Gegensatz zur klassischen Medizin der geistigen Seite des Dualismus gleichgewichtige Realität zubilligt; und die kirchliche Religion geht vom Dualismus aus und versucht, ohne ihn zu verlassen, einen metaphysischen Monismus zu verkünden, der ihre eigenen Vernunftkräfte übersteigt.

Alle diese „Gegner" bauen auf dem menschlichen Bezugssystem auf. Es aufzugeben, verlangt ein starkes Motiv, das niemand so ohne weiteres hat. Deshalb sagt ja M. B. Eddy, der Zugang zur Christlichen Wissenschaft komme durch wissenschaftliches logisches Denken zustande oder durch Leiden. Man muß hinzufügen, durch extremes, aussichtsloses, aber mental unverbohrtes Leiden. Es gibt viele Menschen, die eher sterben, als daß sie auch nur den Versuch machen, sich auf etwas einzulassen, das nicht ihren Denkgewohnheiten entspricht.

Beweise

Einer der ersten Einwände in solchen Situationen ist häufig, daß man erst einen Beweis sehen möchte, bevor man diese Richtung „ausprobiert". Ein Praktiker wie Jesus und M. B. Eddy könnten in vielen Fällen sicherlich einen solchen Beweis erbringen, weil ihr Bewußtsein die nötige geistige Reinheit hätte, aber auch nicht immer. Selbst Jesus mußte bisweilen vor diesem mentalen Starrsinn kapitulieren: „Und er tat daselbst nicht viel Zeichen um ihres Unglaubens willen" (Mt 13,58). Die systemische Crux liegt ja darin, daß die Segnung oder Heilung ein *nachfolgendes* Zeichen eines umgewandelten Bewußtseins ist und daß der verlangte Beweis die Reihenfolge umkehrt und *vor* der benötigten Bewußtseinsqualität liegen müßte. Wie aber soll man diese Schwierigkeit plausibel machen, ohne als „Ausweichler" dazustehen? Ein enorm großer Aufwand an Verständnis soll geleistet werden, und trotzdem kann kein Ablegen des materiellen Bewußtseins und damit kein Erfolg garantiert werden.

M. B. Eddy sah es daher nicht gern, wenn jemand die Kurse ihrer Lehranstalt vornehmlich deshalb besuchte, um von irgend etwas geheilt zu werden: Eine solche Motivationslage behindert die freie Liebe zur Sache und konzentriert die Mentalität des Schülers mehr auf die Suche nach dem erlösenden Aha.

Zwickmühle

Es ist wirklich verzwickt: Ohne ein starkes Motiv wird kaum jemand willens sein, sich dieser total „abverlangenden" Lehre zuzuwenden; und hat er den nötigen Motivationsdruck, dann kann gerade der sich als ein Hemmnis auf dem Weg zum unabdingbaren Verständnis erweisen. Ich weiß noch, wie ich in allerhöchster Bedrängnis und auf der verzweifelten Suche nach dem rettenden Strohhalm auf die Christliche Wissenschaft stieß. Ich hoffte einfach auf das, was sie zu versprechen schien; etwas anderes hatte ich nicht mehr, nachdem es medizinisch keine Hoffnung mehr gab. In atemberaubender Hektik lernte ich damals die Ideen der

Synonyme auswendig, fühlte mich von dem Druck geknechtet, verstehen zu *müssen*, daß Materie nicht ist, daß die Krankheit Lüge und der Tod unwirklich ist. Bei meinen Kontakten mit dem damaligen Praktiker hatte ich Schweißausbrüche vor den Gesprächen und versank in schiere Verzweiflung danach, wenn ich wieder nicht verstanden hatte. Ich nahm mir Mustergebete vor, bemühte mich, alle heilenden Ideen vollständig zu memorieren, ja keine auszulassen. Ich war in dem damals von mir nicht erkannten Irrtum befangen, *ich* müsse durch *mein* richtiges Denken die Heilung meiner Tochter herbeiführen, und je näher sie sich auf den Tod zubewegte, desto übermenschlicher die Panik meines Bemühens. Ich hatte damals nicht verstanden und konnte auch zunehmend nicht verstehen, was der Christus wirklich ist, daß er keinen Betätigungsschub braucht, daß jede Panik eher abträglich ist und daß ein in sich ruhendes geistiges Bewußtsein mir vielleicht das Vertrauen gegeben hätte, das geholfen hätte. Ich las meiner Tochter sogar Heilungsberichte aus dem *Herold der Christlichen Wissenschaft* vor, die dort regelmäßig erscheinen und als eine Art missionarische Werbung zu verstehen sind, und machte ihr auch noch Vorwürfe, als begehe sie einen Frevel, wenn sie wütend auf die Berichte schimpfte und ungehalten fragte, warum *denen*, aber nicht ihr geholfen werde.

Außenkontakt

Obwohl die Christliche Wissenschaft damals nicht zur Heilung geführt hat, hatte ich aber doch so viel verstanden, daß ich wußte, wenn überhaupt, dann war dies der Weg, der grundlegend etwas für die Menschheit tun kann. Seitdem ist kein Tag vergangen, an dem ich nicht die Fragen und Antworten, die sich aus dieser Lehre ergeben, studiert und bedacht hätte. Meine anfänglichen Versuche, mit meiner Umwelt darüber zu reden, habe ich immer mehr reduziert, weil ich keinen Weg sah, wie ich hätte verhindern können, nicht verstanden oder mißverstanden zu werden. Ich erfuhr unverhohlene Ablehnung bis hin zur Aufkündigung der Freundschaft, weil man mich seit Jahren als überzeugten atheistischen

Freidenker gekannt hatte; man vermutete mich im Sumpf einer dubiosen Sekte[81], oder – und das war die mildeste, aber auch gefährlichste Form von Gegnerschaft – man hielt mich freundlich-nachsichtig für einen durch sein Schicksal auf fromme Abwege geratenen Wirrkopf.

Ich glaube, es war richtig, seinerzeit mein geselliges Verhalten zu ändern. Ich befaßte mich „in aller Stille" weiter mit der Christlichen Wissenschaft und führte Gespräche darüber nur mit den wenigen, die zumindest ein grundsätzlich offenes Ohr hatten und genauestens wußten, daß ich kein esoterischer Sonderling geworden war. Im Gegenteil, die sozialverträglichen Eigenschaften werden durch christlich-wissenschaftliches Verständnis immer authentischer.

Auswirkungen

Die Christliche Wissenschaft ist nicht darauf angewiesen, daß man klug über sie redet oder sie irgend jemandem aufnötigt. Sie verändert ja nicht notwendig das *Was* im Leben, sondern das *Wie*. In allen Bereichen unseres Alltags können wir ihre Grundsätze anwenden und im wahrsten Sinne des Wortes die Fülle ihres LEBENS erfahren. So erfuhr ich allmählich das, was mir in Zeiten größter Not versagt geblieben war. Durch die stetige (aber längst nicht abgeschlossene) Bewußtseinsveränderung begann ich, mich im Leben sicherer, souveräner und angstfreier zu bewegen. Meine Standpunkte, die ich im Beruf (als Lehrer) auf der Grundlage der Christlichen Wissenschaft vor Schülern und Kollegen vertrat, waren sehr häufig völlig gegen den allgemeinen oder spezifischen Strom, haben mir aber nie geschadet, sondern mein Ansehen eher gesteigert. Bei aufkommenden Fragen, wie und wodurch ich zu meinen Ansichten gekommen sei, hatte ich durch Erfahrung gelernt, in meinen Antworten den Namen der Christlichen Wissenschaft nicht zu erwähnen, vor allem nicht den englischen, und statt dessen die Maximen und Orientierungen meines Verhaltens und meiner Äußerungen aus allgemein nachvollziehbaren Grundsätzen herzuleiten. Es

---

81 Der Name „Christian *Science*" hatte, wie ich nach Jahren erfuhr, zu der Vermutung geführt, ich gehörte „Scientology" an.

ist mir absolute Gewißheit, daß auch nur eine geringe Annäherung an die *Idee* Mensch soziale Achtung, kollegiales Gewicht, privates Wohlergehen und bessere Gesundheit verleiht. Seit nahezu 20 Jahren brauche ich so gut wie keine Medikamente mehr, obwohl sich gewisse kleine Malaisen doch nur mit ärztlicher Hilfe beseitigen ließen. Aber das werte ich nicht als Argument gegen die Christliche Wissenschaft, sondern als Zeichen dafür, daß ich auf dem Weg des LEBENS weitergehen muß und möchte.

Hauptpunkte

Nach wie vor empfinde ich es als eine Schwierigkeit, die ich bedaure und für die ich keine Lösung weiß, daß *Gespräche* mit Menschen „außerhalb" kaum möglich sind. Dies ist eigentlich der Hauptgrund, dieses Buch zu schreiben. Die Muße bei der Lektüre eines Buches ist unübertroffen und nicht zu vergleichen mit den Bedingungen bei einem Gespräch oder – noch schlimmer – bei einer Talkshow, wo in möglichst kurzer Zeit die „Hauptpunkte" der neuen Sicht vorgestellt werden müßten und wo die anderen Teilnehmer nur darauf warten, möglichst geistreich über ihr Opfer herzufallen. Gerade die unvermittelte und vom System losgelöste Nennung der Hauptpunkte der Christlichen Wissenschaft wirkt auf den, der die mühsame und langwierige Vorbereitung durch ruhevolles Nachdenken nicht durchlebt hat, zwangsläufig befremdlich und kann diesem ernsten und so menschenfreundlichen Anliegen eher schaden.

Zugang

Die Christliche Wissenschaft lernt man nach meinem Dafürhalten am sinnvollsten kennen, wenn man – ein grundsätzliches Interesse vorausgesetzt – nicht einen akuten und hochbedrohlichen Notfall abwartet, sondern wenn man zuerst das Hauptwerk von M. B. Eddy *Wissenschaft und Gesundheit mit Schlüssel zur Heiligen Schrift* ohne einen bedrängenden Druck nach Heilung in kleinen Portionen liest und dabei der zum Teil ungewohnten Wortwahl zunächst nicht zuviel Gewicht beimißt. Im Anfang werden gewisse Passagen wahrscheinlich nicht verstanden werden, was aber kein Hinderungsgrund für die weitere Lektüre sein sollte. Es ist gut, über das Gelesene immer wieder nachzudenken und Vertrauen darauf zu haben, daß sich der Sinn noch erschließen wird. Wenn der Leser bei fortschreitender Lektüre – M. B. Eddy läßt selbst didaktische Klugheit walten und verabreicht keine „Schocktherapie" – die Hauptpunkte ihrer Lehre erfährt, daß nämlich GOTT über die sieben Synonyme sehr wohl verstanden werden kann, daß GEIST alles und Materie nichts ist, daß der Mensch als Idee geistig und vollkommen ist, daß Krankheit Irrtum und daher nichts ist, und wenn dem Leser diese Hauptpunkte nicht mehr als abweginer Unsinn vorkommen, dann befindet er sich auf einem guten Weg. Englischkundige Leser haben einen Vorteil dadurch, daß die Schriften von M. B. Eddy immer zweisprachig (zum Glück von ihr verfügt) vorliegen und man bei Verständnisproblemen auf das Original zurückgreifen kann. Gewisse Übersetzungen sind nämlich bisweilen ungeschickt und vom System her inkonsequent, so daß das Original manchmal regelrecht „die Augen öffnet".

Da es denkbar ist, das Buch ein Leben lang unzureichend zu verstehen, kann ich nur raten, alsbald die Werke von Doorly und Kappeler in das Studium mit einzubeziehen. Diese beiden Autoren haben sich ihr Leben lang mit dem Lehrbuch von M. B. Eddy beschäftigt und Strukturen und Verknüpfungen heraustreten lassen, die dem Leser normalerweise entgehen, die aber das Verständnis der Lehre ganz erheblich vertiefen. Im Anhang werden die Titel und Bezugsquellen genannt.

Erschwerendes und Förderliches

Da die Versprechen und Erwartungen an die Christliche Wissenschaft recht hoch sind, sollte doch darüber geredet werden, was mitunter oder häufiger ihren Erfolg erschwert und was ihn andererseits fördert. Die offiziellen Schriften und Verlautbarungen der Bostoner Kirche, der *First Church of Christ, Scientist* und ihrer Zweigkirchen auch in Deutschland, neigen nur zu gern zu einer schöngefärbten Informationspolitik und lassen ein Verhalten erkennen, das sehr „kirchlich" ist: Intoleranz abweichenden Vorstellungen gegenüber und Verschweigen glückloser Vorfälle. Doorly und Kappeler wurden beide exkommuniziert, obwohl gerade sie die Wissenschaftlichkeit der Christlichen Wissenschaft überhaupt erst erkannt und beschrieben haben. Allerdings förderten sie nicht den Aspekt der institutionell-kirchlichen Organisation und Autorität – ganz im Sinne von M. B. Eddy – und fielen daher in Ungnade. So stammen die nun folgenden Ausführungen weitgehend von Kappeler, seinen Vorträgen und Schriften und aus meinen Erfahrungen und Beobachtungen, die ich selbst im Laufe von inzwischen fast 20 Jahren gemacht habe.

Patient

Das größte Hemmnis entsteht sicherlich dadurch, daß der Klient sich ausschließlich als Patient sieht, der nur seine Heilung im Sinn hat und die allgemeinen, weltanschaulichen und dadurch übergeordneten Gesichtspunkte als lästiges Beiwerk ignoriert. Selbst wenn er „wundersam" geheilt werden würde, würde ihm das langfristig nichts nützen, weil er das im Prinzip krank machende Bewußtsein beibehält. Wird also das Symptom beseitigt, aber nicht sein, sagen wir, Egoismus, sein Geiz, seine Rücksichtslosigkeit, sein Neid, seine Furcht und sein Fatalismus, dann wird er nicht als Mensch gesund. Nimmt er hingegen die Weltanschauung ernst und vertieft sich erwartungsvoll dahinein, dann kann er hoffen, durch Verminderung seiner moralischen und menschlichen Übel auch der Krankheit weniger Gelegenheit zur Manifestation zu geben.

Eigenwille

In dichter Nachbarschaft zu diesem Problem steht die Unfähigkeit, im Verlauf der Behandlung das eigene Selbst, die persönlichen Wünsche und Vorstellungen abzulegen, die bestimmen wollen, was genau geheilt werden soll, wann und wie und womöglich noch wo. Dies ist ja fast bis ins Detail hinein das Verfahren der Medizin, und wir Patienten übernehmen diese Denkweise vorbehaltlos, unschuldig und ohne einen Funken von Zweifel oder Kritik. Der Glaube, der Mensch könne heilen, ist zwar verbreitet, aber in tiefster Essenz falsch. Was als eine solche Heilung erscheint, beruht immer auf dem Bewußtseinsinhalt, und sei es der Glaube an die Heilkraft eines bestimmten Medikaments, einer bestimmten Person oder Klinik. Das Medikament selbst, die Person, die Klinik sind letztlich nur ein indirekter Faktor. Aber diese technisch-medizinische Katalysatorfunktion wird als primär ursächlich für die Heilung mißverstanden und verstärkt natürlich den Irrglauben, man könne als Person auch in eine christlich-wissenschaftliche Behandlung eingreifen. Wie aus den bisherigen Ausführungen hervorgeht, läßt der CHRISTUS, das eigentlich heilende Agens, sich nicht durch den sterblichen Menschen zu irgendeiner Vorgehensweise bringen oder gar zwingen. Man kann ihn so höchstens hemmen, denn im allgemeinen wissen wir gar nicht, was wirklich zuerst oder zuletzt geheilt werden muß. Um es pathetisch zu sagen: Unser Besserwissen ist vor GOTT reine Unwissenheit. Natürlich möchten wir etwas *tun*, um uns oder anderen zur Gesundheit zu verhelfen. Das ist verständlich. Doch glauben wir meist fälschlicherweise, dieses „Tun" müsse notwendig medizinischer, hygienischer, pharmazeutischer oder chirurgischer Natur sein. Was das notwendige Tun angeht, so denken wir vielleicht an die kleine Geschichte in der Bibel, Lukas 10,38–42, wo Jesus von Martha geschäftig umsorgt wird, ihre Schwester Maria aber den Worten Jesu lauscht. Martha beklagt sich in voller Überzeugung, richtig zu handeln, beim Meister über Marias Bequemlichkeit. Aber Jesus sagt: „Eins aber ist not: Maria hat das gute Teil erwählt; das soll nicht von ihr genommen werden" (42).

Wahres Tun

So sollte unser Tun darin bestehen, die WAHRHEIT von GOTT und dem wahren Menschen zu verstehen, um unser Bewußtsein damit zu füllen. Das bewirkt unter Umständen viel, viel mehr, sofern wir wirkliches Vertrauen haben können. In akuten bedrohlichen Fällen können wir wahrscheinlich jene furchtlose und vertrauensselige Geistesverfassung nicht aufbringen, und dann könnte die Verweigerung eines Arztbesuches leichtsinnig sein, vor allem wenn noch kein großes Verständnis vorliegt und fanatische, auf Glaubensstarre beruhende Konsequenzsucht unser Verhalten bestimmt. Das wäre eher ein Auswuchs des menschlichen sturen Willens und stünde im Gegensatz zur menschenfreundlichen Lehre und Grundgesinnung der Christlichen Wissenschaft.

Falsches Tun

Es ist ungemein wichtig, unser Bewußtsein nicht in die falsche, unzuträgliche Richtung driften zu lassen. Das geschieht nämlich, wenn wir uns laufend mit Krankheit, ihren Symptomen, Verläufen, Therapien usw. beschäftigen. Dadurch wird ein völlig kontraproduktives Bewußtsein geschaffen: Anstatt – wie es richtig und wünschenswert wäre – die Krankheit in ihre wahre Natur, nämlich ihre Unwirklichkeit und Irrtümlichkeit, zu verweisen, machen wir aus ihr eine konkrete Wirklichkeit und *glauben* daran! So setzen wir den Placebo-Mechanismus in genau die falsche Richtung in Gang, und unsere unbewußten Schichten bemühen sich nach Kräften, das zu erhalten, was wir an der Oberfläche bekämpfen. Diesen Fehler machten auch die frühen Therapieformen der Christlichen Wissenschaft, als es darum ging, die Wahrheit zu bejahen und den Irrtum zu verneinen. Abgesehen davon, daß dabei wenig Verständnis im Spiel war, führte das dauernd wiederholte kraftvolle Verneinen der Krankheit gerade zu ihrer „Wirklichkeit" und Festigung. Andererseits darf man Krankheit auch nicht „blauäugig" ignorieren, weil sie ja „nichts sei". Denn das ist präzise das, was das sterbliche Gemüt will: in Ruhe gelassen werden, um den Irrtum ungestört zu entfalten. Es ist also immer auch der Blick in WAHRHEIT hinein, der, kombiniert mit dem Verständnis von der Nichtsheit der Krankheit, nötig ist, damit das sterbliche Gemüt keinen Augenblick ungestört bleibt. Die Anweisung des Paulus gilt nach wie vor: „Wir sind aber getrost und haben vielmehr Lust, außer dem Leibe zu wallen [vom Irrtum abwenden] und daheim zu sein bei dem Herrn [der WAHRHEIT zuwenden]" (2. Kor 5,8).

Methodenvielfalt

Häufig hört man, christlich-wissenschaftliches Vorgehen (oder noch weitere geistige Methoden) solle man mit medizinischen Methoden zusammen betreiben, doppelt, dreifach genäht hält besser. Es läßt sich in gewissen Fällen sicher nicht umgehen, etwa nach einem operativen Eingriff, christlich-wissenschaftliche Bewußtseinsbildung zu empfehlen, um die Heilung zu beschleunigen. Das ist natürlich völlig legitim. Was aber nicht zu empfehlen ist, ist dieses Gespann als Philosophie. Die Anwendung materieller Methoden setzt ja voraus, daß man der geistigen WAHRHEIT nicht traut, weil man das Wesen der WAHRHEIT, Allmacht und Allgegenwart, nicht verstanden hat. Und die Anwendung geistiger Methoden setzt voraus, daß man der materiellen Wirkkraft nicht traut, weil Mißerfolge an der Tagesordnung sind. Dadurch untergräbt man sein eigenes Placebo-Potential, den Glauben an materielle Heilung, und steht am Ende doppelt düpiert da. Die Methoden behindern sich gegenseitig, das Krankheitsbild wird immer unübersichtlicher, der Krankheitszustand resistent. In einer solchen wirren Situation wäre eine klare schulmedizinische Therapie vorzuziehen.

Empathie

Heutzutage wird von mehreren medizinischen Schulen anerkannt, daß das psychische, emotionale Moment in Form von Zuwendung, entspanntem Zuhören und liebevoller Pflege bei der Behandlung von Krankheit eine stark heilungsfördernde Bedeutung hat. Es ist erstaunlich, daß eine solche Trivialität wiederentdeckt und durch ausgedehnte Versuchsreihen neu bestätigt werden mußte. Eine Gefahr liegt darin, daß die erkannte und als hochwirksam tätige Empathie zur „kalten" oder gespielten Methode verflacht. Ein genuin empathischer Arzt hätte nie solche Untersuchungen benötigt, um zugewandt mitzufühlen. Es verhält sich ähnlich wie bei der in Mode gekommenen Lachtherapie. Man beobachtete, daß Lachen, und zwar als Ausdruck einer inneren entspannten und freudigen Befindlichkeit, heilende Auswirkungen hat. Man nahm daraufhin das *äußere* Symptom des lachenden Gesichtes als ursächliches

Movens an und führte nun Lachreaktionen herbei. Mich erinnert das an jene Festzeltmentalität, wo die Dorfjugendlichen sich vornehmen, lustig zu sein, einen „draufzumachen", und später nach einer Massenschlägerei als Alkohol- und Verletzungsleichen in der Klinik landen. Mir persönlich wäre – um die Quintessenz zu resümieren – ein grober und unpromovierter, aber in seiner Art ehrlicher und wohlmeinender Doktor zehnmal lieber als ein freundlich lächelnd zuhörender, aber in Gedanken seine Honorarabrechnung vorgenießender Chefarztprofessor. In ihrem Lehrbuch benutzt M. B. Eddy diesbezüglich eine deutliche Sprache: „Laß dich lieber von einem Arzt behandeln, der mit Pocken infiziert ist, als daß du dich von jemandem mental behandeln läßt [jede Behandlung ist letztlich mental], der den Anforderungen der göttlichen Wissenschaft nicht nachkommt" (*W & G* 235). Das soll nicht heißen, daß ein Arzt Christlicher Wissenschaftler sein muß, aber er sollte ihre ethische Anforderung der ehrlichen und natürlichen Zuwendung erfüllen.

Furcht

Der Leser des Lehrbuches wird bemerken, wie häufig M. B. Eddy von der Furcht redet, die ein Grundproblem bei jeder Krankheit ist. Sie geht sogar soweit zu sagen: „Wenn es dir gelingt, die Furcht ganz und gar zu beseitigen, ist dein Patient geheilt" (*W & G* 412). An anderer Stelle zitiert sie den Apostel Johannes und läßt ihn für sich sagen: „Furcht ist nicht in der Liebe, sondern die völlige Liebe treibt die Furcht aus … Wer sich aber fürchtet, der ist nicht völlig in der Liebe" (*W & G* 410 und 1. Joh 4,18). Sie kommentiert: „Hier haben wir eine definitive und inspirierte Verkündigung der Christlichen Wissenschaft" (*W & G* 410, aus dem Engl.). Wenn wir an das Synonym Liebe denken, wird uns sofort klar, daß Furcht nur bestehen kann, wenn Liebe nicht verstanden oder verzerrt oder geleugnet wird. Das wußte auch Jesus, der praktisch jede Behandlung mit „Fürchtet euch nicht!" begann. Offensichtlich ist Furcht das verbreitetste Gegenteil von Liebe und vielleicht auch das am schwierigsten zu bekämpfende, denn sie erfährt nicht die bei Haß, Feindschaft, Neid anerkannte Diskreditierung durch die Morallehre, es sei denn im Krieg, wo sie politischen Zielen im Weg steht. In der Psychotherapie genießt sie ein überaus gehegtes Existenzrecht und wird nicht nur akzeptiert, sondern bisweilen als integraler Bestandteil des Menschseins gepflegt. Es ist ihr ja auch kaum beizukommen, wenn wir unsere Alltagswelt betrachten, und noch weniger hilft ein Aufruf, sie abzulegen. Wenn wir in der Lage wären zu erkennen, daß sie eine so ausgeprägt unselige Rolle in der Verursachung von Krankheit spielt, so wie das bei Neid und Unglück bekannt ist, würden wir vielleicht anfangen, Furcht anders einzustufen, und uns stärker bemühen, LIEBE zu verstehen.

Jetzt wird statt dessen die Furcht allenthalben geschürt. In Zeitungen, Magazinen und im Fernsehen wird gewollt oder ungewollt der Motor der Placebo-Dynamik angekurbelt: Man malt Horrorszenarien ins Bewußtsein, was bei dieser oder jener Krankheit – sofern unerkannt und unbehandelt – passiert; man empfiehlt vorsorglich bestimmte Medikamente und flößt ein schlechtes Gewissen ein, wenn man „unverantwortlich nachlässig" ist. Natürlich geht es ums Geld und um die Weitergabe einer leider bedauerlichen, aber völlig unverstandenen Fehlorientierung. Max Kappeler sagte einmal bei einem seiner Vorträge, wir hätten ohne Zweifel Tausende weniger Krebserkrankungen, wenn die Medien und die Krankenbeschreibungen nicht laufend die Angst vor Krebs verbreiten und am Leben halten würden. Ich bin überzeugt, er hat recht. In meiner Umgebung sehe ich mit großer Regelmäßigkeit, daß *die* Menschen am häufigsten krank sind, die sich am besten in Krankheit auskennen und sie mächtig fürchten.

Rituale

Gegen Ende dieser Anmerkungen soll der Blick auf ein Phänomen geworfen werden, das nur zu oft in seiner Tragweite unterschätzt wird: Es sind die sogenannten Rituale, die sich in unserem Gesellschaftsleben in unübersehbarer Zahl in nahezu allen Bereichen etabliert haben. Vielfach erleichtern und ökonomisieren sie soziale Abläufe, aber sie können in bestimmten Bereichen ausgesprochen hinderlich und unheilsam sein.

Die Entstehung von Ritualen ist häufig nicht mehr historisch aufzuspüren, jedoch ist unzweifelhaft sicher, daß ihre Bedeutung immer in ihrer Symbolik liegt. Sich vor einem Herrscher niederzuknien, ist der faktischen Sache nach völlig unbedeutend; die Kommunikation könnte ohne das Ritual sogar leichter sein, aber der symbolische Ausdruck berichtet viel über die Gemütsverfassung, auf die es ankommt: Der Kniende drückt aus, daß er sich unterhalb der Position seines Gegenübers befindet, daß er auf Knien wehrlos, also völlig der Willkür des anderen ausgeliefert ist und ihm nicht gefährlich werden kann, daß sein gesenkter Blick den Nacken freigibt und zum tödlichen Schlag einlädt. Die komplette Unterwerfung kann fortgeführt werden bis zur flach ausgestreckten Bauchlage.

Ich stelle mir vor, daß in grauer Vorzeit einmal die Situation vorgelegen haben muß, daß jemand einem anderen etwas Schlimmes angetan hatte und er mit der schlimmsten Vergeltung rechnen mußte. Er befand sich in einer Bewußtseinslage, in der ihm klar war, daß nur eine deutliche und einwandfreie Demonstration von Nichtangriffsbereitschaft mit sichtbarer Abwesenheit von jeglicher Gegenwehr sein Überleben ermöglichen würde. In jener Situation war somit die gestische Demonstration die Folge einer Bewußtseinsqualität mit definitiv akuter Bedeutung; die Handlung war (noch) kein Ritual.

In prinzipiell vergleichbarer Weise sind sicherlich alle Rituale irgendwann einmal entstanden. Der wichtige Punkt ist aber der, daß die äußerliche, körperliche, materielle Handlung zunächst immer nur der *Ausfluß* einer spezifischen Bewußtseinshaltung gewesen ist.

Ich möchte nicht fortfahren, über die Entstehungsanlässe der unterschiedlichen Rituale zu spekulieren, möchte aber noch eine Reihe weiterer anführen, die uns zu unserem eigentlichen Thema zurück- und dann weiterführen sollen.

Ist die Rede vom „Beten", so denken die meisten Menschen sicherlich an bestimmte Texte oder Formeln, die der Betende laut oder leise formuliert zusammen mit bestimmten Körperhaltungen: gefaltete Hände, gesenkter Blick, eventuell geschlossene Augen.

Es gibt eine große Zahl von „Unbequemlichkeiten", die eine tief religiöse Haltung beweisen sollen. Das fängt beim frühmorgendlichen Aufstehen am Sonntag an, um die Heilige Messe zu besuchen, verlängert sich in gewisse Fastenvorschriften, sexuelle Abstinenz bei Priestern, beschwerliche Pilgerreisen nach Mekka oder Santiago de Compostela, mönchisches Eremitentum, klösterliche Frugalität und so weiter bis hin zur Selbstkasteiung oder gar Selbstkastration (z. B. des Kirchenvaters Origenes). Man kann sich des Verdachtes nicht erwehren, daß das Faktum einer materiellen „Reduzierung" in Form von Entbehrung oder gar Leiden zu einer vermehrten Geistigkeit und Anerkennung durch Gott führen soll, wobei ursprünglich jene Reduzierung einmal spontaner Ausdruck einer besonderen Geistigkeit gewesen sein mag.

Der fatale Mechanismus besteht nun darin, daß die Richtung von Ursache und Wirkung umgedreht wird, daß der materielle Ausdruck irgendwann von seiner Ursache abgelöst wird und eine eigenständige kausale Bedeutung zugeschrieben bekommt. In diesem Augenblick wird die Handlung zum Ritual. Jetzt besteht die Vorstellung, das Ritual wirke ursächlich auf die Mentalität oder noch weitreichender auf das weltliche Geschehen allgemein. Das Ritual wird regelrecht zu einem Götzen. Wer das Ritual nicht einhält, vergeht sich gewissermaßen an der Autorität, sei sie Gott, der Papst, der Herrscher oder der Familienvater. Morde werden bedenkenlos verübt, weil gewisse Karikaturen veröffentlicht werden; Ordnungsstrafen werden verhängt, wenn man vor dem Richter nicht aufsteht; eine Deportation ins KZ wird riskiert, wenn man falsch grüßt; Schweinefleisch essen, als Frau Priester werden wollen, die Anrede „Ihre Exzellenz" oder „Ihre Heiligkeit" unterlassen, sich gegen eine arrangierte Zwangsverheiratung wehren, sonntags nicht zur Messe gehen, beim Beten nicht die Hände falten, all dies sind Verstöße gegen Rituale, die je nach Fall unterschiedlich geahndet werden. Allein der Christliche Wissenschaftler hat sich durch sein Verständnis von der Knechtschaft jeglicher Rituale befreit. Und wenn M. B. Eddy vom „Beten ohne Unterlaß" spricht, dann sagt sie unmißverständlich, daß sie nicht an gefaltete Hände oder wunde Knie denkt: „Das beständige Streben, immer gut zu sein, ist Beten ohne Unterlaß" (*W & G* 4). In diesem Licht sind auch ihre Bemerkungen zu „Predigt" und „Gottesdienst" aufschlußreich: „Die beste Predigt, die je gehalten wurde, ist die WAHRHEIT, die durch die Zerstörung von Sünde, Krankheit und Tod praktiziert und demonstriert wird" (*W & G* 201, aus dem Engl.). „Es ist traurig, daß die Bezeichnung *Gottesdienst* [Hervorh.

v. M. B. Eddy] so allgemein die Bedeutung von öffentlicher Anbetung anstatt von täglichen Taten bekommen hat" (*W & G* 40). „Alles, was die Gottesverehrung materialisiert, hindert das geistige Wachstum des Menschen und hält ihn davon ab, seine Macht über den Irrtum zu demonstrieren" (*W & G* 4/5).

Wenn wir uns eine christlich-wissenschaftliche Behandlung ansehen, so wird inzwischen klargeworden sein, daß das Heilungsgeschehen, metaphorisch ausgedrückt, immer sozusagen von innen nach außen (oder auch oben vom Himmel nach unten) geht. „Innen" steht für GEIST, „außen" für den letztlich materiellen Ausdruck. Verkürzt gesagt, gehen wir also von der geistigen Idee Mensch aus, verstehen sie, gleichen uns ihr dadurch an und erfahren so durch unser Bewußtsein ein Menschtum, das äußerlich als verbessertes menschliches Dasein in Erscheinung tritt.

Das muß absolut verinnerlicht worden sein, um zu verstehen, daß die immer wieder betonten Heilungs*techniken* anderer Schulen rigoros nachrangig sind. Es gibt in all den verschiedenen Verfahren Dinge wie rituelle Waschungen, Luftveränderung, Beschwörungsformeln, Handauflegen, Massagen, Bäder, Cremes, Pillen usw., die grundsätzlich die gleiche Funktion erfüllen wie die genannten Rituale und über den Placebo-Effekt natürlich genauso ihre Wirkung haben, so wie die religiösen Techniken zu „mehr Geistigkeit" führen. Aber dieser Weg geht immer von „außen" nach „innen".

M. B. Eddy, die in dieser Hinsicht immer konsequenter wurde, hat in späteren Jahren alle Praktiken, die irgendwie vom Materiellen ausgingen, heftig kritisiert und ihre Schüler davon abbringen wollen, sie anzuwenden. Es schleicht sich nämlich leicht der Fehler ein, daß irgendeine Technik, sagen wir der Besuch von Lourdes, das Berühren einer Reliquie, das *Sprechen* eines bestimmten Gebets, das Trinken eines Heilwassers, die Einnahme eines bestimmten Medikaments, die Anwesenheit einer bestimmten Person etc., in irgendeinem Fall zu einem Heilungserfolg (durch Placebo) führte und daraufhin die „Erfahrungstatsache" aufgestellt wurde, dieses oder jenes Verfahren heile. Das bestätigt sich dann bis zu einem gewissen Grad, wenn die Verbreitung solcher Erfahrungen mit entsprechendem Nachdruck geschieht. Damit hat das Verfahren den Status eines Rituals angenommen.

Aber das ist alles keine Christliche Wissenschaft. Es ist tatsächlich immer so, daß für die Entstehung eines äußerlich genau definierten Symptoms die unterschiedlichsten mentalen Ursachen in Frage kommen. Magengeschwüre können auftreten wegen Überarbeitung, Eheproblemen, Geldnot, frühkindlicher Nichtbeachtung, Unterdrückung durch den Chef, religiöser Verunsicherung und so weiter. Andererseits kann eine genau definierte mentale Ursache zu den unterschiedlichsten Symptomen bei unterschiedlichen Menschen in unterschiedlicher Umgebung zu unterschiedlichen Zeiten führen. Der Punkt ist: Wir können es nie vorher wissen, und die gesammelten Erfahrungen erweisen sich als absolut nutzlos und im Falle ihrer Anwendung als möglicherweise heilungshemmend. Wir müssen ganz einfach erkennen, daß Erfahrungen zu Ritualen verallgemeinert werden können und – wenn überhaupt – nur als Placebo, aber nicht christlich-wissenschaftlich wirken können. Ein „erfahrener" Praktiker weiß genau dies.

Es bleibt die Einsicht, daß jeder Fall einmalig ist, daß jedes Mal von neuem der CHRISTUS als WAHRHEIT seine Diagnose stellen muß. Er analysiert den Irrtum, zwingt ihn durch seine Wahrheiten, sich zu verraten, und löst ihn als Therapeut schließlich auf durch LEBEN, WAHRHEIT und LIEBE.

Fernheilung

Durch die ständigen Medienberichte über alle möglichen Betrügereien und Scharlatanerien ist dieses Wort regelrecht in Verruf geraten, und der Sache nach steht Fernheilung inzwischen gleichbedeutend für faulen Zauber. Der Grund ist leicht zu verstehen: Wenn die Denkweise sich grundlegend an der Materie orientiert, dann muß selbstverständlich so etwas wie Berührungskontakt zwischen Materie oder Körpern bestehen, damit man sich eine Wirkung vorstellen kann, zumindest eine Art Funkkontakt, der in gewissen Fällen für eine „Wirkung" eine größere Distanz zwischen den Körpern zuläßt.

Im Rahmen der in diesem Buch dargelegten Zustände und Vorgänge liegen die Verhältnisse jedoch völlig anders.

Heilung – so wissen wir – kommt durch die CHRISTUS-Übersetzung zustande, die mentale Irrtümer durch Ideen ersetzt und so das Verständnis der Idee Mensch praktisch realisiert. Ideen – so wissen wir ebenfalls – sind nicht räumlich oder zeitlich lokalisiert. Sollte, rhetorisch gefragt, die CHRISTUS-Übersetzung in ihrer Wirkung davon abhängen, daß die Person des Praktikers *räumlich* in der Nähe des Patienten ist, wo doch ohnehin weder der wahre Praktiker noch der wahre Patient Personen sind (vgl. oben S. 198-200)? Natürlich nicht, wie Jesus, M. B. Eddy, Doorly und alle Praktiker der Christlichen Wissenschaft immer wieder erlebt haben. Die ganze Behandlung ist ein Bewußtseinsprozeß, und Bewußtsein ist eben nicht „hier oder da". Im Reich der Ideen gibt es keine Entfernungen.

Außerhalb der christlich-wissenschaftlichen Behandlung ist Fernheilung eine Frage des Glaubens, wie jede andere Heilung auch. Worte an sich haben eigentlich keine Wirkung, da sie zunächst ja nur akustische Schallwellen, also eine materielle Erscheinungsform sind. Daher hat ein gekrächztes Trostwort eines dressierten Papageis keine Wirkung, wohl aber kann dasselbe Wort aus dem Mund einer mitfühlenden Person große Wirkung haben; das tröstende Element ist aber nicht das Wort, sondern die dadurch symbolisierte Bewußtseinshaltung. *Glaubt* man daran, daß Gedanken einer Person nicht nur trösten, sondern heilen können, dann werden sich im gegebenen Fall Veränderungen einstellen, auch über große Entfernungen hinweg. Dieser Vorgang bezieht sich in gleicher Weise auch auf negative Gedanken, also auf Verfluchungen, „Hexerei", Malpraxis. Man kann unter den bösen Gedanken anderer nur leiden, wenn man *glaubt* (auch und besonders unbewußt), sie könnten Wirkung haben. Glaubt man in konventioneller materieller Tradition nur an Heilung durch physikalische oder chemische Einwirkung, dann wird natürlich keine Fernheilung möglich sein.

Der Mechanismus der Diskreditierung von Fernheilungen liegt darin, daß unausgesprochen nur eine rein materielle Kontakt-Therapie vorausgesetzt und für denkbar gehalten wird und man dann das Kuriosum von materieller, körperlicher, persönlicher Abwesenheit des Therapeuten dagegenhält.

Fünfter Teil

Was Wissen schafft

Sicherlich ist jedem klar, daß ein beliebiges Wissensgebiet nur sinnvoll erforscht und beschrieben werden kann, wenn es auf eine Weise unterteilt wird, daß einzelne Abteilungen entstehen, die für unser Begriffsvermögen überschaubar sind. Diese Abteilungen müssen einer Ordnung folgen, so daß sie nach bestimmten Kriterien ein System bilden. Als Kriterien können dienen „gemeinsame Merkmale" oder „dieselbe Herkunft" oder ein „übergeordneter Zweck". Man stelle sich vor, wir Menschen hätten für die Tierwelt, die Fauna, keine Abteilungen, keine – wie der Fachterminus lautet – Kategorien gebildet (denn die einzelnen Phänomene, d. h. hier die Tiere, deklarieren ja nicht selbst ihr eigenes Ordnungsschema), die Fauna wäre ein einziges chaotisches und mystisches Gebilde, das nur aus Millionen von Einzelwesen existieren würde. Wir Menschen haben die Kategorien geschaffen, nach denen wir sie einteilen wollen: Säugetiere, Vögel, Fische, Insekten usw. Der Typ von Kategorie ist prinzipiell beliebig. Man hätte auch als Kategorie sagen können: braune Tiere, schwarze, blaue, rote usw.

Bleiben wir bei der akzeptierten Kategorisierung. Die Klasse der Säugetiere beispielsweise läßt sich unterkategorisieren in Ordnungen, Familien, Gattungen und Spezies. Die Unterkategorisierung hört erst beim einzelnen Individuum auf; bei der Spezies *Hauskatze* (Gattung *Felis*; Familie *Felidae*) z. B. endet die Unterteilung bei dem gestreiften Exemplar meines Nachbarn mit dem Namen *Müschi*.

Die gewonnene Überschaubarkeit durch Kategorisierung birgt aber auch Gefahren. Zum einen kann sie zu einer Spezialisierung führen, wo enorm viel über enorm wenig gewußt wird und wo der Blick für das Ganze, für den sinnvollen Platz im System verlorengeht. Zum anderen kann bei komplexeren Systemen die „kategoriale Disziplin" vernachlässigt werden und zu großen Verwirrungen und Mißverständnissen führen, denn man kann die Kategorien nicht beliebig miteinander verbinden:

Zum Beispiel kann man nicht sagen, im Stall stünden eine Kuh, ein Pferd *und* ein Säugetier; genausowenig ist die disjunktive Variante möglich: *entweder* Müschi *oder* eine Katze; oder differential: was *unterscheidet* einen Löwen von einer Raubkatze; oder antagonistisch: Spatzen *gegen* Vögel. Diese Beispiele sind recht evident, aber weniger evident wäre: der Kanzler *und* die Regierung; die Bischöfe *oder* die katholische Kirche; und letztlich sogar: ich *gegen* den Staat.[82]

Heutzutage wird die Gefahr der „blinden" Spezialisierung in den Naturwissenschaften durchaus erkannt; ein ökologisches Bewußtsein (für das Ganze) kann ganz offiziell eingefordert werden, weil die Spezialisierung dabei ist, den Globus immer effizienter auszubeuten, ihn aber dabei zu zerstören.

Weniger erkannt werden die Ursachen für viele unendliche Diskussionen in den Geistes-, Sozial- und Religionswissenschaften, die in einer „Kategorienverwechslung" (Ryle) bestehen und daher zu keinem Ergebnis führen. Genaugenommen kann man eben nicht sagen, man sei *gegen* seine Familie, oder der Priester *und* seine Kirche. Das ganze Dilemma spitzt sich zu in der uralten Frage, was den Menschen von Gott *unterscheide* oder *welche Beziehung* er zu Gott habe. Solche Fragen setzen – wenn sie sinnvoll sein sollen – ein gleiches Kategorienniveau voraus, so wie etwa: Was unterscheidet einen Vogel von einem Fisch, oder welche Beziehung besteht zwischen Wölfen und Füchsen? Aber die Frage nach dem Unterschied zwischen Bienen und Insekten ist genauso unsinnig wie die nach der Beziehung von einer Maus zu einem Tier oder eben von Mensch zu Gott. Damit die letzte Frage, Mensch hier – Gott da, überhaupt logisch sinnvoll sein kann, müßte Gott im Stile der anthropomorphen polytheistischen Stammes- und Nationalgötter sozusagen auf der Straße oder auf einem Berg angetroffen werden können.

Nach meinem Verständnis der Christlichen Wissenschaft hat Mary Baker Eddy sowohl die Gefahr einer Spezialisierung als auch die Verwirrungen durch Kategorienverwechslung vermieden: Den bis dahin völlig

---

[82] Diese kategoriale Disziplin wurde mir durch die Lektüre des aufschlußreichen Buches von Gilbert Ryle *Der Begriff des Geistes (The Concept of Mind)* (Stuttgart, Reclam 1969) bewusst.

unfaßbaren, diffusen und mystisch-mysteriösen Begriff eines nichtmateriellen *einen* Gottes hat sie durch die Einführung von Kategorien, den sieben Synonymen, unserem Verständnis zugänglich gemacht. Aber sie hat eben nicht sieben *separate* Kategorien gebildet, die den einen Überbegriff fragmentieren und in Teile zerlegen würden, sondern sie hat einer solchen Spezialisierung entgegengewirkt, indem sie *ausdrücklich* Synonyme wählte, die ihrer Natur nach immer die Beziehung zum Oberbegriff GOTT explizit aufrechterhalten (vgl. oben S. 75 ff.). Und wenn M. B. Eddy von PRINZIP und Idee redet, wenn sie also streng systemisch formuliert und nicht „menschlich" vorschnell, dann hat das Wörtchen „und" nie konjunktiven Sinn wie *und außerdem* oder *und zusätzlich*. Sie sagt noch nicht einmal „PRINZIP und Idee sind eins", sondern „PRINZIP und Idee ist eins" (*W & G* 465). Dieses „ist" soll jeden Verdacht, es ginge um zwei Dinge, eins plus das andere, von vornherein ausschließen. „Idee" ist immer nur der Ausdruck des PRINZIPS, aber nicht das PRINZIP selbst. Das „Gewicht" meines Koffers ist Ausdruck der Gravitation, aber nicht die Gravitation selbst.

Wie wir gesehen haben (oben S. 75 f.), entsteht der Zusammenhalt der Synonyme und Ideen durch den „Mechanismus" der Widerspiegelung. Sie bewirkt, daß kein Synonym und keine Idee aus dem System des *einen* PRINZIPS herausfallen kann. Spricht man etwa von der Idee Intelligenz (GEMÜT) im geistigen Sein, so ist durch Widerspiegelung der anderen Synonymideen sichergestellt, daß, je nach Anwendungsschwerpunkt, die Intelligenz nur das Gute anstrebt (GEIST), sündlos ist (SEELE), sich demonstriert (PRINZIP), immer wieder originell ist (LEBEN), sich durchsetzt (WAHRHEIT) und zu einer vollkommenen Lösung führt (LIEBE).

Durch provisorisches Fragmentieren des einen Seins, d. h. Aufteilen in Kategorien, um das Sein für uns verstehbar zu machen, und anschließendes Defragmentieren, d. h. Vernetzen der Kategorien zu *einem* System, bleibt das Eine immer erhalten. Dieses fortwährende Weg- und Zurückführen vom und zum einen PRINZIP macht die besondere Wissenschaftlichkeit der Christlichen Wissenschaft aus, die uns somit mit „wahrem Wissen" ausstattet, indem sie die gefährlich verselbständigte Spezialisierung einerseits und den emotional diffus unbegreiflichen Mystizismus eines undifferenzierten *Einen* andererseits als fehlgeleiteten Begriff von Wissenschaft aufdeckt.

Die WISSENSCHAFTS-Ordnung

Im vorhergehenden Kapitel ging es um das Trennen und Vereinen beim Thema Synonyme. Die Synonyme und ihre Ideen waren aber nicht ein losgelöstes Bündel von ineinander verwobenen Phänomenen für sich, sondern sie tauchten mit unterschiedlicher Akzentuierung in allen drei Wirkungsweisen auf, beim WORT, dem CHRISTUS und dem CHRISTUSTUM. Es war der Eindruck entstanden, daß *erst* das WORT als schrittweise erschaffenes geistiges Universum in Form von „Zahlen der Unendlichkeit" (vgl. oben S. 135) vorliegen muß, bevor es *dann* als CHRISTUS sich zum sterblichen Bewußtsein übersetzen kann, und daß *daraufhin* das Ergebnis dieser Übersetzung als CHRISTUSTUM in Erscheinung tritt.

Es wird jetzt nicht mehr überraschen, daß auch diese Dreistufigkeit des göttlichen Wirkens gewissermaßen ein nützliches, aber dennoch unzutreffendes Bild von der Wirklichkeit liefert: Auch unter dem Blickwinkel des Wirkens bleibt das Sein des GEISTES *ein* ewiger Ist-Zustand, der keinerlei Chronologie kennt. Daher war eine vierte Wirkungsweise vonnöten, die die drei, WORT, CHRISTUS, CHRISTUSTUM, in der Weise zusammenfaßt, daß sie als *eins* erscheinen. Diese vierte Kategorie innerhalb der Wirkungsweisen heißt WISSENSCHAFT (jetzt in KAPITÄLCHEN!).

M. B. Eddy hatte ja die sieben Schöpfungstage im ersten Kapitel des Ersten Buchs Mose symbolisch gedeutet und so als Beleg für die sieben Synonyme verwendet. Ihre vier Wirkungsweisen entnahm sie ebenfalls der Bibel über eine symbolische Deutung des 21. Kapitels der Offenbarung des Johannes. Dort wird das Neue Jerusalem beschrieben, eine heilige Stadt „aus dem Himmel" (10), die da liegt „viereckig" (16). Die vier Seiten stehen symbolisch für die vier Wirkungsarten, die alle gleichgewichtig in ihrer Bedeutung sind, denn „ihre Länge ist so groß wie die Breite" (16). M. B. Eddy erläutert diesen zweiten „Schlüssel zur Heiligen Schrift" (Untertitel von *Wissenschaft und Gesundheit*; die sieben Schöpfungstage sind der erste Schlüssel), also die Übersetzung der vier Seiten der Heiligen Stadt in die vier Wirkungsweisen in ihrem Lehrbuch auf den Seiten 575 und 577.

Für die drei Wirkungsweisen WORT, CHRISTUS und CHRISTUSTUM fanden sich – wie wir gesehen haben – im Lehrbuch die jeweiligen Synonym*ordnungen*, in denen die Synonyme ihrer Aufgabe entsprechend eine zweckangepaßte Reihenfolge hatten. Für die vierte Wirkungsweise, die WISSENSCHAFT, gab es im Lehrbuch merkwürdigerweise keine dazugehörige Synonym-*Ordnung*. Es ist John W. Doorly gewesen, dem sie bei seinen Überlegungen zu dieser Problematik aufgegangen ist, als er über den siebenarmigen Leuchter nachdachte, der in 2 Mos 25,31–40 beschrieben wird. Die sieben Synonyme der WORT-Ordnung sind nach wie vor vorhanden, aber anders strukturiert:

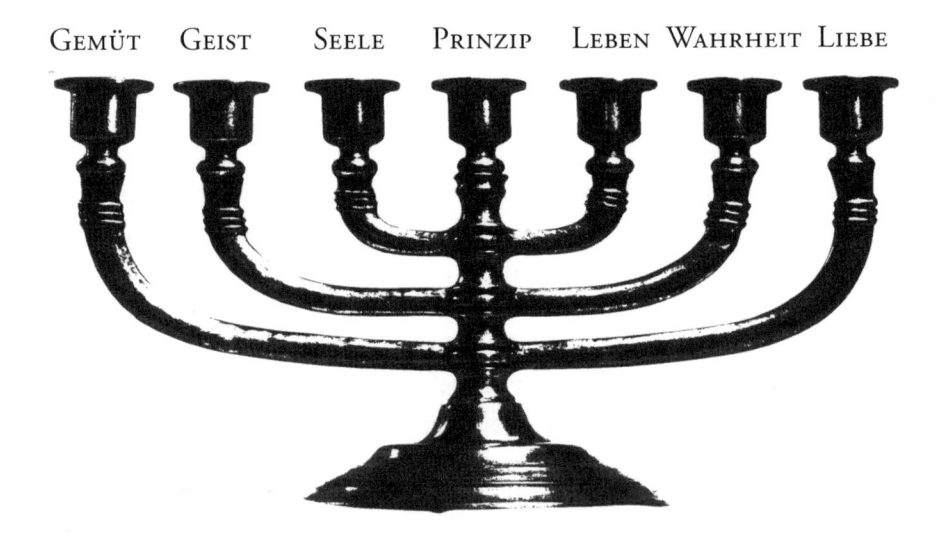

GEMÜT   GEIST   SEELE   PRINZIP   LEBEN   WAHRHEIT   LIEBE

Das Anliegen dieser Ordnung[83] ist, „daß sie einerseits die logische Folge der Interpretation darlegt, aber anderseits nicht den Eindruck eines Ablaufs vermittelt" (Kappeler *Ebenen* 234). Alles konzentriert sich auf den

---

83 Vgl. die Darstellung bei Max Kappeler in *Die sieben Synonyme für* GOTT (op. cit.), S. 224—232, und *Die vier geistigen Bewusstseinsebenen* (op. cit.), S. 234–237.

mittleren Schaft, Prinzip, der alles in sich schließt und auf dem alles ruht. Die Synonyme schreiten nicht vom ersten bis zum letzten vor, sondern gehen von Prinzip aus und kehren dorthin zurück. Es gibt drei Armpaare, die, von oben nach unten gelesen, für die drei Wirkungsweisen Wort (Seele & Leben), Christus (Geist & Wahrheit) und Christustum (Gemüt & Liebe) stehen, jetzt aber aus der Wissenschafts-Perspektive des Ist-Seins. Der mittlere Schaft bildet als Prinzip die vierte Wirkungsweise, die Wissenschaft.

1. Seele und Leben (Wort). Da die sieben Synonyme und ihre Ideen in der Wort-Ordnung zu „Zahlen der Unendlichkeit" werden, wenn sie als zeitlose Werte gesehen werden, bilden sie in ihrer Gesamtheit jetzt den Grundstock, die „Struktur-Elemente" (*Synonyme* 227), aus denen das göttliche Sein besteht. Sie sind **unabänderliche Identitäten** und dienen als Bausteine. Daher werden sie durch Seele repräsentiert. Und was sie „bauen", ist das **Sein** in seiner unendlichen Vielfalt, repräsentiert durch Leben.

Kappeler veranschaulicht dies mit Hilfe des Beispiels der Arithmetik (*Synonyme* 226 f.). Dort bilden die unabänderlichen Ziffern 0 bis 9 die Bausteine für das unendlich vielfältige Reich der Arithmetik. Die Ziffern benötigen nicht mehr das Ursprungskonzept einer Reihenfolge – erst 1, dann 2 usw. –, sondern sind frei verwendbar.

2. Geist und Wahrheit (Christus). Aus den Bausteinen – sie liegen nicht reglos herum – lassen sich endlos Bauwerke herstellen. Durch die **Widerspiegelung** des Geistes entstehen unendlich viele und unterschiedliche Ideenverbindungen, die immer eine neue **Form** oder Wahrheit bilden. Aus diesen Kombinationen wählt Wahrheit als der Christus diejenige aus, die als Antwort auf eine bestimmte Frage, als Lösung eines bestimmten Problems, als Wahrheit über einen bestimmten Irrtum dient. M. B. Eddy spricht hier von der „göttlichen unendlichen Berechnung [Kalkulus]" (*W & G* 520).

Im arithmetischen Vergleich entspricht dies den unendlichen Rechenmöglichkeiten, die mit den Ziffern und mit den vier Grundrechenarten durchgeführt werden können. Bei Beachtung der Regeln entsteht jedes Mal ein richtiges arithmetisches Ergebnis für eine spezielle Aufgabe.

3. GEMÜT und LIEBE (CHRISTUSTUM). Es genügt im *einen* vollkommenen Sein aber nicht, wenn jede einzelne Kombination, jede einzelne Rechnung, eine neue zutreffende **Idee** (GEMÜT), ein richtiges Rechenergebnis, zeitigt. Die Rechnung, die Idee, muß auch im gesamten Kontext, im **Plan** der LIEBE, ihren harmonischen zutreffenden Platz haben, um so die höhere Daseinsform des CHRISTUSTUMS zu erfüllen. „Jedes Mosaiksteinchen muß nicht nur an sich vollkommen sein, sondern es muß auch den richtigen Platz im ganzen Struktur-Muster einnehmen" (*Synonyme* 228). „So gibt es nur jenes göttliche GEMÜTS-Geschehen, das in der Zielsetzung der LIEBE liegt" (*Ebenen* 236).

In der Arithmetik kommen wir zu keinem korrekten Ergebnis, wenn lediglich jede einzelne Rechnung stimmt. Bei einer komplexen Rechenoperation muß jede Einzelrechnung auch auf dem Platz stehen, wo sie hingehört.

4. PRINZIP (WISSENSCHAFT). Dadurch, daß „die „Zahlen der Unendlichkeit" (1) in einem großen Kalkulus (2) für alle Probleme die richtigen Lösungen bereithalten (3)" (*Ebenen* 237), erfahren wir die **Alltätigkeit**, die **Immer-Wirksamkeit** des PRINZIPS, was die Harmonie im Sein ausmacht (vgl. *Ebenen* 237). „Alles, was vor sich geht, ist das göttliche PRINZIP und seine Idee. Dies ist der reine WISSENSCHAFTS-Aspekt" dieser Ordnung (vgl. *Synonyme* 229).

Die Arithmetik ist ein vollkommenes unendliches Rechensystem, das in seiner eigenen Natur keine Fehler kennt; es demonstriert arithmetische Harmonie.

Die vier WISSENSCHAFTS-Ebenen

Was dieses Thema angeht, so hat Max Kappeler ein komplettes Buch darüber geschrieben. In dieser „Hinführung zur Christlichen Wissenschaft" soll diese Thematik nur angedeutet werden, um wenigstens eine grobe Vorstellung von der Vollständigkeit des Systems zu erhalten und um die vorliegende Darstellung abzurunden. Der interessierte Leser sei auf Max Kappelers *Die vier geistigen Bewußtseinsebenen* (Zürich 1991) verwiesen.

Diese dritte Großkategorie (vgl. oben S. 153) wurde in ihrer Systematik erst von Max Kappeler aufgestellt; M. B. Eddy sagt, daß sie je nach Zusammenhang (vgl. *W & G* 127) die Bezeichnungen „Göttliche Wissenschaft", „Geistige Wissenschaft", „Christus-Wissenschaft", „Christliche Wissenschaft" oder „Wissenschaft allein" anwendet. Im System bei Kappeler wurde daraus „Wissenschaft an sich" als der oberste universale *eine* Begriff von Prinzip; sodann, um diese Wissenschaft für das menschliche Bewußtsein verständlich zu machen, die „göttliche Wissenschaft", die die Einheit zwar beibehält, die sich aber so darlegt, daß deutlich wird, daß sie nicht menschlich-sterbliches Gedankengut ist; des weiteren als dritte Ebene die „absolute christliche Wissenschaft", die sich mit den rein geistigen, noch immer nicht sterblichen, Ideen befaßt, deren Beziehungsgesetze beschreibt und die Wahrheiten für den Christus liefert; schließlich als letzte Ebene die „christliche Wissenschaft", die die Beziehung von Wahrheit zum Irrtum beschreibt, also alles, was bisher in diesem Buch über die Christliche Wissenschaft gesagt wurde. Jede Ebene ist keine neue zusätzliche Ebene, sondern jede obere Ebene schließt die jeweils untere in sich ein, so wie der Staat die Ministerien, die Ministerien die Behörden, die Behörden die Bürger einschließen.

Die oberen drei Ebenen befassen sich ausschließlich mit den Tatsachen der geistigen „Wirklichkeit", von denen – wenn auch ohne gezielte Kennzeichnung – in der vorliegenden Darstellung immer wieder bei Bedarf durchaus Gebrauch gemacht worden ist. Ich unterschied lediglich zwischen der menschlichen Sichtweise und der göttlichen, wobei die göttliche eben die oberen drei Ebenen umfaßt.

Das war – glaube ich – kein Nachteil, weil andernfalls der Stoff für den Neuling nicht zu bewältigen und die Darstellung zu unüberschaubar komplex gewesen wäre.

Aber die *generelle* Funktion der vier Ebenen ist in dieser Darstellung sehr wohl von Bedeutung: Als Großkategorie vereinigt sie nämlich alle drei Großkategorien (1. die sieben Synonyme, 2. die vier Wirkungsweisen, 3. die vier geistigen Bewußtseins- oder Wissenschafts-Ebenen) wiederum zu *einem* Sein. Das hat Kappeler in seinem „Modell des Seins" im zitierten Buch grandios vorgelegt. Der Kreis schließt sich: Auf der untersten Ebene der „christlichen WISSENSCHAFT" endet die Systematik da, wo (vgl. das vorhergehende Kapitel) die vierte *Wirkungsweise*, die WISSENSCHAFT, bei dem *einen* PRINZIP ankommt; auf der obersten Ebene der „WISSENSCHAFT an sich" beginnt das *Eine* mit PRINZIP.[84]

Vom Werden zum Sein

Im Verlauf dieser *Hinführung* klang es immer wieder an: Das Sein ist *ein* Sein, und in seiner geistigen Grundform ist alles in allem in Vollkommenheit vorhanden. Unser Begriff eines zeitlichen Nacheinander, einer Abfolge von Ereignissen, gehört unserer Bewußtseinsstruktur an und erschwert das Verständnis des Seins, wie es die Christliche Wissenschaft lehrt. Das Kapitel „Monotheismus" im Dritten Teil dieses Buches (S. 141-144) war ein erster Anlauf, eine grobe Vorstellung vom *Einen* zu vermitteln, obwohl nicht zu verhindern war, *Teile* darzustellen, und zwar einen nach dem anderen. Der *eine*, alles durchdringende Monotheismus mußte erkannt werden, um den Begriff des CHRISTUS verständlich zu machen. Jetzt im WISSENSCHAFTS-Teil wird ein weiterer Anlauf unternommen mit dem Ziel, den Begriff des *Einen* im Hinblick auf alle Wirkungsweisen weiter zu vertiefen, denn wir haben den Eindruck gewinnen müssen, daß nach dem WORT der CHRISTUS folgt, an den sich sodann das CHRISTUSTUM anschließt. Aufgabe der Wirkungsweise WISSENSCHAFT ist es ja, dem menschlichen Bewußtsein dieses *Eine* näher zu bringen.

Fassen wir daher die drei Wirkungsweisen zunächst in ihrer fragmentierten (oder partitiven oder chronologischen) Form, so wie in diesem Buch dargelegt, zusammen, um dann mit diesen Fakten eine „Einheitsschau" zu wagen. Die benötigten systemtragenden Begriffe werden durch *Kursivschrift* hervorgehoben:

Das WORT war die *Selbstdarlegung* oder *Selbstoffenbarung* GOTTES durch die „Zahlen der Unendlichkeit", die das menschliche Bewußtsein als *Ideen*

---

[84] Ein hilfreicher Vergleich für das *eine* PRINZIP, GEMÜT, GEIST, LEBEN etc. ist die *eine* Gravitation, die unendlich viele Phänomene erklärt, vom *Fallen* jedes Blattes bis zum *Aufsteigen* eines Ballons.

in sieben Schritten (GEMÜT bis LIEBE) erreichen. Dies erscheint uns als eine *Schöpfung*, die unserem Sinn eine *Erkenntnis* des Wesens GOTTES oder des „sehr guten" Seins erschließt. Wir *suchen* GOTT.

Der CHRISTUS beschreibt (göttlich gesehen) den *Selbstausdruck* oder das *Wirken* GOTTES, indem sich das Ganze GOTTES in *Ideen übersetzt*, und zwar so, daß sie zum menschlichen Bewußtsein in begreiflicher Form kommen (*Verständnis*) (PRINZIP bis GEMÜT). Diese Übersetzung wirkt sich für uns aus als eine *Verminderung* unserer *Mißlichkeiten*, indem in unserem Bewußtsein die materiellen Irrtümer (*Annahmen*) durch geistige Fakten (*Ideen*) ersetzt werden. Wir *finden* GOTT.

Das CHRISTUSTUM zeigt aus göttlicher Sicht das *Ideenreich*, die *Widerspiegelung* GOTTES in der zusammengesetzten *Idee Mensch*. Für das menschliche Bewußtsein realisiert sich seine *Angleichung* an die *Idee Mensch* (das Aufgeben materieller *Annahmen*) als *verbesserte menschliche Existenz* (PRINZIP bis LIEBE). Jetzt *wenden* wir GOTT (sozusagen) *an*.

Soweit die „separate" Darstellung der drei „Teilgebiete" GOTTES. Versuchen wir nun, einen Begriff ihrer Einheit zu entwickeln:

Wenn im WORT *Ideen* im menschlichen Bewußtsein aufleuchten, die in den sieben Schritten die *Selbstoffenbarung* GOTTES als *Schöpfung* erscheinen lassen, so handelt es sich nicht um einen beliebigen oder zufälligen „Überfall" durch Ideen, sondern es handelt sich bereits um *Übersetzungen* durch den CHRISTUS, die unserem Begriffsvermögen angepaßt worden sind. Der Anfänger erhält eine andere „Schwierigkeitsstufe" als der Fortgeschrittene. „Das Gesetz GOTTES (…) fordert von uns nur, was wir gewißlich erfüllen können" (*W&G* 233). Aber auch das empfangende Bewußtsein wird nicht durch ein bloßes Zufallsprinzip ausgewählt. Es hat schon einen – wenn auch minimalen – Weg der *Angleichung* an die *Idee Mensch* durch das CHRISTUSTUM hinter sich, wodurch es überhaupt erst für *Ideen* empfänglich wird.

Wenn der CHRISTUS eine *Übersetzung* vornimmt, dann wird nicht irgendetwas irgendwoher genommen, sondern die Übersetzung greift auf jenen „pool" von *Ideen* zurück, der durch das WORT erstellt worden ist; und das Ziel, wo die Übersetzung *wirkt*, ist ein Bewußtsein, bei dem die Übersetzung identisch ist mit einem weiteren Schritt des CHRISTUSTUMS in der *Angleichung* des sterblichen Menschen an die *Idee Mensch*.

Und wenn das CHRISTUSTUM im Menschen das Wesen GOTTES *widerspiegelt*, so muß festliegen, was widergespiegelt wird, nämlich die *Ideen*, wie sie sich durch das WORT *selbst dargelegt* haben und von uns *erkannt* worden sind. Das setzt voraus, daß die Ideen in ihrer *Übersetzung* durch den CHRISTUS zu uns gekommen sind und nun durch die *Verminderung* unserer *Mißlichkeiten wirken* auf eine *verbesserte menschliche Existenz* hin.

Jedes *Suchen* im WORT bedeutet simultan ein *Finden* im CHRISTUS und ein *Anwenden* im CHRISTUSTUM.

Eine weitere *Wirkung* der *übersetzten Ideen* ist ihr neuerliches Aufleuchten im menschlichen Bewußtsein als WORT, das zu einer höheren *Erkenntnis* GOTTES, d.h. zu einem Verständnis mit „höherem Schwierigkeits- oder Differenzierungsgrad" führt, was voraussetzt, daß ihre entsprechende *Übersetzung* durch den CHRISTUS stattgefunden hat, … u.s.w. Das Faktum dieses Einsseins, das uns als ein mentaler Bewegungsvorgang „nach oben" erscheint, wird in der Christlichen Wissenschaft durch das Bild der Spirale symbolisiert.

Es bleibt die Frage, wie wir in diese „ruhende Dynamik" hineingelangen können, wo doch der menschliche Wille mit seiner materiellen, dualistischen Prägung zunächst kaum jenen minimalen Weg der *Angleichung* an die *Idee Mensch* (CHRISTUSTUM) leisten kann, was ihn befähigen würde, die benötigten *Ideenübersetzungen* (CHRISTUS) zu erhalten, die wiederum eine *Erkenntnis* GOTTES (WORT) einleiten könnten. M.B. Eddy sagt, nur Leiden oder wissenschaftliches Denken könne das menschliche Bewußtsein vom materiellen, dualistischen Kurs abbringen und über das Ungenügen und die Unzufriedenheit, die mit der materialistischen Weltsicht verbunden sind, ein Motiv für den Wunsch nach höherer Erkenntnis abgeben.

Uns Menschen fällt es schwer, einen Begriff von Wirklichkeit zu akzeptieren, in dem alle Antworten auf Fragen, alle Lösungen von Problemen bereits potentiell vorliegen. Aber genau dies ist die Eigenschaft des geistigen Ist-Seins, das nur sich kennt, weil es kein anderes Sein gibt, das absolut harmonisch und vollkommen ist, weil es das selbstbestehende, sich selbst erhaltende und nie gefährdete eine Sein ist. Da wir Menschen dieses eine Sein nicht verstehen und daher nicht oder nur verzerrt wahrnehmen, glauben wir normalerweise, das Sein sei das, was wir mit unseren Sinnen erleben, und das sei das ganze und einzige Sein. In unserer Welt unterliegt alles einem Werden, Vergehen, Kommen und Gehen, ein Zustand entwickelt sich in einen anderen, und jeder hat für uns den gleichen Status von Wirklichkeit. Wenn wir an das CHRISTUS-Wirken zurückdenken, so erinnern wir uns, daß das, was uns eine Verbesserung eines Zustandes zu sein scheint, nichts anderes ist als ein Weichen des Irrtums der Materialität, der durch Ideen ersetzt wird. Bei einer Verschlimmerung liegt eine Chemikalisation vor, oder der Widerstand gegen den CHRISTUS läßt sich vorläufig nicht erweichen.

Die Arithmetik hat sich bisher als ein nützliches und brauchbares Vergleichsobjekt erwiesen. Wenn wir sie noch einmal bemühen, sehen wir, daß latent und potentiell die Lösung jeder beliebigen Rechnung, sofern sie regelkonform durchgeführt wird, im System vorliegt, auch wenn die Rechnung selbst noch nie gemacht worden ist. Wenn wir nun beim Rechnen Fehler machen, so gehört eine solche Rechnung nicht mehr in das System der Arithmetik, und die Arithmetik kennt sie nicht. Wir können zwar durch erneute richtige Anwendung der Rechenregeln die Rechnung wiederholen und diese an die Stelle der falschen setzen, aber wir können nicht erwarten, daß sich die Arithmetik gewissermaßen unseres Fehlers annimmt und durch unser Bitten den Fehler in Richtung korrekte Lösung im Sinne einer besseren Rechnung modifiziert. Das würde ja voraussetzen, die Arithmetik wüßte, was falsche Ergebnisse sind, und sie würde die Rechnung 6 + 3 = 10 bereits für „richtiger" halten als die Rechnung 6 + 3 = 11.

Kehren wir zurück zum Werden und zum Sein. Unsere Rechenbemühungen spiegeln sich als ein Werden, ein Hin und Her oder als ein Zurück wider, und das Sein der geistigen Wirklichkeit weiß von alldem nichts. Es kennt nur seine eigene Vollkommenheit als das eine Ist-Sein. Was hat GOTT damit zu tun, daß *wir* Kriege führen oder daß wir durch *unsere* fehlgeleiteten Annahmen, Konventionen, Irrtümer usw. krank werden?

Das Universum, GOTT, braucht nicht neu konzipiert zu werden, genausowenig wie eine neue Arithmetik wegen unserer Rechenfehler aufgestellt werden muß.

Dieser Tatbestand hat seine Auswirkungen in der Praxis der Heiltätigkeit, sofern sie nicht mit den Mitteln des Placebo-Effekts arbeitet.

Es ist bekannt, daß Christliche Wissenschaftler der Versuchung erliegen, eine „Demonstration", eine Heilung, herbeiführen zu *wollen*. Sie beten oder „arbeiten" für die eigene Gesundung oder die eines Patienten. Je nach Methode bedienen sie sich des Bejahens und Verneinens oder der metaphysischen Ideenanwendung. Was sie tun, ist aber mit Blick auf die WISSENSCHAFT, auf das *eine* Sein, ein Ding göttlicher Unmöglichkeit. Zunächst einmal bemühen sie sich um die Erfüllung *ihres* eigenen Willens, indem sie die Therapieschritte vorgeben, aber von größerer Bedeutung ist, daß sie von GOTT, dem Sein, dem CHRISTUS ein Werden, einen Vorgang, eine Gesund*ung* erbitten. Sie unterbreiten systemisch gesehen *zwei* Seinszustände, einen kranken und einen gesunden, und erbitten den Übergang vom ersten zum zweiten Zustand. Damit hat der Bittende die Einheit des Seins verlassen und erwartet von GOTT, er möge mitleidsvoll sehen, was er nicht sehen kann. Er kennt ja nur *sein* Reich, das gesund und vollkommen *ist*. In der Bibel heißt es: „Deine Augen sind zu rein, als daß sie Böses ansehen könnten" (Hab 1,13, Zürcher Bibel).

In der wissenschaftlichen Behandlung durch einen Christlichen Wissenschaftler kann man sich einzig den Ist-Zustand, die WAHRHEIT, vergegenwärtigen und es dem CHRISTUS überlassen, *die* Irrtümer aufzudecken und zu ersetzen, die im Plan der LIEBE „an der Reihe" sind. Bei einer solchen Vergegenwärtigung gibt es keine Gesund*ung*, sondern nur die Gesund*heit*, die von Ewigkeit zu Ewigkeit besteht und bestanden hat, und dem Betenden ist klar, daß seine oder irgendeine Krankheit nicht geheilt werden muß, auch nicht geheilt zu werden braucht, weil sie nie bestanden hat. Ist das sich versenkende, das betende Bewußtsein wissenschaftlich *rein*, dann geschehen sofortige Heilungen, keine Heilungsprozesse, das Ist-Sein realisiert sich in unserem Dasein. Jesus heilte so und auch M. B. Eddy. „Wenn GEIST oder die Macht der göttlichen LIEBE für die Wahrheit zeugt, dann ist dies das Ultimatum, der wissenschaftliche Weg, und die

Heilung erfolgt augenblicklich" (*W & G* 411). Und: „Nur wenn wir uns über alle materielle Sinnengebundenheit und Sünde erheben, können wir das vom Himmel stammende Streben und das geistige Bewußtsein erreichen, […] das die Kranken augenblicklich heilt" (*W & G* 16).

Es ist für uns, die wir alle gern solche Höhen erreichen möchten, bestimmt ein Trost zu erfahren, daß auch Jesus „nur" ein Mensch war, der gelegentlich den CHRISTUS nicht recht demonstrierte. Daß er wegen „ihres Unglaubens" nur wenige Werke tat (s. o. S. 208), haben wir schon erwähnt, aber John W. Doorly hat uns in seinem Buch *Praxis …* (op. cit.) darauf aufmerksam gemacht, daß eine der Heilungen von Jesus zunächst nicht gelang, und Doorly empfindet es als einen Segen für uns und die Praxis der Christlichen Wissenschaft, daß der Chronist Markus diesen Vorfall in sein Evangelium aufgenommen hat. Nach der „Therapie" eines Blinden fragte Jesus: „Siehest du etwas? Und er sah auf und sprach: Ich sehe die Menschen umhergehen, als sähe ich Bäume. Danach legte er [Jesus] abermals die Hände auf seine Augen. Da sah er deutlich und ward wieder zurechtgebracht und konnte alles scharf sehen" (Mk 8,22–25).

Wir brauchen einen Standard von Werten, der, sofern er wissenschaftlich verstanden wird, die Wirkung hätte, daß er uns unwiderstehlich das Richtige tun ließe, ohne daß wir durch einen Moralkodex versuchen würden, gut zu sein.

Bertrand Russell

Literatur

Die Werke von Mary Baker Eddy werden von der Mutterkirche in Boston vertrieben. Daher sind sie in allen Zweigkirchen in Deutschland in den Leseräumen erhältlich. Unter der Internetadresse www.christian-science-deutschland.de kann man erfahren, in welchen Städten wann und wo solche Leseräume zugänglich sind. Es gibt aber auch einen *Shop der Christlichen Wissenschaft*, der Internetbestellungen aufnimmt.

E-Mail-Adresse: bestellung@christian-science-deutschland.de
Postadresse: Christian Science Shop
Steindamm 97
20099 Hamburg
Tel.: 04102-697336

Die hier verwendeten Werke von M. B. Eddy:
- *Wissenschaft und Gesundheit mit Schlüssel zur Heiligen Schrift (Science And Health With Key To The Scriptures)* (Boston 1975 & 1998)
- *Vermischte Schriften (Miscellaneous Writings)* (Boston 1976)
- *Rückblick und Einblick (Retrospection And Introspection)* (Boston 1934)

Die Werke von John W. Doorly und Max Kappeler sind erhältlich über das
Kappeler-Institut für die
Wissenschaft des Seins
Deutschland
Grainauer Straße 19
D-10777 Berlin
Tel.: 030-4556063
Fax: 030-4568146
E-Mail: kappelerid@aol.com
Internet: www.kappelerinstitute.org

Die hier verwendeten Werke von John W. Doorly:
- *God And Science* (London 1949)
- *Praxis der Christlichen Wissenschaft (Talks On Christian Science Practice)* (London 1968)
- *Talks At The Oxford Summer School* (London 1948–50)
- *Talks On The Science Of The Bible. The True And False Records Of Creation* (London 1957)

Die hier verwendeten Werke von Max Kappeler:
- *Die CHRISTUS-Idee* (London 1968)
- *Der eine Mensch* (London, FBC 1980)
- *Einführung in die Wissenschaft der Christlichen Wissenschaft* (London 1977)
- *Die Entwicklung der christlich-wissenschaftlichen Idee und Praxis* (London 1968)
- *Die Kleinen Propheten im Lichte der Christlichen Wissenschaft* (London 1980)
- *Kurzfassungen. Die geistig strukturierte Interpretation des Lehrbuches der Christlichen Wissenschaft* (Zürich 1984)
- *Leitfaden für das Studium der Christlichen Wissenschaft* (Zürich 1949 und 1985)
- *Die sieben Synonyme für GOTT. Analyse des Gottesbegriffs im Lehrbuch der Christlichen Wissenschaft* (Zürich 1983)
- *Die Struktur des Lehrbuches der Christlichen Wissenschaft – Unser Weg des Lebens* (London 1976)
- Synonym-Kurs CD A-2 *Die sieben Synonyme für GOTT* (Kappeler Institut, Berlin 2005)
- Tonbandkurs C1 *Der Aufbau des Lehrbuches der christlichen Wissenschaft*
- *Die vier geistigen Bewusstseinsebenen. Wissenschaft, Göttliche Wissenschaft, Absolute Christliche Wissenschaft, Christliche Wissenschaft* (Zürich 1991)
- *Die Wissenschaft der Bibel. Das erste Buch Mose im Lichte der Christlichen Wissenschaft* (Zürich 1993)

- *Die Wissenschaft der Bibel. Das 1. und 2. Buch von den Königen* (London 1951)
- „Wissenschaftliche Geburtshilfe", Beilage zur *Information* [Rundschreiben des Kappeler-Instituts in unregelmäßigen Abständen] Nr. 21 (Mai 1978)

Weitere Literatur:
Barrow, John *Der Ursprung des Universums. Wie Raum, Zeit und Materie entstanden* (München, Bertelsmann 1998)
Cooper, Christopher *Materie. Vom Vier-Elemente-Modell der Antike bis zur modernen Atomphysik* (Hildesheim, Gerstenberg 1993)
Dawkins, Richard *Der Gotteswahn* (Berlin, Ullstein 2007)
dtv-Lexikon (München 1966)
Feynman, Richard P. *QED. Die seltsame Theorie des Lichts und der Materie* (München, Piper 1992)
Fritzsch, Harald *Elementarteilchen. Bausteine der Materie* (München, Beck 2004)
Ders. *Quarks. Urstoff unserer Welt* (München, Piper 1984)
Ders. *Vom Urknall zum Verfall. Die Welt zwischen Anfang und Ende* (München, dtv 1994)
Guitton, Jean; Bogdanov, Grichka und Igor *Gott und die Wissenschaft* (München, Artemis 1992)
Höfling, Oskar; Waloschek, Pedro *Die Welt der kleinsten Teilchen. Vorstoß zur Struktur der Materie* (Reinbek, Rowohlt 1984)
Meister, Abraham *Biblische Namen kurz erklärt* (Neukirchen-Vluyn 1995)
Ryle, Gilbert *Der Begriff des Geistes (The Concept of Mind)* (Stuttgart, Reclam 1969)
Spiegel Special Nr. 6/2007
Steiner, Marguerite *Die CHRISTUS-Übersetzung* (Kappeler-Institut, Zürich, Berlin 1984)